한눈에 쏙쏙
2013
생활 속
세금 이야기

2013 생활 속 세금 이야기

이원승 · 김수성 · 박교원 · 김용재 지음

들어가면서

생활 속 세금에 대한 잘못된 상식, 세금제도를 정확히 이해하지 못해 정당하게 세금을 절약할 수 있는데도 놓칠 수 있는 금융상품 등에 대한 비과세 및 세금특례, 근로소득 연말정산 및 복잡해진 퇴직소득 등에 대한 세금절약 원리를 현행 세법에 맞추어 대학 1학기 분량으로 세금에 대한 교양강좌 형태로 정리하였다.

세법 강의, 상담 등을 통해 얻어진 노하우를 통해 납세자가 이해하기 어려운 생활세금을 쉽게 안내하기 위해 세법 전문가들이 모여 노력과 땀을 보태 본 책자를 발간하게 되었다.

이 책은 학교나 직장에서 배울 수 없는 세금절약에 대한 기초 개념 정리부터 시작하여, 소득공제, 비과세, 세금우대와 관련한 금융상품뿐만 아니라 주식과 채권, 펀드 상품에 대해서도 상세히 살펴 근로자들에게 실천이 가능한 생활세금 교과서 및 경제교양서로서 역할을 충분히 수행할 수 있도록 하였다.

또한 해당 생활세금 항목별로 이해하기 쉽도록 도표, 세금절약 효과 등을 금전으로 산출하여 금융자산업무 종사자, 생활세금에 관심이 많은 분, 근로소득자들에게 필요한 정보를 효과적으로 제공하고 있다.

아울러 독자 여러분이 세금절약 노하우에 대해 얼마나 알고 있는지 스스로 점검할 수 있도록 '세금절약 노하우 자기 진단 테스트'를 게재하였다.

이 책이 생활세금을 처음으로 접하는 대학생, 연말정산을 처음하는 직장인, 맞벌이 직장인, 연말정산 관련 업무 실무자, 세금절약에 관심이 많은 분 및 금융 관련 자격 수험생에게 많은 도움이 되었으면 한다.

앞으로도 근로소득자 등을 비롯한 납세자의 입장에서 합리적인 세금절약을 생각하며 생활세금 절약 노하우를 널리 알리고자 한다.

이 책을 통해 스스로 세금 절약형 자산관리를 설계할 수 있도록 도움을 드리고자 한다.

2013.5

저자 일동

차 례

제5장 소득공제 가능한 금융상품투자

제6장 비과세 금융상품

제9장 노후생활에 뒷받침이 되는 퇴직소득

부록

한눈에 보는 주요 생활 속 세금 요약

○ 주식 투자: 배당소득과 주식양도차익 발생
  - 배당소득: 원천징수방식에 의해 세금부담
  - 주식양도: 양도소득 및 증권거래세 부담

○ 채권 투자: 이자소득과 채권양도차익 발생
  - 이자소득에 대해서는 원천징수방식에 의해 세금 부담
  - 채권양도차익에 대해서는 세금부담 없음

○ 금융소득: 연간 발생한 이자소득과 배당소득의 합계액에 따라 세부담 달라짐
  - 연간 소득 합계액이 2천만 원 이하: 원천징수 방식에 의해 소득의 14%에 해당하는 세금 부담
  - 연간 소득 합계액이 2천만 원 초과: 종합소득 방식에 소득의 14% 이상 세금 부담

○ 기타소득: 원천징수방식에 의해 소득 금액의 20%에 해당하는 세금 부담
※ 소득금액 = 기타소득 − 필요경비(기타소득의 0%, 80%, 90%)

○ 세금우대 금융상품(14%보다 낮은 세율 적용 가능한 절세 상품)
  - 직장공제회 초과반환금: 6% 세율 적용 가능
  - 선박투자회사 투자: 투자금액 1억 원 이하 5%
  - 세금우대종합저축: 9% 세율 적용

○ 소득공제 가능한 금융상품
  - 보장성 보험: 연간 100만 원까지 소득공제
  - 퇴직연금: 연간 400만 원까지 소득공제
  - 국민연금: 부담금 전액 소득공제
  - 직역연금: 부담금 전액 소득공제
  - 연금저축: 연간 400만 원까지 소득공제
  - 주택청약종합저축: 연간 48만 원까지 소득공제
  - 소기업·소상공인 공제부금: 연간 300만 원까지 소득공제
  - 중소기업창업투자조합 투자: 투자금액의 10% 소득공제
  - 벤처기업 투자: 투자금액의 30% 소득공제
  - 우리사주조합 출연: 연간 400만 원까지 소득공제

○ 세금부담이 없는 비과세저축
  - 생계형저축: 저축원금 3,000만 원 저축 가능
  - 장기저축보험: 계약기간 10년 이상, 납입보험료 2억 원 이하
  - 조합 등의 예탁금: 1명당 3,000만 원 저축 가능
  - 조합 등의 출자금: 1명당 1,000만 원

저축 가능
- 농어가목돈마련저축: 1명당 연간 최대 144만 원 저축 가능
- 녹색투자신탁: 1명당 3,000만 원 투자 가능
- 녹색예금: 1명당 2,000만 원 저축 가능
- 녹색채권: 1명당 3,000만 원 투자 가능
- 재형저축: 연간 1,200만 원 저축 가능

○ 펀드 투자
- 펀드 내 과세제외대상 손실이 과세대상 이익보다 큰 경우 세금 부담
- 다음의 어느 하나에 해당하는 거래나 평가로 발생한 손익은 과세제외대상
  · 증권시장에서 상장된 주식 손익
  · 벤처기업의 주식 또는 출자지분 손익
  · 장내파생상품 손익

○ 연말정산 핵심
- 근로소득 간이세액표를 이해하면 매월 부담하는 세금을 알 수 있다.
- 연말정산 결과 납부할 세액보다 연도 중에 납부한 세액이 많으면 환급이 발생한다.
- 인적공제 = 기본공제 + 추가공제 + 다자녀추가공제
- 기본공제: 부양가족 1인당 150만 원 공제
- 추가공제
- 의료비: 연간 의료비 지출액이 총급여의 3% 초과하는 경우
- 교육비: 초·중·고등학생 1명당 연 300만 원까지, 대학생 1명당 연 900만 원까지
※ 교육비에는 교복, 급식비 포함
- 주택자금: 월세, 주택임차, 주택구입 시 해당 요건을 충족하면 소득공제 지원
- 기부금: 지출한 기부금에 대해 소득공제, 한도 초과한 금액은 다음 연도 이월공제 가능
- 신용카드 등 사용금액: 신용카드 사용금액, 현금영수증 발급금액, 직불카드 사용금액, 전통시장사용분, 대중교통 이용분에 대해 소득공제
※ 신용카드 등 사용금액이 총급여액의 25%를 초과하여야 함.

유형	요건	공제금액
경로우대자 추가공제	만 70세 이상	1명당 연 100만 원
장애인 추가공제	소득세법에 따른 장애인	1명당 연 200만 원
부녀자 추가공제	여성근로자(배우자가 있거나, 없는 경우 세대주이고 기본공제 대상이 있는 경우에 한함)	연 50만 원
6세 이하 추가공제	6세 이하 자녀, 입양자, 위탁아동 등	1명당 연 100만 원
출생·입양추가공제	해당 연도 출생하거나 입양한 자녀 등	1명당 연 200만 원
한부모가족 추가공제	배우자가 없는 경우 기본공제대상 자녀가 있는 경우	1명당 연 100만 원

제1장
생활세금 기초

1

생활세금 이해를 위한 기초 개념

세금은 국가 또는 지방자치단체가 나라 살림에 필요한 수입을 얻기 위하여 직접적인 재화나 서비스를 제공하지 않으면서 법률에 따라 소득이 발생하는 경우 예외 없이 세금을 납부하여야 한다.

우리가 생활하는 과정에서 근로자로서 급여를 받으면서 이에 대한 세금을 공제하거나, 금융상품에 가입하여 이자 또는 배당소득을 받으면서 세금을 제외한 금액을 지급받는 형태로 세금을 부담하게 된다.

하지만 국가 또는 지방자치단체는 기부 등 바람직한 사회현상과 투자 등 경제활동을 장려하기 위해 세금을 절약해 주는 세금지원제도를 운용하고 있다.

따라서 우리는 생활하는 과정에서 발생하는 세금과 이에 따른 세금지원제도를 정확히 이해하고 적절히 잘 활용하면 동일한 소득에 대해 합법적으로 세금을 적게 부담할 수 있다.

세금지원제도에는 비과세, 소득공제, 세액공제, 과세이연이 있으며 구체적으로 살펴보면 다음과 같다.

가. 비과세

세금이 부과되는 소득이더라도 국가 정책 등의 이유로 세금을 부과하지 아니하고 있는 것이 있는데 이를 비과세라 하고, 비과세는 주로 소득세법과 조세특례제한법에서 규정하고 있다.
예) 재형저축에서 발생하는 이자소득에 대한 비과세 등

나. 소득공제

소득이 발생하면 세금이 부과될 금액을 산출하는데 이를 과세소득이라 하고 소득공제는 과세소득을 산출한 후 여러 가지 사유로 차감되는 금액을 의미한다. 소득공제 중 대표적인 것으로 근로소득에서의 인적공제, 특별공제 등이 이에 해당한다.

소득공제로 인한 세금 절약 효과는 소득공제로 인해 감소된 금액에 적용되는 세율을 적용하여 간단히 산출할 수 있다.

  * 세금절약금액=소득공제금액 × 세율

다. 세액공제

세액공제는 과세표준에 세율을 적용하여 산출세액을 계산한 후 산출세액에서 여러 가지 사유로 일부 세액을 차감하는 것으로 세금을 절약하는 방법 중 가장 직접적인 효력이 있다.
예) 근로소득 연말정산 시 근로소득세액공제

라. 과세이연

　　해당 연도에 과세될 소득에 대해 세금을 부과하지 아니하고 나중에 일정기간이 경과하면 세금을 분할하여 과세하는 방법으로 당장 소득에 대한 세금부담은 없지만 향후 일정요건을 충족하면 그에 대한 세금을 부담하여야 하므로 세금납부 시기 연장에 따른 이자효과가 발생한다고 보는 것이 타당할 것이다.
예) 연금저축을 가입한 후 연금불입액에 대해 소득공제를 하여 세금을 과세하지
　　않다가 연금수령 시 연금소득을 과세하는 경우

〈세금을 계산하는 주요 산식을 이용한 세금절약 포인트 검토〉

소득	(세금절약 포인트)
− 비과세	비과세 소득이 많으면 수입금액이 감소되어 세금을 절약할 수 있음.
수입금액	
− 필요경비	필요경비를 많이 인정받을수록 세금은 감소
과세소득	
− 소득공제	소득공제가 많을수록 과세표준은 감소되어 세금이 감소
과세표준	
× 세율	세율은 일정구간별로 다르게 설정되어 필요경비 및 소득공제를 이용하여 보다 낮은 구간의 과세표준이 되는 경우 부담할 세금은 대폭 감소됨. 예) 과세표준 1,200만 원 이하인 경우 6%가 적용되고 1,200만 원을 초과하는 금액은 15%가 적용됨.
산출세액	
− 세액공제	10만 원 세액공제가 100만 원 소득공제보다 그 효과가 클 수 있다.
− 기납부세액	
납부할 세액	

〈사례〉

		일반	비과세	소득공제	세액공제
	소득	20,000,000	20,000,000	20,000,000	20,000,000
−	비과세		1,000,000	1,000,000	1,000,000
	수입금액	20,000,000	19,000,000	19,000,000	19,000,000
−	필요경비	5,000,000	5,000,000	5,000,000	5,000,000
	과세소득	15,000,000	14,000,000	14,000,000	14,000,000
−	소득공제			2,000,000	2,000,000
	과세표준	15,000,000	14,000,000	12,000,000	12,000,000
×	세율	1,200만 원 이하 6%, 초과분 15% 적용			
	산출세액	1,170,000	1,020,000	720,000	720,000
−	세액공제				100,000
−	기납부세액				
	납부할 세액	1,170,000	1,020,000	720,000	620,000
	(세금절약효과)		150,000	300,000	100,000
			=1,000,000	=2,000,000	=100,000
			x 15%	x 15%	x 100%

2

개인소득과 관련된
세금 구조 간단히 알아보기

개인이 직장에서 근로를 제공하고 급여를 받거나, 저축에서 이자가 발생하거나 사업을 하여 벌어들인 소득이 있는 경우 세금을 내야 한다고 생각한다.

이렇게 개인이 벌어들인 소득에 대해 부담해야 하는 세금을 소득세라 한다. 소득세는 1.1부터 12.31까지 1년 동안 발생한 소득을 기준으로 세금을 납부하며 개인별로 세금을 납부하는 것이 원칙이다.

따라서 맞벌이 부부의 경우에도 남편은 남편의 소득을 기준으로, 부인은 부인의 소득을 기준으로 각각 별도로 세금을 부담하게 된다.

또한 소득이 발생하는 분야는 매우 다양하다. 소득세가 과세되는 소득은 소득세법에서 규정하며 주로 소득을 지급 시 원천징수 방법에 의해 세금을 미리 납부하고 연말정산, 종합소득 합산과세 등에 의해 소득자가 부담할 세금을 정산하게 된다.

소득 구분	과세방법	비 고
이자소득	지급 시 원천징수에 의해 세금납부	이자소득과 배당소득을 합하여 2천만 원 이하인 경우 원천징수에 의해 세금납부후 추가적인 정산 없음.
배당소득	지급 시 원천징수에 의해 세금납부	이자소득과 배당소득을 합하여 2천만 원을 초과하는 경우 금융소득종합과세 대상에 해당되므로 종합소득 확정신고를 하여야 함.
사업소득	지급 시 일부 사업소득은 원천징수에 의해 세금납부	보험모집인 등의 경우 사업소득 연말정산을 통해 세금을 정산하고, 그 외 소득은 종합소득에 합산 신고 대상에 해당
근로소득	지급 시 원천징수에 의해 세금납부	연말정산으로 종합소득 확정신고 갈음 가능
연금소득	지급 시 원천징수에 의해 세금납부	공적연금은 연말정산, 그 외 연금은 종합소득 합산신고 대상
기타소득	지급 시 원천징수에 의해 세금납부	기타소득금액 300만 원 초과 시 종합소득 합산신고 대상
퇴직소득	지급 시 원천징수에 의해 세금납부	해당 연도에 2개 이상의 퇴직소득 발생 시 퇴직소득 합산과세
양도소득	소득자가 자진 신고	

개인의 소득과 관련된 세금절약에 대해 소득공제가 가능한 금융상품, 비과세 금융상품, 세금우대 금융상품, 전통적 금융상품 투자와 세금, 신종 금융상품 투자와 세금, 연말정산 세금절약 가능한 내용은 다음과 같이 요약할 수 있다.

〈생활세금 요약〉

구 분	내 용
보험	보험료공제
	장기저축성보험차익 과세제외
퇴직연금	소득공제

국민연금	국민연금보험료공제
공무원연금등 직역연금	연금보험료공제
개인연금저축	저축 불입액공제
연금저축	연금저축 불입액공제
청약저축	저축불입액공제
주택청약종합저축	저축불입액공제
장기주택마련저축	저축불입액공제
노란우산공제	불입액공제
투자조합출자공제	투자금액에 대한 소득공제
우리사주조합	출연료 공제
장기주식형저축	저축불입액공제
생계형저축	비과세
조합출자금	비과세
조합예탁금	비과세
농어가목돈마련저축	비과세
장기회사채형저축	비과세
미분양주택투자신탁	비과세
재외동포전용투자신탁	비과세
녹색투자신탁	비과세
녹색예금	비과세
녹색채권	비과세
재형저축	비과세
직장공제회초과반환금	저율과세 및 분리과세
선박투자회사 주주	저율과세 및 분리과세
세금우대저축	저율과세 및 분리과세

제2장
전통 금융상품 투자와 세금

전통적인 금융투자상품으로는 주식과 채권이 대표적이다. 주식과 채권의 경우 그 거래가 대부분 금융기관을 통해 이루어져 실제 투자자가 부담하는 세금을 정확히 이해하지 못하고 투자하는 경우가 많다. 이 경우, 주식과 채권을 개인적으로 거래하는 경우 그 거래에 따른 세금 구조를 모르게 되면 낭패를 당하기 쉽다.

기업활동에 필요한 자금을 조달하는 방법으로 다수의 투자자로부터 자금을 직접 조달하고 대신에 주식을 발행하는 방법과 일정한 이자 지급을 조건으로 채권을 발행하여 자금을 차입하는 방법이 있다.

이 장에서는 주식과 채권을 투자하면서 발생할 수 있는 세금과 관련된 내용을 정리하였다.

1

주식 투자활동에 따른 세금

✓알기 쉬운 세금절약 비법

주식 투자에 대한 세금 정보를 정확히 이해하면 보다 합리적인 투자가 가능하다.

○ 주식투자는 주식취득, 주식보유, 주식양도 과정으로 이루어지며, 이러한 과정에서 발생하는 소득 등에 대해 세금을 부담하게 된다.

- 주식 취득: 일반 투자자의 경우 세금부담이 발생하지 아니하여 부동산 취득 시 취득세 및 등록세를 부담하는 것과는 다르다.

- 주식 보유: 주식을 보유하는 과정에서 배당소득이 발생하게 되면 배당소득에 대해 원천징수 방식에 의해 소득세를 부담하게 된다.

- 주식 양도: 주식 양도 시 양도가액과 취득가액의 차액으로 발생하는 양도소득에 대한 소득세, 주식양도거래에 따른 증권거래서 등을 부담하게 된다.

〈주식투자 라이프 사이클에 따른 세금 검토〉

구분	주식 취득	주식 보유	주식처분
		배당소득 발생 ⇩	양도차익 발생 ⇩
상장주식	부담세금 없음	소득세 부담	증권거래세 및 농어촌특별세 부담 * 일부의 경우 주식양도차익에 대해 소득세 부담
비상장주식	과점주주의 경우 취득세 부담 (코스닥시장 포함)	소득세 부담	양도차익에 대한 소득세 및 증권거래세 부담

가. 주식 관련 개념 정리

① 법인의 구분

구분	내 용
상장법인	증권시장에 상장된 증권('상장증권')을 발행한 법인 * 증권시장에는 유가증권시장과 코스닥시장이 있음
(주권)비상장법인	상장법인을 제외한 법인

※ 증권의 개념

내국인 또는 외국인이 발행한 금융투자상품으로서 투자자가 취득과 동시에 지급한 금전 등 외에 어떠한 명목으로든지 추가로 지급의무를 부담하지 아니하는 것을 말한다.

이 경우 지급의무에는 투자자가 기초자산에 대한 매매를 성립시킬 수 있는 권리를 행사하게 됨으로써 부담하게 되는 지급의무를 제외한다.

② 유가증권시장과 코스닥시장

구 분	내 용
유가증권시장	증권(채무증권, 지분증권, 수익증권, 투자계약증권, 파생결합증권, 증권예탁증권)의 매매를 위하여 개설하는 시장
코스닥시장	유가증권시장에 상장되지 아니한 다음의 증권의 매매를 위하여 개설하는 시장 −사채권, 주권, 신주인수권이 표시된 것 −상장지수집합투자기구의 수익증권 −파생결합증권 −외국법인 등이 발행한 주권과 관련된 증권예탁증권(예탁결제원이 발행한 것에 한한다)

나. 주식 취득과 세금

① 유가증권상장법인의 주식

유가증권상장법인의 주식을 취득하는 경우에는 주식 취득과 관련하여 부담해야 될 세금은 없다.

② 유가증권상장법인 외의 주식을 취득하는 경우

㉮ 법인의 주식 또는 지분을 취득하는 경우 그 자체는 취득세* 과세대상에 해당하지 아니한다.

　* 취득세: 부동산·차량 등 과세대상물의 취득에 대하여 그 취득자에게 부과되는 지방세

㉯ 법인의 주식 또는 지분을 취득함으로써 과점주주가 된 때에는 그 과점주주는 당해 법인의 부동산, 차량 등 취득세 과세대상을 해당 지분 비율만큼 취득한 것으로 보아 취득세를 부담해야 한다. 다만, 법인 설립

시에 발행하는 주식 또는 지분을 취득함으로써 과점주주가 된 경우에
는 그러하지 아니한다.

㉓ 과점주주

주주 또는 사원 1인과 그와 친족 기타 특수 관계에 있는 자들의 소유주식
금액의 합계액이 당해 법인의 발행주식총액 또는 출자총액의 50%를 초과하
는 자들을 말한다.

구 분	적용방법
법인의 과점주주가 아닌 주주 또는 유한책임사원이 다른 주주 또는 유한책임주식의 주식 또는 지분을 취득하여 최초로 과점주주가 된 경우 예) 주식소유 비율: 40% ⇒ 52%	최초로 과점주주가 된 날 현재 당해 과점주주가 소유하고 있는 법인의 주식 또는 지분을 모두 취득한 것으로 본다. 예) 최초로 과점주주가 된 날 52%를 모두 취득한 것으로 본다.
이미 과점주주가 된 주주 또는 유한 책임사원이 당해 법인의 주식 또는 지분을 취득함으로써 당해 법인의 주식 또는 지분의 총액에 대한 과점주주가 가진 주식 또는 지분의 비율이 증가된 경우 예) 주식 비율: 52% ⇒ 60%	그 증가된 부분을 취득한 것으로 본다. 예) 8% 취득

과점주주 또는 사원의 주식소유비율이 감소된 후 5년 이내에 그 비율이 증가한 경우 예) 주식소유 비율 60% ⇒ 53% ⇒ 65%	증가된 후의 주식 또는 지분의 비중이 그 증가된 날을 기준으로 그 이전 5년 이내에 당해 과점주주가 가지고 있던 주식 또는 지분의 최고 비율보다 증가된 부분을 취득한 것으로 한다. 예) 65% − 60% ⇒ 5% 취득

※ 과점주주와 친족 기타 특수관계인 상호 간에 주식이 양도·양수되더라도 과점주주의 주식비율에 변동에 없는 경우에는 과점주주에 대한 취득세 납부의무는 없다.

　㉹ 취득세 과세표준

$$\boxed{과세표준} \; = \; \boxed{과점주주가\ 성립된\ 시점의\ 장부가액} \; \times \; \boxed{과점비율\ 또는\ 증가비율}$$

　㉺ 납부세액

$$\boxed{납부세액} \; = \; \boxed{과세표준} \; \times \; \boxed{20/1,000}$$

다. 주식 보유와 세금

　주식을 보유하는 경우 배당이 발생하게 되는데, 배당은 법인 또는 단체의 잉여금을 주주나 출자자에게 그 출자비율에 따라 배분하는 것을 의미하며, 이러한 배당 중 소득세 과세대상에 해당하는 것을 배당소득이라 한다.

① 과세대상에 해당하는 배당소득의 종류

　㉮ 내국법인으로부터 받는 이익이나 잉여금의 배당 또는 분배금, 건설이자

의 배당

㉯ 법인으로부터 보는 단체로부터 받는 배당금 또는 분배금

㉰ 형식이나 절차상 본래 의미의 배당에 해당하지 아니하나 법인의 잉여금
이 배당 이외의 형태로 출자자에게 이전되는 의제배당

㉱ 법인이 법인세의 과세표준을 신고하거나 세무서 등에 의해 법인세 과세
표준을 결정 또는 경정함에 있어 익금에 산입되는 금액의 귀속이 주주
나 출자자에 해당되어 배당으로 소득처분되어 그 금액이 주주나 출자
자의 배당소득으로 보아 법인세법에 따라 처분된 배당

② 배당소득에 대한 세금

㉮ 배당소득은 필요경비가 인정되지 아니하여 배당소득에 대해 일반 원천
징수세율(14%)을 적용하여 원천징수에 의해 소득세를 부담한다.

㉯ 배당소득이 그대로 배당소득금액이 되나, 일부 배당소득의 경우 배당소
득에 배당가산액을 가산한 금액을 배당소득금액으로 한다.

구분	법인단계	배당단계	문제점		(보완) 종합소득 합산 과세	
과세주체	법인	개인주주	이중과세	⇒	+	배당소득 + 배당가산액
과세대상	법인소득	배당소득				
부담세액	법인세	소득세			−	배당세액공제

라. 주식양도와 세금

① 주식의 양도차익에 대한 과세

구분		과세 여부
상장주식	대주주 소유 주식 양도	과세대상에 포함
	주식 장외거래에 의한 양도	과세대상에 포함
	그 밖의 주식의 양도	과세대상에 포함하지 아니함
비상장주식		과세대상에 포함

㉮ 주식양도 차익에 대해 과세되는 상장법인의 대주주 범위

〈2013.7.1 이 속하는 사업연도 종료일 이전 양도분〉

- 양도일이 속하는 사업연도의 직전 사업연도 종료일 현재 주주 1인과 그와 특수 관계에 있는 자가 발행주식의 3%(코스닥, 프리보드 벤처기업 주식 등의 경우 5%) 이상을 소유한 주주

- 시가총액* 100억 원(코스닥, 프리보드 벤처기업 주식 등의 경우 50억 원) 이상을 보유한 주주

  * 시가총액은 주식 등의 양도일이 속하는 직전 사업연도종료일 현재 최종시세가액으로 하나 직전 사업연도 종료일 현재의 최종시세가액이 없는 경우에는 직전 거래일의 최종시세가액으로 한다.

〈2013.7.1.이 속하는 사업연도 종료일 이후 양도분〉

- 양도일이 속하는 사업연도의 직전 사업연도 종료일 현재 주주 1인과 그와 특수관계가 있는 자가 발행주식의 2%(코스닥, 프리보드 벤처기업 주식 등의 경우 4%) 이상을 소유한 주주

– 시가 총액 50억 원(코스닥, 프리보드 벤처기업 주식 등의 경우 40억 원)

이상을 보유한 주주

㉯ 주식의 양도차익에 대한 과세표준 계산

〈계산식〉

	양도가액	
−	필요경비	취득가액, 자본적 지출, 양도비(증권거래세 포함)
=	양도차익	
−	장기보유특별공제	주식의 경우 적용하지 아니함
=	양도소득금액	
−	양도소득 기본공제	연간 250만 원
=	양도소득 과세표준	

* 양도가액과 취득가액은 실거래가액에 의하여 계산하는 것이 원칙으로 상장·비상장주식의 경우에는 실지거래가액 과세대상에 해당한다.

〈양도소득 신고 시 실거래가액에 의한 양도가액 또는 취득가액 적용방법〉

구 분	원 칙	실지거래가액을 확인할 수 없는 경우
양도가액	실지거래가액	허용하지 않음
취득가액	실지거래가액	비상장주식에 대해 매매사례가액* 허용

* 매매사례가액: 취득일 전후 3월 이내에 당해 주식과 동일성 또는 유사성이 있는 자산의 매매사례가 있는 경우 그 가액

– 필요경비에 포함되는 양도비에는 주식을 양도하면서 증권거래세법에 따

라 납부한 증권거래세 등을 포함한다.

㉓ 소득세 계산

<table>
<tr><td>산출세액</td><td>=</td><td>과세표준</td><td>×</td><td>(세율)
중소기업: 10% / 대기업: 20%
대기업 대주주 1년 미만 보유: 30%</td></tr>
</table>

㉔ 신고 납부 방법

– 예정신고 : 양도소득세 과세대상에 해당하는 상장법인주식, 비상장법인 주식을 양도한 경우에는 양도일이 속하는 분기의 말일부터 2월 이내에 예정신고를 하여야 한다.

– 확정신고 : 예정신고를 한 경우 확정신고 대상자가 아니지만, 주식을 2회 이상 양도한 경우로서 양도소득기본공제를 공제함에 따라 당초 신고한 양도소득 산출세액이 달라지는 경우에는 해당 과세기간의 양도소득 과세표준과 세액을 양도한 연도의 다음 연도 5월 1일부터 5월 31일까지 확정신고를 하여야 한다.

〈사례〉 비상장 중소기업의 주식을 2천만 원에 취득하여 3천5백만 원에 양도한 경우

	양도가액	35,000,000원
−	필요경비	20,000,000원+175,000원(증권거래세)
=	양도차익	14,825,000원
−	장기보유특별공제	
=	양도소득금액	14,825,000원
−	양도소득 기본공제	2,500,000원
=	양도소득 과세표준	12,325,000원

×	세율	10%
=	산출세액	1,232,500원

② 주식 양도에 따른 증권거래세

㉮ 증권거래세 대상

증권거래세는 주권 또는 지분의 유상양도에 대하여 부과하는 세금으로 다음에 해당하는 주권을 과세대상으로 한다.

- 상법 또는 특별법에 의하여 설립된 주권

- 외국법인이 발행한 주권으로 자본시장과 금융투자업에 관한 법률에 의한 한국증권거래소 유가증권시장과 코스닥시장에 상장된 것

㉯ 증권거래세 납세의무자

다음에 해당하는 증권거래세 납세의무자는 주권 등을 양도하는 자로부터 증권거래세를 주권 등의 매매결제 또는 양도를 하는 때에 징수한다.

양도 유형	납세의무자
증권시장에서 주권을 계좌 간 대체로 매매 결제하는 경우	한국예탁결제원
증권시장 밖에서 주권을 계좌 간 대체로 매매 결제하는 경우	한국예탁결제원
금융투자업자를 통해 주권을 양도하는 경우	해당 금융투자업자
그 밖에 주권을 양도하는 경우	해당 양도자[*]

  * 국내 사업장을 가지고 있지 아니한 비거주자(외국법인 포함)가 주권 등을 금융투자업자를 통하지 아니하고 양도하는 경우에는 당해 주권의 양수인이 납세의무자가 된다.

㉕ 증권거래세 과세표준

증권거래세는 증권의 양도가액을 과세표준으로 한다. 따라서, 경우에 따라서는 주식의 양도가액이 취득가액보다 작은 경우처럼 손실이 발생한 경우에도 증권거래세를 부담해야 한다.

㉖ 증권거래세 계산 산식

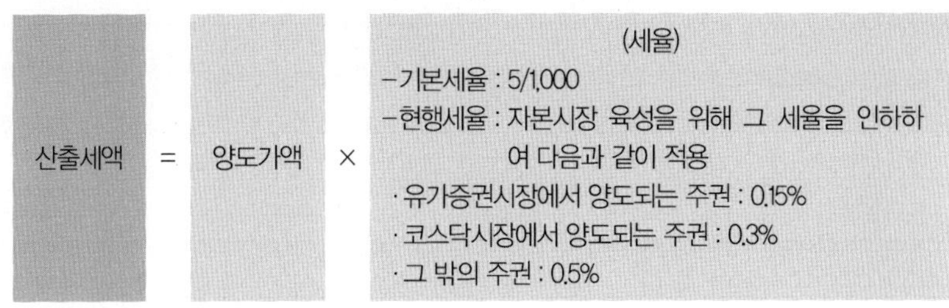

〈사례〉

비상장 중소기업의 주식을 2천만 원에 취득하여 3천5백만 원에 양도한 경우

⇒ 증권거래세 175,000원＝과세표준 35,000,000원×세율 0.5%

③ 증권거래소에서 거래되는 주식에 대한 농어촌특별세

㉮ 증권거래소에서 거래된 주권에 대해서는 증권거래세 부가세(sur-tax)로 농어촌특별세를 한국예탁결제원이 납세의무자가 되어 납부하여야 한다.

㉯ 한국예탁결제원은 증권거래세와 함께 농어촌특별세를 거래징수하여야 한다.

㉲ 증권거래소에서 거래된 주권의 양도가액을 과세표준으로 하므로 주식의 양도가액보다 취득가액보다 작은 경우처럼 손실이 발생한 경우에도 농어촌특별세를 부담해야 한다.

농어촌특별세 산출세액 = 과세표준(주권의 양도가액) × 15/10000

〈참고〉 주식양도에 따라 과세 요약

구분		상장주식		비상장주식
		유가증권시장	코스닥시장	
양도소득세	양도차익	△	△	○
증권거래세	양도가액	0.15%	0.3%	0.5%
농어촌특별세	양도가액	0.15%	×	×

2

채권 투자활동에 따른 세금

✓알기 쉬운 세금절약 비법

채권은 채권 발행 시 약정한 이자소득뿐만 채권거래 시 양도차익도 챙길 수 있다.

○ 채권은 발행주체에 따라 국채, 지방채, 특수채, 회사채로 구분되며 이러한 채권
에 투자하는 경우 세금은 주식투자와 달리 간편한 구조를 가지고 있다.
−채권에서 발생하는 이자소득에 대해 원천징수 방법에 의해 소득세를 납부한다.

가. 채권 개요

① 투자의 특징 및 고려 사항

㉮ 채권의 원금과 이자 상환 능력 고려

채권의 경우 이자와 상환기간이 확정되어 있어 채권을 투자한 사람은 채권을 발행한 회사 등의 채무 상환 능력을 고려해야 하며, 상환기간이 장기인 채권의 경우에는 채권 발행회사 등이 장기적으로 채무를 상환할 수 있는 성장 가능성 등도 고려해야 한다.

㉯ 인플레이션 고려

또한 상환기간이 긴 장기채권의 경우 채권에 투자한 경우 받을 수 있는 이자는 고정되어 있지만 인플레이션 발생으로 이자소득의 가치가 하락할 수 있다.

㉰ 금리 고려

채권의 가격은 채권이 사고팔리는 가격으로, 시장금리가 하락하면 새로 발행되는 채권의 이자율은 낮아지나, 이미 발행된 채권의 이자율은 상대적으로 높아져 이미 발행된 채권의 가격이 오르게 된다. 반대로 금리가 상승하게 되면, 이미 발행된 채권의 이자율은 상대적으로 낮아져 이미 발행된 채권의 가격은 떨어지게 된다.

② 채권 투자이익의 구분

예를 들어 채권을 1,000,000원에 사서 1,200,000원에 파는 경우 매매차익은 200,000원이다.

그러면 채권 거래 시 발생하는 매매차익 200,000원에 대해 세금을 부담하여야 하나?

채권의 투자로 인한 이익은 채권가격 차이에 의한 매매차익과 채권에서 발생하는 이자소득으로 구분하고 있으며 세금이 부과되는 이익은 매매차익이 아닌 채권에서 발생하는 이자소득이다.

채권에서 발생하는 이자소득은 채권 액면가격에 이자율과 보유기간을 곱하여 계산한다.

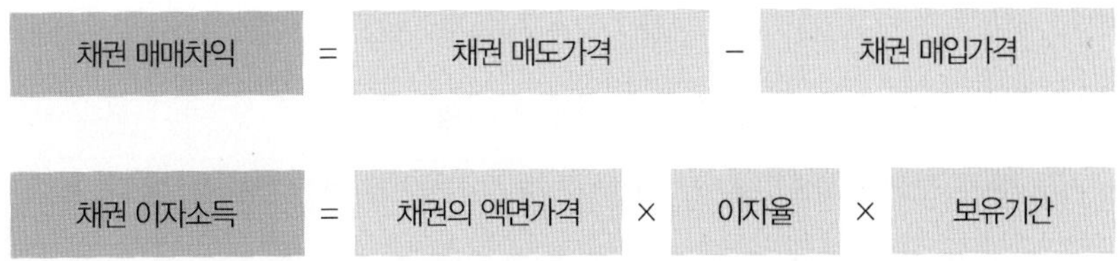

〈사례 1〉

채권액면가격이 1,000,000원이고 1년 이자율이 10%인 채권을 950,000원에 구입하여 6개월 보유하고 1,200,000원(채권이자 발생분은 제외)에 처분한 경우 채권매매차익과 채권이자소득은?

- 채권매매차익 250,000원 = 채권매도가액 1,200,000원

                     − 채권매입가격 950,000원

- 채권이자소득 50,000원 = 채권액면가격 1,000,000원

$$\times \text{ 이자율 } 10\% \times \text{ 보유기간 } 6/12\text{개월}$$

이 경우 채권매매차익은 250,000원이지만 세금을 부담하는 이자소득은 50,000원으로 실제 발생한 이익보다 세금이 과세되는 이자소득이 적다.

〈사례 2〉

채권액면가격이 1,000,000원이고 1년 이자율이 10%인 채권을 1,050,000원에 구입하여 6개월 보유하고 950,000원(채권이자 발생분은 제외)에 처분한 경우 채권매매손익과 채권이자소득은?

- 채권매매손실 100,000원 = 채권매도가액 950,000원

                          - 채권매입가격 1,050,000원

- 채권이자소득 50,000원 = 채권액면가격 1,000,000원

$$\times \text{ 이자율 } 10\% \times \text{ 보유기간 } 6/12\text{개월}$$

이 경우 채권매매손실은 100,000원이지만 세금을 부담하는 이자소득은 50,000원으로 실제 손실이 발생했음에도 과세되는 이자소득이 있어 세금을 부담해야 한다.

그렇다만 이익이 발생해야 하는 경우에만 세금을 낸다는 상식이 틀리단 말인가? 세법에서는 이익에 대해 세금을 부과한다.

다만, 소득세법 등 세법에서 세금의 부과대상이 되는 이익의 개념이 다르기 때문이다.

세법은 채권의 매매차익이 아닌 채권에서 발생하는 이자소득만을 과세대상 이익으로 보고 있으며, 과세대상 이자소득을 고려하면 채권 거래에서의 이익은 다음과 같이 계산할 수 있다.

구분	채권매입가격	채권매도가격	과세대상이자소득	채권 순 매매익
사례 1	950,000	1,200,000	50,000	200,000 = 1,200,000−(950,000+50,000)
사례 2	1,050,000	950,000	50,000	△ 150,000 = 950,000−(1,050,000+50,000)

③ 채권의 이자소득에 대한 과세 특징

채권은 유동성이 강해 언제든지 사고팔 수 있다. 따라서 이자소득에 대해 과세를 이자소득 지급 시기로 한정하는 경우 이자소득을 받기 전에 매도한 사람에 대해서는 과세가 불가능하다.

예를 들면 이자소득을 지급받을 때에만 세금을 부담하게 한다면, 이자소득을 받기 전에 매도하는 사람(甲)은 채권은 자신이 보유한 기간에 발생한 채권의 이자소득을 매도가액에 포함하여 받을 수 있어 세금부담 없이 실제 이자소득을 얻을 수 있지만, 채권을 구입한 사람(乙)은 채권이자를 지급받을 때 다른 사람이 보유한 기간에 발생한 이자소득까지 세금을 부담하게 된다.

〈사례 1〉 이자지급 시에만 과세하는 경우

(甲)	매도⇩	(乙) 매수	이자소득 수령⇩
보유기간 발생이자 100원		보유기간 발생이자 200원	
채권 매도 가격에 반영		수령이자 300원	
과세대상소득 0원		과세대상소득 300원	

이러한 문제점을 해결하기 위해 채권 이자소득에 대해서는 보유기간 과세제도를 두고

있다. 채권의 이자소득은 지급일이 정해져 있고, 이자소득을 지급받기 전에 매도하는 경우 보유 기간에 발생한 이자소득에 대해 과세하고 있다.

〈사례 2〉 보유기간별 과세하는 경우

(甲) 매도⇩	(乙) 매수	이자소득 수령⇩
보유기간 발생이자 100원		보유기간 발생이자 200원
채권 매도 가격에 반영		수령이자 300원
과세대상소득 100원		과세대상소득 200원

④ 채권보유기간 입증방법

거주자 등이 해당 채권 등을 보유한 기간을 다음의 방식에 따라 입증하지 못하는 경우에는 다른 사람의 보유기간의 이자 등 상당액이 해당 거주자에게 귀속되는 것으로 본다.

구 분	입증방법
채권 등을 금융회사 등에 개설된 계좌에 의하여 거래하는 경우	해당 금융회사 등의 전산처리체계 또는 통장원장으로 확인
법인으로부터 채권을 매수하는 경우	당해 법인이 발급한 채권 등 매출확인서로 확인
개인으로부터 채권을 매수하는 경우	공증인법의 규정에 의한 공증인이 작성한 공증서[*]에 의해 확인

[*] 거래당사자의 성명·주소·주민등록번호·매매일자·채권 등의 종류와 발행번호·액면금액 등을 기재한다

⑤ 보유기간 이자상당액 계산방법

| 채권 이자소득 | = | 채권의 액면가격 | × | 이자율 | × | 보유기간 |

보유기간 이자상당액 계산 시 적용되는 이자율은 다음과 같다.

채권의 종류	적용 이자율
국채, 산업금융채권, 정책금융채권, 예금보험기금채권, 예금보험기금채권상환기금채권, 통화안정증권을 공개시장에서 발행하는 경우	표면이자율
전환사채, 교환사채	만기보장수익률
그 밖의 채권	표면이자율에 발행 시 할인율을 더하고 할증률을 뺀 율

⑥ 보유기간 이자상당액에 대한 세금

| 원천징수세액 | = | 채권의 보유기간 이자상당액 | × | 원천징수 세율(14%) |

⑦ 장기채권에 대한 원천징수 세율 적용특례

장기채권의 이자와 할인액으로서 그 장기채권을 보유한 거주자가 해당 금융회사 등 또는 그 지급자에게 분리과세를 신청한 경우 그 이자와 할인액에 대해서는 원천징수 세율을 100분의 30을 적용한다.

| 원천징수세액 | = | 채권의 보유기간 이자상당액 | × | 원천징수 세율(30%) |

장기채권은 채권으로서 채권의 발행일로부터 원금 전부를 일시에 상환할 것을 약정한 날까지의 기간이 10년 이상인 채권 등으로 그 기간이 지나기 전에 주식으로 전환·교환하거나 중도상환을 할 수 있는 조건부 채권은 제외한다.

다만, 2013.1.1. 이후 발행하는 채권에서 지급받는 분부터는 장기채권을 3년 이상 계속하여 보유한 거주자가 신청하는 경우에 해당되므로, 해당 거주자가 그 장기채권을 매입한 날로부터 3년이 지난 후에 발생하는 이자와 할인액에 대해 원천징수 특례를 적용받을 수 있다.

구 분	2012.12.31 이전 발행	2013.1.1 이후 발행
특례신청을 위한 의무보유기간	없음	3년 이상
특례대상 보유기간	보유기간 전체	3년이 지난 후 보유기간

과연 일반적으로 이자소득에 대해 적용되는 원천징수 세율(14%)보다 100분의 30에 해당하는 원천징수 세율 적용을 신청하는 사람이 있을까?

자신의 종합소득이 많아 소득세 최고세율(38%)이 적용되는 경우를 가정해 보자.

채권의 이자소득은 원천징수 시 14% 세율을 적용하여 원천징수 되지만, 금융소득은 향후 종합소득에 합산되어 38%로 최종 과세되므로 결국은 38%보다는 원천징수 시 분리과세를 신청하고 30%로 원천징수하게 되면 그에 대한 세금을 30%선으로 고정시켜 해당 세금을 8% 감소시키는 효과가 발생한다.

〈사례〉 채권의 이자소득 20,000,000원을 지급받게 되는 경우

구 분	원천징수 시	종합과세	최종 세부담
일반적인 경우	14% 세율 적용 소득세 280만 원 부담	38% 세율 적용 소득세 480만 원[*] 부담	소득세 760만 원 부담
분리과세 신청 한 경우	30% 세율 적용 소득세 600만 원 부담	종합과세 제외	소득세 600만 원 부담
세금절약 금액	320만 원	△ 480만 원	△160만 원

* 4,800,000원=20,000,000원×38%−기납부세액 2,800,000원

(분리과세 신청방법) 분리과세를 적용받으려는 사람은 이자 수입 시기까지 장기채권 이자소득분리과세신청서를 해당 금융회사 등 또는 이자 등의 지급자에게 제출하면 된다.

제3장
금융소득 종합과세

우리나라 소득세법에서는 세금이 부과되는 소득을 열거하는 방식으로 소득세법에서 구체적으로 열거한 소득에 대해서만 세금이 부과한다. 소득세법에서 열거하고 있는 소득의 종류는 이자소득, 배당소득, 사업소득, 근로소득, 연금소득, 기타소득, 퇴직소득, 양도소득 등이다. 또한 소득세법은 열거된 소득에 대해 합하여 하나의 세금으로 계산하는 종합소득 형태를 원칙으로 하며, 일부 소득에 대해 종합소득에 포함되지 않고 별도 해당 소득에 한해 세금을 따로 계산하는 구조를 가지고 있다.

〈소득세 과세체계〉

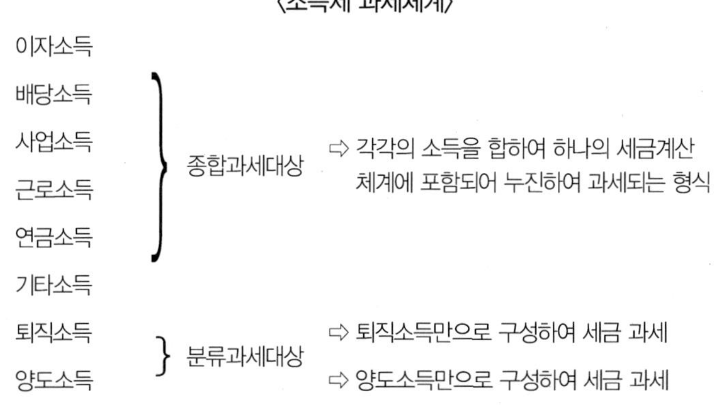

1

소득세 개요

개인은 1년간 벌어들인 소득에 대해 세금을 납부하여야 하는데 소득 발생 원천에 따라 소득을 구분하고 그 소득 특성에 따라 일부 소득은 1차적으로 원천징수 방식 등에 의해 소득발생 시 미리 세금을 납부한다.

원천징수 대상 소득 중 일부는 원천징수에 의해 납부한 세금만 부담하고 추가적으로 세금을 부담하지 아니한 소득이 있는데 분리과세 소득이라 한다.

이러한 분리과세되는 소득은 원천징수세율을 적용하여 세금을 부담함으로써 종합소득에 합산과세되는 소득에 비해 대체적으로 세금을 적게 부담하게 된다.

반면, 분리과세 소득을 제외한 종합과세 대상 소득은 다른 소득과 합산하여 누진세율을 적용하여 과세됨으로써 분리과세 소득에 비해 대체적으로 높은 세금을 부담하게 된다.

〈분리과세대상소득과 종합과세대상 소득의 과세방법 비교〉

구 분	분리과세대상소득	종합과세대상소득
세금부과방법	소득발생 시 원천징수에 의해 세금납부	다음 방법 중 어느 하나에 의해 세금부과 －소득발생 시 원천징수에 의해 세금 납부한 후 종합소득으로 합산하여 추가적으로 세금부담 －소득발생 시 별도 세금부담 없이 종합소득으로 합산하여 세금부담
세금부담한도	소득에 원천징수세율을 곱하여 계산한 금액에 한정 －이자소득: 14% －배당소득: 14% －기타소득: 15%, 20%	종합과세대상을 모두 합산된 금액에 기본세율(6~38%)을 적용하여 계산
인적공제 및 특별공제 허용 여부	분리과세소득만 있는 경우 인적공제 및 특별공제 적용하지 아니함	인적공제 및 특별공제 적용 가능

〈사례〉

다음에 해당하는 소득을 제외한 소득금액이 5,000만 원인 경우 다음에 해당하는 경우의 세금 부담 차이를 검토해 보시오.

구 분	분리과세 대상	종합과세 대상
소득금액	10,000,000원	10,000,000원
원천징수세율(14%)	1,400,000원	1,400,000원
추가부담세액	없음	1,000,000원

추가부담세액 100만 원	=	소득증가에 따른 총 부담세액 240만 원*	－	기납부세액 (원천징수세액) 140만 원

* 240만 원 = 918만 원－678만 원

　678만 원 = 582만 원+(5,000만 원－4,600만 원)×24%=582만 원+96만 원

　918만 원 = 582만 원+(6,000만 원－4,600만 원)×24%=582만 원+336만 원

가. 우리나라 소득세 과세 단위

우리나라 소득세법은 종합과세에 있어 세금과세 범위를 적용하는 단위를 개인으로 하고 있다. 예를 들어 맞벌이 부부의 경우 각자의 소득을 합산하지 아니하고 각자가 각각의 개인 소득에 대해서만 세금을 부담한다.

예를 들어 남편과 부인의 소득이 다음과 같을 때 소득세를 개인단위로 과세하는 경우와 부부단위로 과세하는 경우를 비교하면 과세단위에 따라 세금부담이 어떻게 달라지는지 쉽게 확인할 수 있다.

〈사례〉

구분	남 편	부 인
소득	50,000,000원	40,000,000원
필요경비	13,000,000원	10,000,000원
소득금액	37,000,000원	30,000,000원

구분	개인단위과세		부부단위과세	비 고
	남 편	부 인		
소득금액	37,000,000원	30,000,000원	67,000,000원	
종합 소득공제	10,000,000원	8,000,000원	18,000,000원	
과세표준	27,000,000원	22,00,000원	49,000,000원	
산출세액 계산	72만 원+1,500만 원 ×15%=297만 원	72만 원+1,000만 원 ×15%=222만 원	616만 원+300만 원 ×25%=691만 원	부부단위 과세 시 172만 원 추가부담

* 개인단위와 부부단위 과세 시 세금부담.

〈종합과세 대상에 포함되는 소득〉

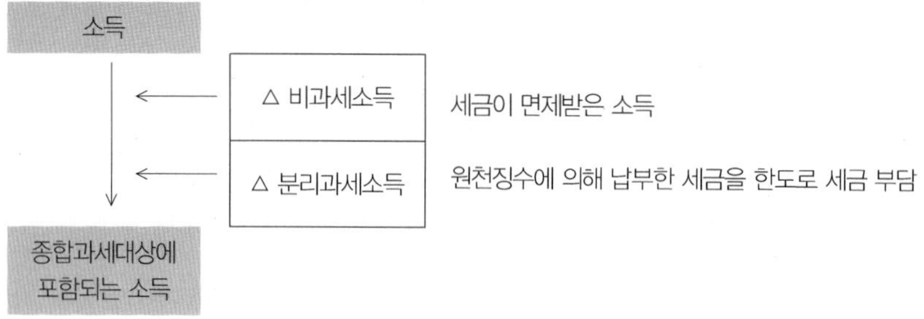

나. 종합과세대상에서 제외되는 비과세 및 분리과세 대상 소득

다음에 해당하는 소득은 비과세되거나 원천징수 시 원천징수된 세액에 한정되어 과세됨으로써 종합과세 대상에 포함되지 아니하는 분리과세 소득에 해당한다.

① 조세특례제한법 또는 소득세법에 따라 소득세가 과세되지 아니하는 소득(비과세소득)

② 일용근로자의 근로소득

③ 장기채권으로서 분리과세를 신청한 경우의 이자소득(원천징수세율 : 30%)

④ 민사소송법 제113조 및 같은 법 제142조에 따라 법원에 납부한 보증금 및 경락대금에서 발생하는 이자소득(원천징수세율 : 14%)

⑤ 실지명의가 확인되지 아니하는 소득(원천징수세율 : 35%, 90%)

⑥ 직장공제회 초과반환금

⑦ 법인으로 보는 단체 외의 단체 중 수익을 구성원에게 배분하지 아니하는 단체로서 단체명을 표기하여 금융거래를 하는 단체가 금융기관으로부터

받는 이자소득 및 배당소득

⑧ 조세특례제한법에 따라 분리과세 되는 소득

⑨ 이자소득 등의 종합과세기준금액 이하의 이자소득과 배당소득 등

다. 종합과세에 의한 세금 계산하기

① 종합과세 대상 소득의 소득금액을 합산하여 종합소득금액을 산출한다.

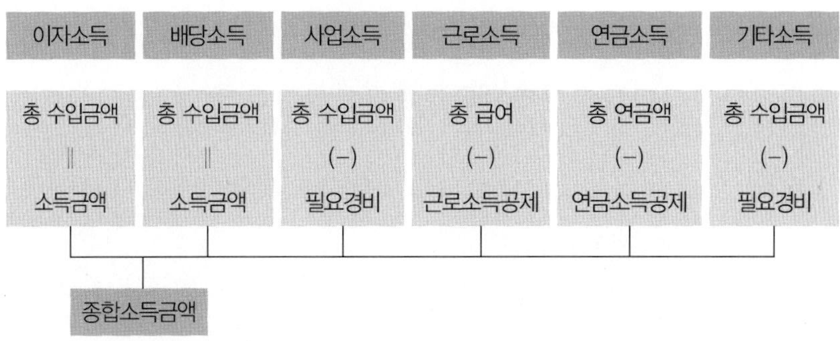

〈종합소득금액 산출방법〉

이자소득	배당소득	사업소득	근로소득	연금소득	기타소득
총 수입금액 ∥ 소득금액	총 수입금액 ∥ 소득금액	총 수입금액 (−) 필요경비	총 급여 (−) 근로소득공제	총 연금액 (−) 연금소득공제	총 수입금액 (−) 필요경비

종합소득금액

② 종합소득금액에서 종합소득공제 및 그 밖의 소득공제를 차감하여 과세표준을 산출한다.

<과세표준 산출방법>

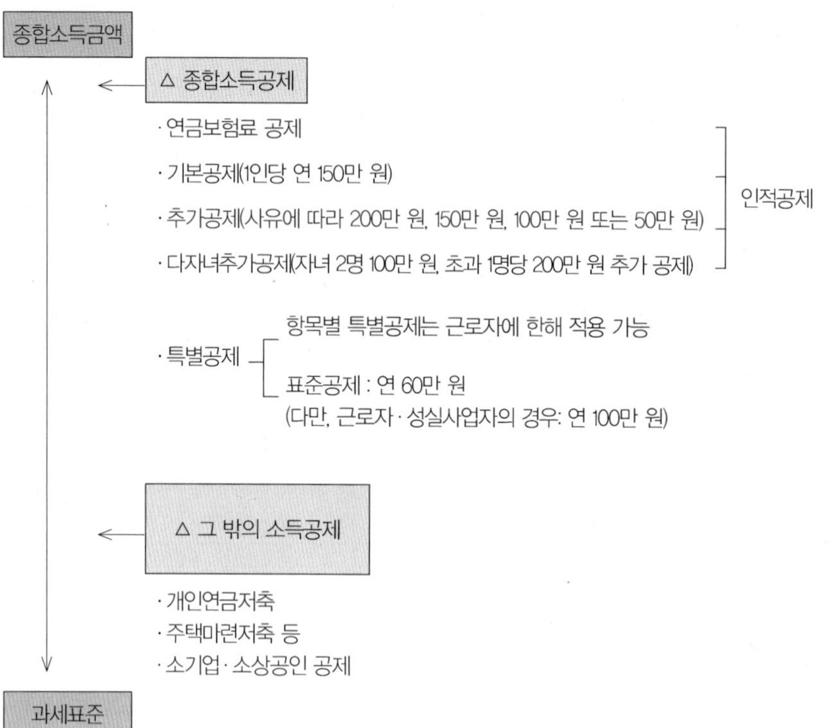

③ 과세표준에 기본세율을 적용하여 산출세액을 계산하고 산출세액에서 세액
공제를 차감하여 결정세액을 계산한다.

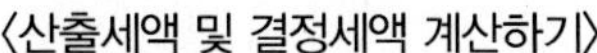

〈산출세액 및 결정세액 계산하기〉

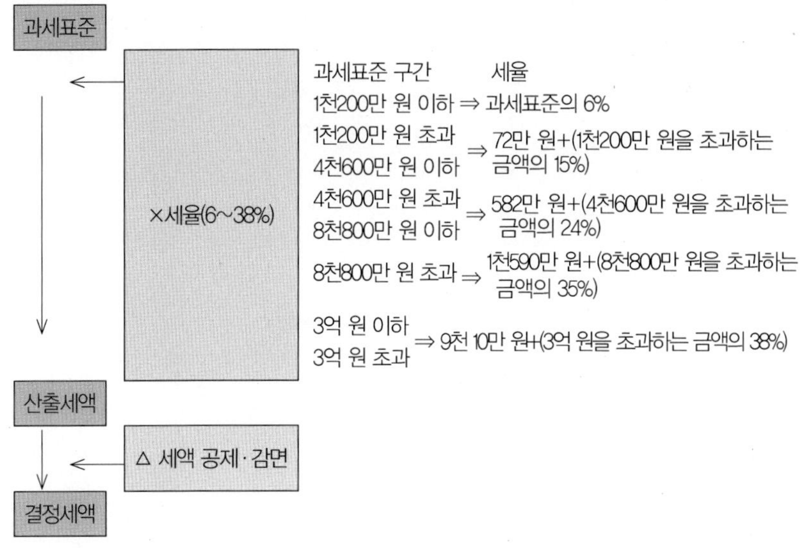

④ 결정세액에 기납부세액 등을 차감하여 납부할 세액을 계산한다.

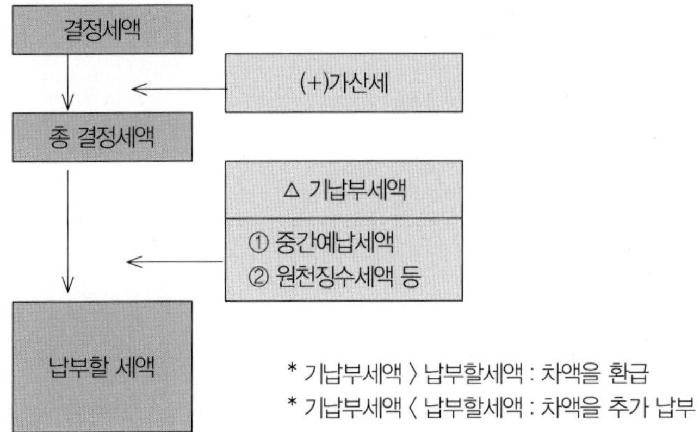

라. 종합소득세 신고 방법 등

해당 연도의 종합소득금액이 있는 거주자는 그 과세표준을 해당연도의 다음 연도 5월 1일부터 5월 31일까지 주소지 관할 세무서에 신고하여야 한다.

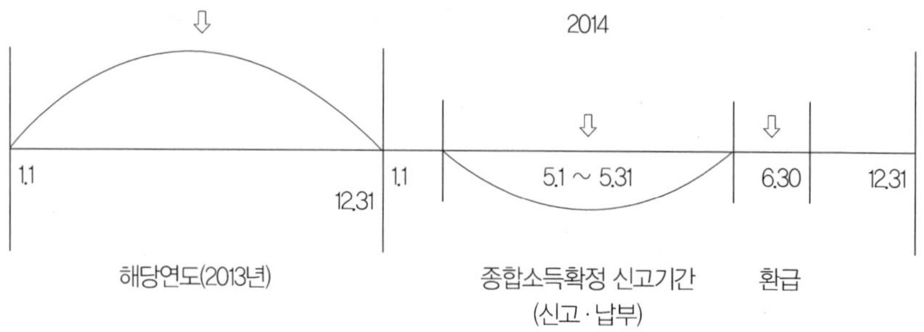

2

금융소득 종합과세

✔**알기 쉬운 세금절약 비법**

금융소득 종합과세를 정확히 이해하면 투자가 현명해진다.

○ 소득종류 및 계층 간 공평과세실현을 위하여 금융소득 종합과세제도를 도입

* 1997.12.31. 개정된 금융실명거래및비밀보장에관한법률 부칙에 의해 1998~2000년 귀속분은 금융소득종합과세 실시를 유보하였다가 2001년부터 재실시

– 금융소득이 연간 2천만 원을 초과하는 경우 전체 금융소득에 대해 종합과세 (다만, 이 경우 2천만 원까지는 원천징수세율 14% 적용)

가. 금융소득의 범위

금융소득이란 저축 또는 투자에 대한 대가로 이자소득과 배당소득이 이에 해당한다. 다만, 채권이나 주식의 양도에서 발생하는 소득은 과세대상 금융소득으로 보지 아니하고 있다.

개인 사업자가 사업자금, 부동산 등을 대여하고 보증금 또는 전세금을 받아 은행에 예금하는 경우 발생하는 이자 등은 사업소득이 아닌 이자소득이나 배당소득으로 본다.

나. 금융소득종합과세 대상 소득

개인별로 연간 금융소득을 합하여 2천만 원이 초과되는 경우 금융소득을 다른 종합소득과 합산하여 과세하는 제도이다.

금융소득종합과세 대상 소득은 금융소득 중 비과세소득과 분리과세소득을 제외한 금액으로 그 금액 크기에 따라 과세방법이 달라진다.

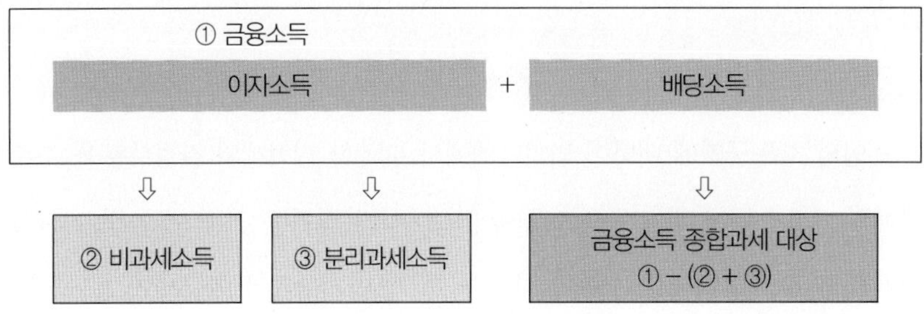

　금융소득 중 비과세 및 분리과세 대상 소득을 제외한 금융소득이 2천만원(기준금액)을 초과하는 경우 해당 금융소득은 종합과세대상이 되나, 2천만원 이하에 해당하는 경우 다음에 해당하는 금액에 대해서만 종합과세 된다.

－ 출자공동사업자로부터 받는 배당소득

－ 원천징수되지 아니하는 국내외에서 받은 이자·배당소득

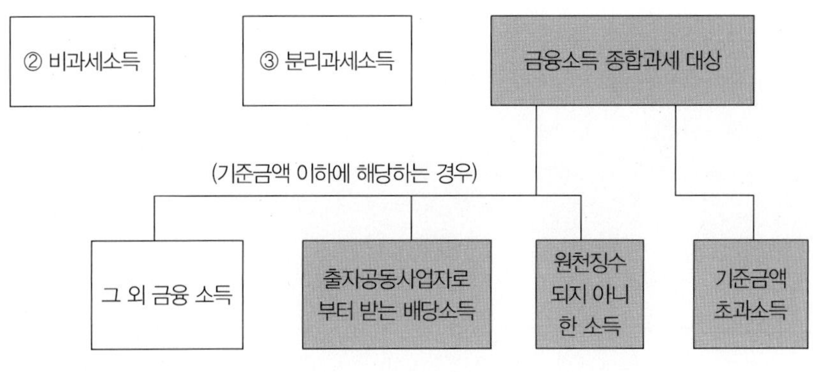

다. 배당가산액

법인의 소득금액에 대하여 법인단계에서 부담한 법인세의 일정부분을 주주
단계의 배당소득에 대한 종합소득세에서 다시 과세되는 것을 어느 정도 완화
시키기 위해 배당액에 11/100을 가산한 후 산출세액에서 배당세액 공제하는
방식이다.

① 배당소득 중 배당가산대상

㉮ 내국법인으로부터 받은 이익이나 잉여금의 배당·분배금과 건설이자의
　　배당
㉯ 법인으로부터 보는 단체로부터 받는 배당·분배금
㉰ 의제배당
㉱ 법인세법에 의하여 배당으로 처분된 금액

○ 금융소득과 배당가산액
-종합과세기준금액 초과 여부 계산 시 배당소득에 대해서는 배당가산을 하지 아
　니한 금액으로 한다.
-금융소득이 2천만 원을 초과하는 경우 배당가산 한 금액을 종합과세 금융소
　득으로 한다.

라. 금융종합과세에 따른 세액 계산방법

　금융소득 종합과세에 따른 급격한 세부담이 증가되는 문제점을 보완하기 위해 전체 금융소득 중 2천만 원까지는 원천징수세율을 적용하여 계산하고 4천만 원을 초과하는 금융소득은 다른 종합과세대상소득과 합산하여 계산한다.

〈금융종합소득 과세방법〉

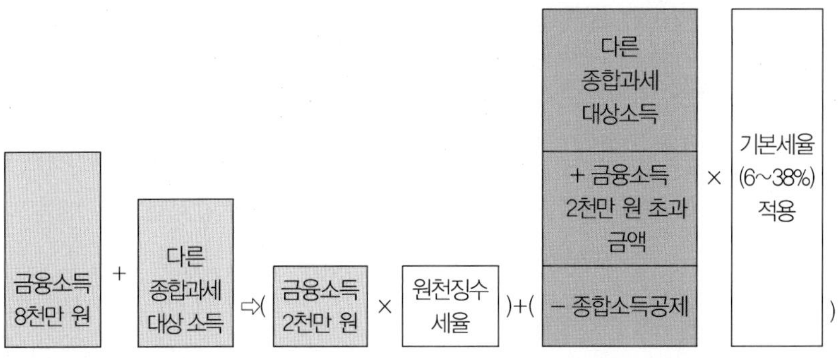

마. 비교과세 취지

금융소득종합과세 개념 및 과세방법

금융소득종합과세란 연간 이자소득과 배당소득 합계액이 2천만 원을 초과하는 경우 금융소득을 사업소득 등 다른 종합소득과 합산하여 종합소득세율로 소득세를 과세하는 것을 말한다.

* 금융소득이 2천만 원을 초과하는 경우 금융소득 전체를 종합과세하는 것이나, 종합과세기준금액을 기점으로 세부담의 급격한 증가문제를 보완하고, 금융소득종합과세시 최소한 원천징수세율(14%) 이상의 세부담이 되도록 하기 위해 비교과세방법에 따라 산출세액을 계산한다.

금융소득이 종합과세 기준금액(2천만 원)을 초과하는 경우 2천만 원까지는 원천징수세율에 의해 과세되나, 2천만 원을 초과하는 금액은 기본세율을 적용한다.

기본세율은 과세표준이 1,200만 원 이하인 경우 6%가 적용되고 과세표준 8,800만 원을 초과하는 경우 35%~38%를 적용하게 되어 있어 종합과세 기준금액(2천만 원)을 초과하는 금융소득의 산출세액이 원천징수한 세액보다 적을 수 있어 종합과세 기준금액을 초과하는 금융소득에 대하여는 최소한 원천징수세액보다 더 많은 세부담이 이루어질 수 있도록 비교과세하고 있다.

〈사례〉

이자소득이 6천만 원만 있는 거주자의 경우 원천징수세액은 840만 원이다. 이 경우 비교과세를 하지 아니하고 금융소득 종합과세를 적용하는 경우 일부 구간은 원천징수세율보다 낮은 세율이 적용되어 오히려 환급이 발생하게 된다. 종합과세 기준금액을 초과하는 금융소득을 종합소득과세표준에 합산하여 누진세율로 종합과세 하는 취지와 다르게 과세될 소지가 있다.

−원천징수 세액 8,400,000원 = 60,000,000원 × 14%

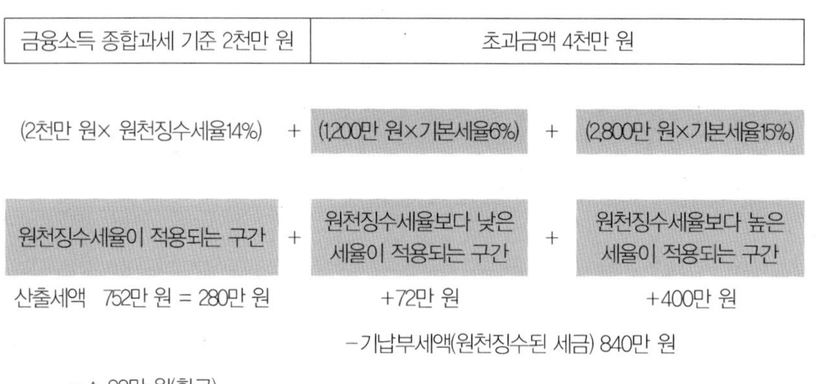

바. 비교과세 방법

　　금융소득종합과세와 관련하여 종합과세 시 산출세액이 원천징수세액보다 적어지는 일이 없도록 종합소득으로 합산 과세 시 산출세액(①)과 금융소득을 구분하여 원천징수한 세액과 그 외 종합소득 산출세액을 합산한 금액과 (②)을 비교하여 최소한 원천징수세액 이상 과세될 수 있도록 하는 제도로 다음과 같이 계산한 금액을 비교하여 큰 금액으로 한다.

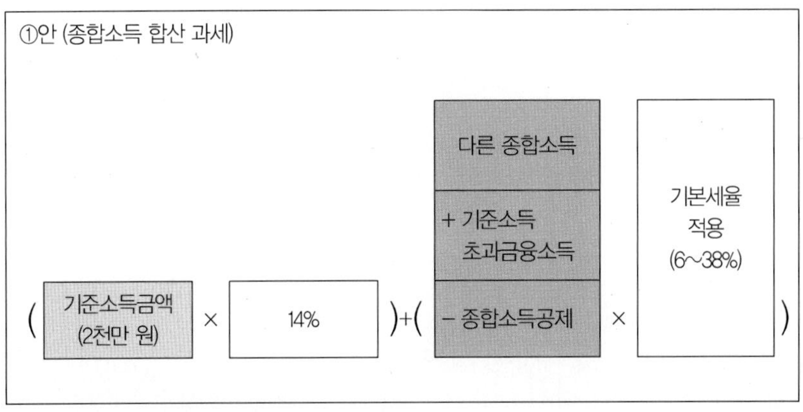

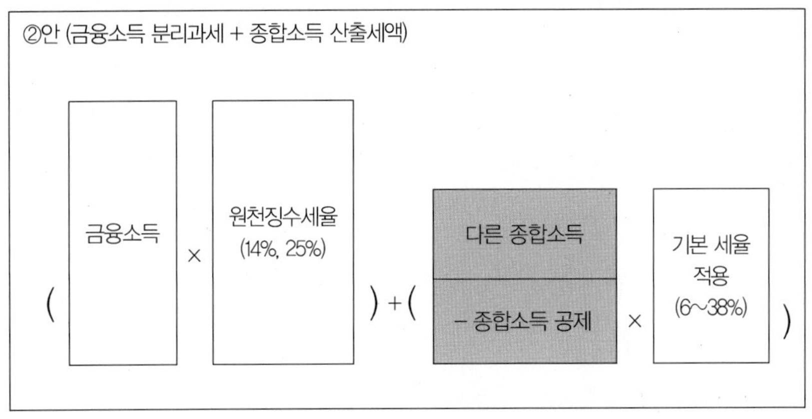

<사례>

이자소득만 6천만 원인 있는 거주자의 경우 비교과세에 의한 산출세액은 ①과 ② 중 큰 금액인 840만 원으로, 이는 원천징수세액보다 같거나 큰 금액에 해당한다.

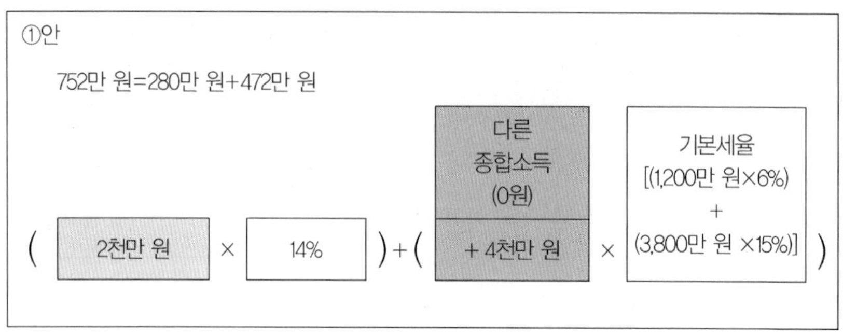

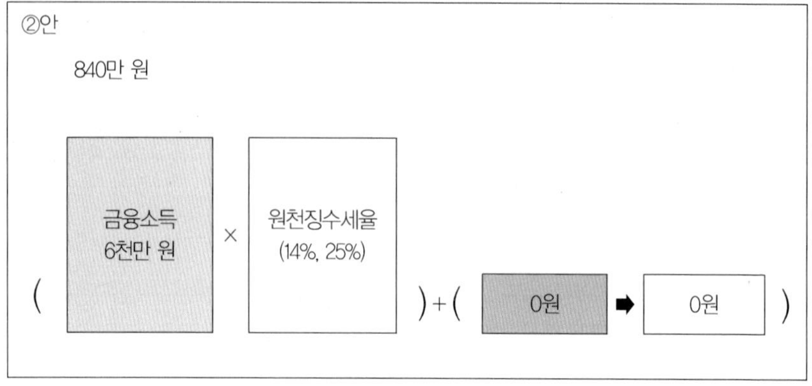

사. 금융소득 내역 확인 방법

과세관청은 연간 금융소득이 2천만 원을 초과하는 거주자에 대해서는 다음 연도 5월 초에 금융소득에 대한 종합소득세 확정신고를 안내하고 있다. 또한 연간 금융소득 2천만 원 초과한 거주자에 대해 종합소득 확정신고 기간 동안 홈택스 홈페이지 및 세무서를 통해서 금융소득 내역을 조회할 수 있는 서비스를 제공하고 있다.

① 홈택스 홈페이지를 통해 금융소득 확인 방법

　홈택스 홈페이지(www.hometax.go.kr)에서 인터넷뱅킹용 공인인증서로 로그인한 후 "세금신고·신고분납부 ⇨ 세금신고 ⇨ 종합소득세 ⇨ 신고 전 확인하기 ⇨ 금융소득"

② 본인이 신분증을 가지고 가까운 세무서에 방문하여 확인

아. 금융종합과세제도를 이용한 세테크 전략

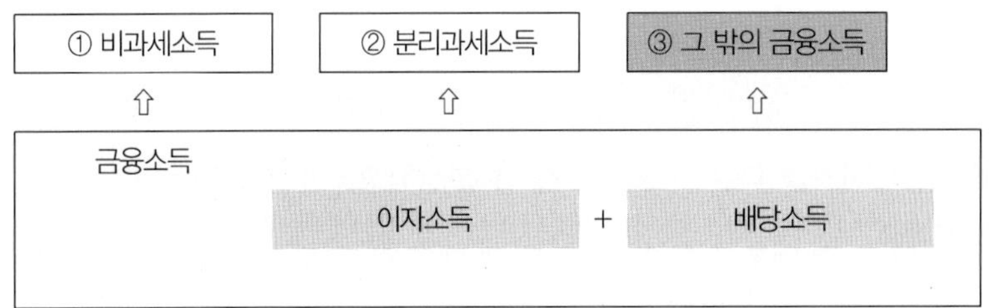

　금융소득 종합과세에 포함되는 경우 최소한 원천징수세율보다 높은 세율에 의해 과세되므로 거주자는 금융소득을 되도록 금융소득 종합과세대상에서 배제되는 비과세소득, 분리과세소득에 집중될 수 있도록 구성하여야 한다.

① 비과세소득

　비과세소득은 금융소득이 발생하지만 세금이 과세되지 아니한 소득으로 주요 상품으로는 생계형 저축, 장기주택마련저축 등이 있다. 거주자는 우선적으로 세금이 과세되지 아니한 금융소득으로 구성하되 이왕이면 비과세와 소득공제가 모두 가능한 금융상품으로 구성함으로써 비과세 및 소득공제를 통해 최대 세금절약 효과를 얻을 수 있다.

② 분리과세 소득

　분리과세되는 금융소득은 원천징수세율에 의한 세금을 부담하고 종합과세 대상에 합산하지 아니할 수 있으며 세금우대종합저축 등이 대표적인 상품이다.

③ 그 밖의 금융소득

　비과세소득과 분리과세소득을 구성하고도 남은 금융소득이 있는 경우 소득의 발생 시기를 다른 연도로 적절히 분산함으로써 세부담을 최소화할 수 있다. 금융소득 대부분은 이자소득이나 배당소득을 지급받을 연도에 과세되므로, 동일 금액의 소득이라도 그 지급 시기가 동일 연도에 집중되는 경우 금융종합소득대상에 해당되지 않는 경우가 있다.

〈사례〉

1억 원의 이자소득이 다음과 같이 발생하는 경우 원천징수 세율은 14%로 가정할 경우 총 부담세액을 비교하면 소득 발생 시기 분산이 얼마나 중요한지 알 수 있을 것이다.

－특정 연도에 1억 원이 발생한 경우

−5개 연도에 나누어 1차 연도 2,000만 원, 2차 연도 2,000만 원, 3차 연도 2,000만 원 4차 연도 2,000만 원, 5차 연도 2,000만 원 발생한 경우

두 경우 원천징수세액은 1,400만 원으로 동일하나 특정 연도에 집중되어 1억 원의 소득이 발생한 경우 금융소득 종합과세 대상이 되어 추가적으로 278만 원*을 부담한다.

 * [(2천만 원×14%)+(8천만 원×기본세율)]과 (1억 원×14%) 중 큰 금액−1,400만 원
   =278만 원

하지만 3개 연도를 분산하는 경우 원천징수세액 1,400만 원(1차 연도 420만 원, 2차 연도 490만 원, 3차 연도 490만 원)을 부담하게 되어 세테크 측면에서 매우 유리하다.

소득 발생이 특정 연도에 집중된 경우

원천징수	종합과세 시 추가부담	합계
1,400만 원	278만 원	1,678만 원

소득 발생이 여러 연도에 분산된 경우

1차 연도	2차 연도	3차 연도	4차 연도	5차 연도	합계
280만 원	280만 원	280만 원	280만 원	280만 원	1,400만 원

3

주택임대소득에 대한 소득세

주택 월세수입이 있는 경우에도 일정 요건을 갖추면 세금을 내지 않아도 된다.

○ 주택임대소득 과세기준

- 월세 : 2주택 이상 과세, 1주택 소유 시에는 기준시가 9억 원 초과 고가주택만 과세

- 전세보증금 : 3주택 이상 보유자 중 전세보증금 합계 3억 원 초과분에 대해 과세

가. 주택 임대소득에 대한 종합소득세 신고 대상자

① 부부합산 2주택 이상 소유자가 주택임대로 받는 월세수입

② 기준시가 9억 원을 초과하는 고가주택의 임대로 인하여 받는 월세수입

③ 국외에 소재하는 주택의 임대로 인하여 받는 월세수입

따라서 1개의 주택을 소유하는 자가 해당 주택을 임대하고 지급받는 소득은 비과세한다. 이 경우 그 주택이 고가주택(기준시가 9억 원 초과 주택)에 해당하는 경우 또는 국외에 소재하는 경우에는 과세소득에 포함된다.

> ○ 상가의 경우 상가 수와 관계없이 월세·전세 모두를 과세대상으로 한다

※ 1주택 소유자의 주택 전세보증금은 과세대상에 포함하지 아니한다.

나. 주택 수 계산 방법

① 다가구 주택

다가구주택은 1개의 주택으로 보나, 구분 등기된 경우에는 각각을 1주택으로 본다.

② 공동소유의 주택

㉮ 지분이 가장 큰 자의 소유로 계산

㉯ 지분이 가장 큰 자가 2인 이상인 경우

각각의 소유로 계산한다. 다만, 지분이 가장 큰 자가 2인 이상인 경우로서 그들이 합의하여 그들 중 1인을 해당 주택의 임대수입 귀속자로 정한 경우에는 그의 소유로 계산한다.

③ 임차 또는 전세받은 주택을 전대하거나 전전세하는 경우

해당 임차 또는 전세받은 주택을 임차인 또는 전세받은 자의 주택으로 계산한다.

④ 본인과 배우자가 각각 주택을 소유하는 경우

본인과 배우자의 주택을 합산하여 주택 수를 계산한다.

다. 전세보증금에 대한 간주임대료 과세(⇨ 2011년부터 과세대상으로 전환)

2010년 귀속까지는 월세가 아닌 보증금·전세금만 받고 주택을 임대하는 경우에는 과세대상에 해당하지 않았지만, 2011년부터는 주택임대소득에 대한 과세정상화, 주택 월세임대 및 상가 임대와의 과세형평성 제고, 주택투기 억제 등을 감안하여 전세보증금에 대해 간주임대료로 과세대상에 포함된다.

① 과세대상

3주택 이상 보유자 중 전세보증금 합계 3억 원 초과분에 대해서는 과세대상에 포함한다.

② 주택 수 판정

㉮ 본인과 배우자 소유 주택을 합산한다.

㉯ 다가구주택은 1개의 주택으로 하되, 구분 등기한 경우에는 각각 1개의
주택으로 본다.

㉰ 공동소유주택은 지분이 가장 큰 사람의 소유(가장 큰 자의 2인 이상인
경우 각각의 소유)로 한다.

※ 주거의 용도로만 쓰이는 면적이 1호(戶) 또는 1세대당 85제곱미터 이하
인 주택으로서 해당 과세기간의 기준시가가 3억 원 이하인 주택은 2013
년 12월 31일까지는 주택 수에 포함하지 아니한다.

③ 과세제외 기준에 해당하는 3억 원 적용 방법

인별(개인단위) 과세원칙에 따라 부부의 경우에도 각각 주택 소유자별로
적용한다.

④ 과세방법

이 경우 간주임대료는 3억 원 초과분의 60%에 대해 이자상당액만큼 다음
과 같은 방법으로 과세한다.

구분	간주임대료 계산방법
기장신고 (장부를 갖춘 경우)	(3억 원 초과 보증금×60%)×정기예금이자율(1,000분의 34) - 임대사업부분 발생 이자·배당
추계신고	(3억 원 초과 보증금×60%)×정기예금이자율(1,000분의 34)

라. 주택월세소득이 있는 사람이 근로소득 등 다른 소득이 있는 경우

　　과세대상 주택월세소득이 있는 거주자는 다음 연도 5월에 종합소득세 확정신고를 하여야 한다.

　　연말정산으로 과세가 종료된 근로소득, 연금소득 등이 있는 사람이 과세대상 주택월세수입이 있는 경우 주택임대소득과 합산하여 다음 해 5월까지 종합소득세 확정신고를 하여야 한다.

4

기타소득에 대한 소득세 신고

✔알기 쉬운 세금절약 비법

기타소득은 대부분 원천징수에 의해 세금을 납부하지만, 일부 기타소득에 대해서는 종합소득세 확정신고를 하여야 한다.

○ 기타소득금액이 300만 원을 초과하는 경우 해당 기타소득을 다른 종합소득과 합산하여 신고하여야 한다.

– 기타소득 확인방법

홈택스 홈페이지(www.hometax.go.kr)에서 기타소득금액 및 원천징수세액 조회 및 확인 가능(공인인증서 필요)

○ 원천징수되어 납부한 세금으로 완결되는 기타소득(분리과세 기타소득)

– 기타소득과세대상 서화·골동품의 양도로 발생하는 소득

– 복권당첨금

– 사망 등 부득이한 사유에 의한 연금계좌의 연금의 수령소득

가. 기타소득의 종류

① 인적용역을 일시적으로 제공하고 받는 강연료, TV해설, 심사수당 등

② 미술·음악·사진 등 창작품에 대한 원고료, 인세 등 문예창작소득

③ 연금저축(2001년 1월 1일 이후 가입분)을 중도 해지한 경우 해지일시금

④ 소기업·소상공인의 공제부금 해지일시금

⑤ 재산권에 대한 알선 수수료, 사례금 등

나. 기타소득금액 계산

기타소득금액	=	기타소득	−	필요경비

다. 필요경비

　기타소득금액을 계산할 때 필요경비에 산입할 금액은 해당 과세기간의 총수입금액에 대응하는 비용으로서 일반적으로 용인되는 통상적인 것의 합계액으로 하되 다음의 어느 하나에 해당하는 기타소득에 대해서는 거주자가 받는 금액의 100분의 80에 상당하는 금액을 필요경비로 보며, 실제 소요된 필요경비가 100분의 80에 상당하는 금액을 초과하면 그 초과금액도 필요경비로 인정한다.

① 공익법인이 주무관청의 승인을 받아 시상하는 상금 및 부상

② 다수가 경쟁하는 대회에서 입상자가 받는 상금 및 부상

③ 주택입주 지체상금

④ 광업권·어업권·산업재산권 등 권리를 양도하거나 대여하고 받는 금품

⑤ 원고료, 저작권 사용료인 인세, 미술·음악 또는 사진에 속하는 창작품에
   대하여 받는 대가

⑥ 강연료 등 인적용역을 일시적으로 제공하고 받는 대가 등

〈사례〉

연간 원고료 및 강연료로 인하여 벌어들인 기타소득이 1,450만 원인 경우 기타소득금

액은?(이 경우 필요경비는 총수입금액의 80%로 간주)

기타소득금액 290만 원	=	기타소득 1,450만 원	−	필요경비 1,160만 원 (=1,450만 원×80%)

* 따라서 이 경우 기타소득에 대해 종합과세 확정신고를 반드시 할 필요는 없다.

라. 기타소득 내역 조회

과세관청은 거주자의 종합소득 확정신고 편의를 위해 홈택스 홈페이지
(www.hometax.go.kr)에서 다음의 따른 방법으로 직전 과세연도의 기타소득
내역을 확인할 수 있다.

홈택스 홈페이지에 인터넷뱅킹용 공인인증서로 로그인한 후, 조회서비스
⇨ 세금신고내역조회 ⇨ 지급명세서 ⇨기타소득을 선택하여 기타소득금액 및
원천징수세액 등을 확인할 수 있다.

마. 종합소득세 확정신고

기타 소득금액이 300만 원 이하이면서 원천징수가 적용되는 소득은 종합소득 과세표준에 포함하지 아니하지만, 다음에 해당하는 소득을 제외하고는 거주자가 해당 소득을 종합소득 과세표준을 계산할 때 이를 합산하려는 경우에는 종합소득 확정신고를 통해 종합소득 과세표준에 포함시킬 수 있다.

① 복권당첨금
② 승마투표권 등의 구매자가 받는 환급금
③ 슬롯머신 등을 이용하는 행위에 참가하여 받는 당첨금품 등
④ 기타소득에 해당하는 서화·골동품의 양도로 인한 소득
⑤ 사망 등 부득이한 사유에 의해 연금계좌의 연금외수령 소득
　* 이 경우 연금외수령은 자기부담금 및 운용소득을 대상으로 한다.

〈사례〉

강연료로 기타소득이 800만 원 발생한 경우 근로자의 경우 다음의 방법 중 유리한 것을 선택할 수 있다.

〈2013년 발생 소득〉

구 분	총 수입금액	소득금액
근로소득	35,000,000원	23,250,000원[*]
기타소득	8,000,000원	1,600,000원[**]

* 근로소득금액 23,250,000원＝근로소득 35,000,000원－근로소득공제 11,750,000원
** 기타소득금액 1,600,000원＝기타소득 8,000,000원－필요경비 6,400,000원

근로소득 연말정산 시 인적공제, 특별공제, 그 밖의 소득공제 금액의 합계액이 13,250,000원으로 가정할 경우 해당 근로자의 근로소득 연말정산 결과는 다음과 같다.

구 분	종합소득 확정신고를 하지 아니한 경우			종합소득확정신고를 하는 경우
	근로소득	기타소득	합계	
총 수입금액	35,000,000	8,000,000	43,000,000	43,000,000
소득금액	23,250,000	6,400,000	29,650,000	29,650,000
− 종합소득공제 등	13,250,000	−	13,250,000	13,250,000
= 과세표준	10,000,000	1,600,000	11,600,000	11,600,000
× 적용세율	6%	20%	−	6%
= 산출세액	600,000	320,000	920,000	696,000*

* 224,000원 환급 (920,000원−696,000원)

종합소득 확정신고를 하지 아니한 경우 근로소득에 대해서는 6%, 기타소득에 대해서는 20%의 세율이 각각 적용되나, 종합소득 확정신고를 하는 경우 기타소득과 근로소득을 합산한 금액에 대해 6%를 적용되어 종합소득 확정신고를 하는 것이 세부담을 감소(추가 환급발생)시킬 수 있다.

따라서 사례와 같이 해당 연도에 근로소득, 기타소득이 각각 있어 연말정산 및 원천징수에 의해 종합소득확정신고를 하지 않아도 되는 경우에도 종합소득 확정신고에 의한 세액 계산을 통해 유리한 방법을 선택할 수 있다.

제4장
세금우대 금융상품

비과세저축상품을 이용할 수 없는 경우 금융상품에서 발생한 이자소득이나 배당소득에 대해 일반 원천징수 세율(14%)보다 낮은 세율(5%, 9%)로 원천징수하는 세금우대 적용 금융상품을 이용하는 것이 바람직하다.

세금우대가 적용되는 대표적인 금융상품으로는 세금우대저축, 직장공제회 초과반환금 등이 있다.

직장공제회 초과반환금

✓ 알기 쉬운 세금절약 비법
직장생활 동안 적은 부담으로 노후생활에 큰 도움이 되는 상품

○ 직장공제회

– 1999.1.1 이후 최초로 직장공제회에 가입하여 불입하는 분부터 과세 적용

* 1998.12.31 이전 가입자는 과세 제외

– 직장공제회 초과반환금은 근로자가 퇴직하거나 탈퇴하여 그 규약에 따라 직장공제회로부터 받는 반환금에서 납입공제료를 뺀 금액으로

– 직장공제회 초과반환금 과세금액은 다음과 같이 계산한다.

　[직장공제회 초과반환금×(1−0.4)−납입연수 공제]/납입연수×기본세율×납입연수

– 직장공제회 초과반환금은 분리과세 대상소득으로 종합소득 과세표준에 포함되지 아니한다(세금절약 효과 4,020,000원).

직장공제회 초과반환금은 이자와 유사한 성격으로 이자소득에 포함하여 1999.1.1. 이후 최초로 직장공제회에 가입하여 불입함으로써 발생하는 소득에 대해 과세가 적용되나 퇴직소득에 준하여 원천징수에 의해 세금을 부담하면 납세의무를 완료할 수 있도록 하고 있다.

구 분	1998.12.31 이전 가입자	1999.1.1 이후 가입자
과세 여부	과세 제외	과세소득에 포함

* 직장공제회에서 운영하고 있는 초과반환금가 아닌 기타공제제도의 경우 공제제도에서 발생하는 것은 이자소득에 해당되어 초과반환금과 같이 과세특례를 적용하지 아니한다.

가. 직장공제회

민법 제32조와 그 밖의 법률에 따라 설립된 공제회·공제조합(이와 유사한 단체를 포함한다)으로서 동일직장이나 직종에 종사하는 근로자들의 생활안정, 복리증진 또는 상호부조 등을 목적으로 구성된 단체를 말한다.
예) 군인공제회, 교원공제회, 세우회 등

나. 직장공제회 초과반환금

| 초과반환금 | = | 근로자가 퇴직하거나 탈퇴하여 그 규약에 따라 직장공제회로부터 받는 반환금 | − | 납입공제료 |

다. 직장공제회 초과반환금 세액계산 특례

직장공제회 초과반환금
- 직장공제회 초과반환금의 40%
- 납입연수 공제금액

납입연수	공제금액
5년 이하	30만 원×납입연수
5년 초과 10년 이하	150만 원+50만 원×(납입연수−5년)
10년 초과 20년 이하	400만 원+80만 원×(납입연수−10년)
20년 초과	1천200만 원+120만 원×(납입연수−20년)

* 납입연수의 계산 시 1년 미만의 경우 1년으로 함

= 과세표준
÷ 납입연수

= 연평균 과세표준
× 기본세율

기본세율연평균과세표준	기본세율
1천 200만 원 이하	과세표준의 100분의 6
1천 200만 원 초과 4천 600만 원 이하	72만 원+(1천 200만 원을 초과하는 금액의 100분의 15)
4천 600만 원 초과 8천 800만 원 이하	582만 원+(4천 600만 원을 초과하는 금액의 100분의 24)
8천 800만 원 초과	1천 590만 원+(8천 800만 원을 초과하는 금액의 100분의 35)
3억 원 초과	9천 10만 원+(3억 원을 초과하는 금액의 100분의 38)

= 연평균 산출세액
× 납입연수

= 산출세액

〈사례〉 1999년 이후 가입자가 20년간 2,000만 원 불입하여 5,000만 원을 수령한 경우

구 분	직장공제회 반환초과금	일반 예금
반환금	5,000만 원	5,000만 원(원리금)
납입공제료	2,000만 원	2,000만 원(원금)
= 초과금반환금	3,000만 원	3,000만 원(이자)
− 초과반환금의 50%*	1,500만 원	0
− 납입연수 공제	1,200만 원	0
= 과세표준	300만 원	3,000만 원
÷ 납입연수	20년	
= 연평균 과세표준	15만 원	
× 기본세율	6%	14%
= 연평균산출세액	9,000원	
× 납입연수	20년	
= 산출세액	18만 원	420만 원

* 계산편의를 위해 50%로 가정

라. 세액계산에 대한 경과조치

직장공제회에 1999.1.1.부터 2012.12.31.까지 가입하여 납입한 공제료에서 발생한 초과반환금에 대한 비율공제에 따른 공제금액은 다음에 따라 계산한 금액을 더한 금액으로 한다.

$$① \quad 직장공제회 초과반환금 \quad × \quad \frac{2010년\ 12월\ 31일\ 이전\ 공제료\ 납입월수}{총\ 공제료\ 납입월수} \quad × \quad 50\%$$

② 직장공제회 초과반환금 $\times \dfrac{\text{2011년 1월 1일 이후 공제료 납입월수}}{\text{총 공제료 납입월수}} \times 40\%$

마. 분리과세

직장공제회 초과반환금은 원천징수에 의해 세금납부가 종결되므로 종합소득과세표준을 계산할 때 합산하지 아니한다.

2

선박투자회사의 주주에 대한 과세특례

✓ **알기 쉬운 세금절약 비법**

새로운 투자 대안으로 적합한 세금우대 선박투자

○ 선박투자회사 투자

− 거주자가 선박투자회사로부터 2013년 12월 31일 이전에 받는 선박투자회사의 배당소득에 대해서는 저율과세 또는 분리과세 적용(세금절약 효과 225,000원)

선박투자회사란 자산을 선박에 투자하여 그 수익을 주주에게 분배하는 것을 목적으로 설립된 회사를 말한다.

가. 저율과세

거주자가 선박투자회사법 제13조에 따른 선박투자회사로부터 2013년 12월 31일 이전에 받는 선박투자회사별 액면가액 1억 원 이하 보유주식의 배당소득에 대해서는 100분의 5의 세율을 적용한다.

나. 분리과세

거주자가 선박투자회사법 제13조에 따른 선박투자회사로부터 2013년 12월 31일 이전에 받는 보유주식의 배당소득은 종합소득과세표준에 합산하지 아니한다.

이 경우 분리과세되는 배당소득에는 선박투자회사별 액면가액 1억 원을 초과하는 경우 그 초과하는 보유주식에서 발생하는 배당소득을 포함한다.

〈보유 주식의 액면가액별 배당소득 과세방법 요약〉

구 분	선박투자회사별 액면가액 1억 원 이하 보유한 경우	선박투자회사별 액면가액 1억 원 초과 보유한 경우
원천징수	5%	14%
분리과세	적용	적용

3

세금우대종합저축

✓ **알기 쉬운 세금절약 비법**

현명한 사람은 세금우대저축부터 시작한다.

○ 세금우대저축

− 저축가입자의 연령 등에 따라 저축한도를 달리 적용함

− 거주자가 세금우대종합저축에 2014년 12월 31일까지 가입하는 경우 해당 저축에서 발생하는 이자소득 및 배당소득에 대해서는 일반 원천징수세율(14%)보다 낮은 세율로 원천징수하고 분리과세 대상 소득에 해당(세금절약 효과 25,000원)

− 세금우대종합저축을 계약일로부터 1년 이내에 해지 또는 인출하거나 그 권리를 이전하는 경우 이미 원천징수한 세액과 일반 원천징수세율과의 차액을 추가 징수

〈세금우대종합저축 라이프 사이클에 따른 세금 검토〉

매입	저축	1년 이내 중도상환·양도	만기	만기 이후
'14.12.31까지 가입	연령 등에 따라 가입 한도 차등 적용	이자소득· 배당소득	이자소득· 배당소득	만기 이후 발생한 이자소득·배당소득
⇩		⇩	⇩	⇩
계약기간 1년 이상		소득세 과세	저율과세 및 분리과세	소득세 과세

가. 세금우대종합저축 요건

① 저축취급기관

금융실명거래 및 비밀보장에 관한 법률 제2조 제1호 각목의 어느 하나에 해당하는 금융기관

② 세금우대종합저축 대상 금융상품

금융기관이 취급하는 적립식 또는 거치식 저축*으로서 저축 가입 당시 저축자가 세금우대 적용을 신청할 것

* 집합투자증권저축·공제·보험·증권저축 및 채권저축 등을 포함

③ 계약기간

계약기간이 1년 이상일 것

④ 계약금액 총액 한도

구 분	한 도*
20세 이상인 자	1명당 1천만 원
60세 이상 거주자	1명당 3천만 원
장애인복지법에 따라 등록한 장애인	1명당 3천만 원
독립유공자 예우에 관한 법률 제6조에 따라 등록한 독립유공자와 그 유족 또는 가족	1명당 3천만 원
국가유공자 등 예우 및 지원에 관한 법률에 따라 등록한 상이자	1명당 3천만 원
국민기초생활보장법에 따른 수급자	1명당 3천만 원
고엽제후유의증 환자지원 등에 관한 법률에 따른 고엽제후유의증환자	1명당 3천만 원
5·18민주유공자 예우에 관한 법률에 따른 5·18민주화운동부상자	1명당 3천만 원

* 한도는 모든 금융기관에 가입한 세금우대종합저축의 계약금액 총액을 기준으로 한다.

⑤ 계약금액 한도 총액 계산

㉮ 적립식 저축의 경우에는 저축자가 불입할 것을 계약한 금액을 기준으로 한다.

㉯ 투자신탁의 경우는 수익자를 기준으로 계약금액총액을 계산한다.

㉰ 세금우대종합저축에서 발생하여 원금에 전입되는 이자 및 배당 등은 세금우대종합저축으로 보되, 계약금액 총액의 1명당 한도를 계산할 때에는 산입하지 아니한다.

⑥ 기타 사항

㉮ 세금우대종합저축은 세금우대종합저축만을 입금 또는 출금하는 세금우대종합저축통장에 의하여 거래되며, 세금우대종합저축통장의 표지에

'세금우대종합저축통장'이라는 문구를 표시

㉯ 세금우대종합저축 가입 및 관리시스템

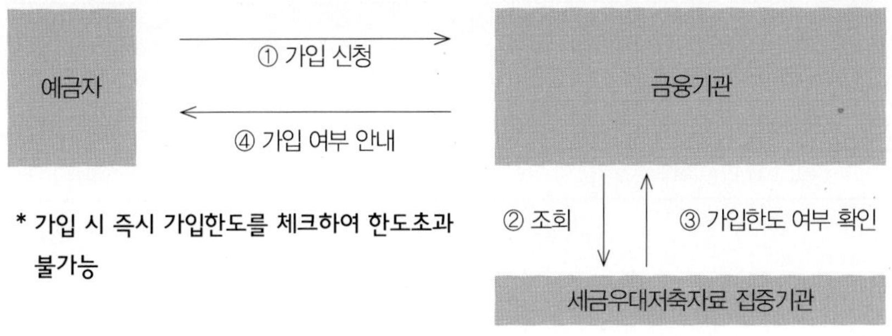

나. 세금우대 내용

거주자가 세금우대종합저축에 2014년 12월 31일까지 가입하는 경우 해당 저축에서 발생하는 이자소득 및 배당소득에 대한 원천징수세율은 일반 원천징수세율(100분의 14)보다 낮은 100분의 9로 한다. 그리고 세금우대종합저축에서 발생하는 이자소득 및 배당소득에 대해서는 종합소득에 대한 과세표준을 계산할 때 산입하지 아니한다. 또한 그 이자소득 및 배당소득에 대해서는 지방세법에 따른 지방소득세 소득분을 부과하지 아니한다.

다. 저축계약일로부터 1년 이내에 해지 등의 경우

세금우대종합저축을 계약일로부터 1년 이내에 해지 또는 인출하거나 그 권리를 이전하는 경우 해당 원천징수의무자는 이미 낮은 원천징수세율(9%)로 원천징수한 세액과 일반 원천징수세율(14%)로 원천징수한 세액의 차액을 원천징수하여야 한다.

구 분	세금우대 계속 유지	세금우대 1년 내 해지 등
소득세 원천징수세율	9%	14%
지방소득세 소득분	없음	소득세의 10%
종합과세 합산 여부	분리과세	종합과세 합산 가능

다만, 다음에 사유에 의해 세금우대종합저축을 계약일로부터 1년 이내에 해지 또는 인출하거나 그 권리를 이전하는 경우에도 세금우대종합저축에 따른 과세 특례를 적용받을 수 있다.

① 가입자의 사망·해외이주

② 저축 해지 전 6월 이내에 발생한 다음의 사유

　㉮ 저축자의 퇴직

　㉯ 저축자의 3월 이상의 입원치료 또는 요양을 요하는 상해·질병의 발생 등

　㉰ 천재지변

　㉱ 사업장의 폐업

4

부동산집합투자기구등 집합투자증권의 배당소득에 대한 과세특례

✓ **알기 쉬운 세금절약 비법**

종합소득에 합산되지 아니하는 투자의 블루오션 부동산집합투자기구

○ 부동산집합투자기구

- 임대주택에 자산총액 50% 이상 투자하는 부동산집합기구에 투자하는 경우 해당 배당소득에 대해서는 종합소득 합산 제외

- 부동산집합투자기구등별 액면가액 합계액 3억 원 이하 보유주식 또는 수익증권의 배당소득에 대하여는 100분의 5 세율 적용(세금절약 효과 1,350,000원)

가입	액면가액 3억 원 이하 투자	액면가액 3억 원 초과 투자
'14.12.31. 이전	원천징수 세율 5%	원천징수 세율 14%
	종합소득 합산 제외	종합소득 합산 제외

가. 부동산집합투자기구등 상품 개요

거주자가 임대주택에 자산총액 중 50% 비율 이상을 투자하는 「자본시장과 금융투자업에 관한 법률」에 따른 부동산집합투자기구 또는 「부동산투자회사법」에 따른 부동산투자회사를 말한다.

* 임대주택이란 해당 주택 및 이에 부수되는 토지의 기준시가의 합계액이 취득 당시 6억 원 이하이고 주택의 연면적(공동주택의 경우에는 전용면적)이 149제곱미터 이하인 임대주택을 말한다.

나. 과세특례 개요

2014년 12월 31일 이전에 받는 부동산집합투자기구등별 액면가액 합계액 3억 원 이하 보유주식 또는 수익증권("집합투자증권")의 배당소득에 대하여는 100분의 5의 세율을 적용한다.

부동산집합투자기구등별 액면가액 합계액 3억 원 초과 보유주식 또는 수익증권("집합투자증권")의 배당소득에 대하여는 100분의 14의 세율을 적용한다.

이 경우 집합투자증권(액면가액 합계액이 3억 원을 초과하는 경우에는 그 초과하는 집합투자증권을 포함)의 배당소득은 「소득세법」 제14조제2항에 따른 종합소득과세표준에 합산하지 아니한다.

다. 원천징수 절차

① 부동산집합투자기구등의 집합투자증권이 투자매매업자 또는 투자중개
업자에게 예탁된 경우

부동산집합투자기구등의 집합투자증권이 투자매매업자 또는 투자중개업
자에게 예탁된 경우 부동산집합투자기구등은 그 배당소득을 지급하기로 결
정한 후 즉시 집합투자증권보유자별·투자매매업자별·투자중개업자별 분리
과세대상소득의 명세를 직접 또는 한국예탁결제원을 통하여 집합투자증권
보유자가 위탁매매하는 투자매매업자 또는 투자중개업자에게 통지하여야 하
며, 통지받은 투자매매업자 또는 투자중개업자는 통지받은 내용에 따라 원천
징수하여야 한다.

② 부동산집합투자기구등의 집합투자증권이 투자매매업자 또는 투자중개
업자에게 예탁되어 있지 아니한 경우

그 부동산집합투자기구등은 직접 또는 그 부동산집합투자기구등의 명의
개서대행기관을 통하여 집합투자증권 보유자별로 분리과세대상소득을 구분
하여 원천징수하여야 한다.

제5장
소득공제 가능한 금융상품투자

1

보험

✓알기 쉬운 세금절약 비법

보험상품을 정확히 이해하고 적절히 활용하면 위험보장 및 세금을 절약할 수 있다.

○ 소득공제 → 거주자인 근로자만 적용 가능(세금절약 효과 106,000원)

− 보장성보험계약에 따른 보험료: 연 100만 원 한도 내에서 소득공제

− 장애인전용보장성보험계약에 따른 보험료: 연 100만 원 한도 내에서 소득공제

○ 과세 제외(세금절약효과 74,200원)

− 장기저축성보험의 보험차익(이자소득에서 제외되어 과세되지 아니함)

− 단체순수보장성보험의 보험료(연 70만 원 이하) → (근로소득에서 제외)

− 단체환급부보장성보험의 보험료(연 70만 원 이하) → (근로소득에서 제외)

○ 비과세

− 장애인 및 상이자를 수익자로 하는 보험의 보험금 → 증여재산에 해당되나 비
과세

가. 보험의 개념

   자기 자신이나 가족에게 닥칠 수 있는 위험에 대해 미리 대비하기 위한 방법 중 하나가 보험(保險)일 것이다. 보험은 같은 위험에 처할 가능성이 있는 많은 사람들이 모여 그 위험에 대비해 조금씩 돈을 내어 공동의 재산으로 사고를 당한 사람에게 미리 정해진 금액을 지급함으로써 서로 돕는 제도이다.

   보험에 가입하여 보험계약에 따라 납부하는 돈을 '보험료'라고 하고, 보험계약에 정해진 사고를 당한 경우 보험계약에 따라 지급하는 보상금을 '보험금'이라 한다.

나. 보험의 종류

구분		내용 및 종류
사회보험		우리 전 국민이 꼭 필요한 기본생활을 유지하는 것이 목적 예) 국민의 최소한의 건강과 소득 등을 보장 −국민건강보험, 국민연금, 고용보험, 산업재해보험
민 영 보 험	생명보험	사람의 생명이나 건강을 해지치는 사고에 대비 −종신보험: 보험기간을 한정하지 아니하고 보험대상이 되는 사람의 전 생애를 보장 −질병보험: 질병에 걸린 경우 그 치료비 및 질병으로 인한 받지 못하는소득을 보상 −암보험: 암으로 인한 치료비·입원비, 요양비, 사망보험금 보장 −연금보험: 연금 지급을 통해 노후의 안정된 생활을 보장 −교육보험: 부모가 자녀를 위해 들어주는 보험으로 주로 만기 시 지급받는 보험이 자녀의 교육자금에 이용 −상해보험: 우연한 사고로 인해 치료를 하거나 장애 또는 사망을 하게 되어 보험금을 지급받는 보험

| 손해보험 | 재산에 손해를 가져다주는 위험이나 다른 사람에게 사고를 끼친 손해에 대비
−책임보험: 다른 사람에게 피해를 입혀서 돈을 물어 주는 등 다른 사람에게 끼친 손해에 대비
−재산보험: 재난·화재·도난 등의 위험에 대해 보상
−자동차보험: 자동차책임보험과 자동차종합보험 |

다. 보장성보험과 저축성보험

① 보장성보험

사망·상해·입원·생존 등과 같이 사람의 생명과 관련하여 보험사고가 발생했을 때 피보험자*에게 약속된 급부금을 제공하며 소액의 보험료를 거두어 높은 보험금을 지급하므로 만기에 환급되는 금액이 납입보험료를 초과하지 아니하는 보험계약을 말한다.

* 피보험자란 생명보험 계약에 있어서는 사람의 생·사라는 보험사고 발생의 객체가 되는 사람, 손해보험 계약에서는 피보험이익의 주체, 즉 보험사고가 발생함으로써 손해를 입은 자를 말한다.

예) 자동차보험, 종신보험, 암보험 등

보장성보험은 보험료에 대해 소득공제가 가능하며, 소득공제 가능한 보험은 보험계약 또는 보험료납입영수증에 보험료공제대상임이 표시된 보험으로 다음의 어느 하나에 해당하는 보험을 말한다.

㉮ 상해보험

㉯ 상해보험

㉰ 화재·도난 기타의 손해를 담보하는 가계에 관한 손해보험

㉱ 「수산업협동조합법」·「신용협동조합법」 또는 「새마을금고법」에 따른 공제

㉺ 「군인공제회법」·「한국교직원공제회법」·「대한지방행정공제회법」·「경찰공
제회법」 및 「대한소방공제회법」에 의한 공제

② 저축성보험

저축성보험은 저축의 성격과 보장기능을 동시에 가지는 보험을 말한다. 저
축성보험은 납입한 보험료보다 만기 시 지급되는 급부금이 더 많은 보험으로
목돈 마련이나 노후생활자금을 대비가 가능하다. 따라서 보험료 중 사업비와
보장에 필요한 부분을 제외한 금액에 대해 높은 이율로 적립하여 만기에 지급
하는 보험으로 다음의 어느 하나에 해당하는 보험계약을 말한다.

㉮ 보험법에 따른 생명보험계약 또는 손해보험계약

㉯ 「수산업협동조합법」에 의한 수산업협동조합중앙회 및 조합이 취급하는
생명공제계약 또는 손해공제계약

㉰ 「신용협동조합법」에 의한 신용협동조합중앙회가 취급하는 생명공제계
약 또는 손해공제계약

㉱ 「새마을금고법」에 의한 새마을금고연합회가 취급하는 생명공제계약 또
는 손해공제계약

㉲ 「우체국예금·보험에 관한 법률」에 의한 우체국보험계약

라. 보험 관련 세금상식

① 보장성보험에 가입한 근로자는 보험료에 대해 소득공제 가능

　근로자가 기본공제대상자를 피보험자로 하는 보장성보험계약에 따라 지급
하는 보험료는 연 100만 원까지 연말정산 시 소득공제를 받을 수 있다.

　㉮ 사업소득자나 일용근로자가 지급하는 보장성보험의 보험료는 소득공
　　제대상에 해당하지 아니한다.
　- 보장성보험의 보험료는 근로자만이 공제받을 수 있으므로 사업소득자
　　가 지급하는 보장성보험의 보험료에 대해서는 소득공제를 받을 수 없다.
　- 일용근로소득은 일당 10만 원을 초과하는 소득에 대해 원천징수를 통
　　해 세금을 납부하며, 연말정산 대상 소득에 해당하지 아니하므로 보험
　　료 공제를 받을 수 없다.
　㉯ 근로기간에 지출한 보장성보험료만 공제받을 수 있다.
　- 보험료공제는 근로 제공 기간 동안에 지출한 보험료에 대해 공제가 가
　　능하므로 근무기간이 아닌 입사 전 또는 퇴직 후에 지출한 보험료는 공
　　제대상에 해당하지 아니한다.
　㉰ 기본공제대상자에 해당하지 아니하는 자녀를 피보험자로 하는 보장성
　　보험의 보험료는 소득공제대상에 해당하지 아니한다.
　- 보험료 공제는 기본공제대상자를 피보험자로 하는 보장성보험계약에
　　따라 지출한 보험료를 공제대상으로 하므로 일반적으로 자녀를 피보험
　　자로 하는 경우 만 20세 이하, 부모님을 피보험자로 하는 경우 만 60세
　　이상인 경우에만 공제가 가능하다.

- 다른 형제가 기본공제를 받고 있는 부모님을 피보험자로 하는 보장성보
  험계약의 보험료는 소득공제대상에 해당하지 아니한다.

㉞ 소득이 없는 가족명의로 계약한 보험료 공제 가능 여부

- 보장성보험에 대한 보험료 공제에 있어 근로자 본인 또는 소득이 없는
  가족명의로 계약하고 피보험자가 기본공제대상자인 보험으로서 근로자
  가 실제 납입한 보험료는 소득공제가 가능하다.

㉟ 맞벌이 부부의 보험료 공제

- 소득기준을 초과하여 기본공제대상자에 해당하지 아니하는 배우자를
  피보험자로 하는 보험의 보험료를 불입한 경우 해당 보험료에 대해 소
  득공제를 받을 수 없다.

- 맞벌이 부부인 근로자 본인(남편)이 계약자이고 피보험자가 부부공동인
  보장성보험의 보험료는 근로자(남편)가 연말정산 시 보험료공제를 받을
  수 있다.

㊱ 회사가 부담한 보험료

- 법인이 해당 법인의 종업원을 보험계약자로 하거나 보험수익자로 하는
  보험의 보험료로 지급하는 금액은 해당 법인의 각사업연도 소득금액계
  산상 손금에 산입하는 것이며 종업원의 근로소득으로 본다.

- 이 경우 근로자는 보장성보험료 공제 요건을 충족하는 경우에는 소득공
  제를 받을 수 있다.

㊲ 리스료에 포함하여 납부한 보험료

- 자동차 리스료의 세부요금항목 중 자동차보험료를 별도 표시되어 리스
  이용자인 근로자가 부담하더라도 이는 리스계약에 의한 리스료의 일부
  로서 특별공제대상 보험료에 해당하지 아니한다.

㉑ 보험회사가 여행사 또는 유학원을 보험계약자로 하고 여행객 또는 유
  학생을 피보험자로 하는 보장성보험계약을 체결하고 여행객 등이 부담
  한 보험료를 여행사 등으로부터 수취하는 경우 보험회사는 해당 피보험
  자에게 소득공제용 보험료 납입증명서를 발급함으로써 근로소득자 해
  당 보험료에 대해 소득공제를 받을 수 있다.

② 장애인을 피보험자 또는 수익자로 하는 장애인전용보장성보험의 보험료
  기본공제대상자 중 장애인을 피보험자 또는 수익자로 하는 장애인전용보
  험의 보험료를 근로자가 지출하는 경우 소득공제가 가능하며, 이 경우 보장
  성보험과는 별도로 100만 원 범위 내에서 공제받을 수 있다.

③ 저축성보험의 보험차익은 이자소득으로 과세되나 일정요건을 갖춘 저축성
  보험의 보험차익은 과세되지 아니함.

  ㉮ 저축성보험의 보험차익

* 보험금: 만기에 받는 보험금·공제금 또는 계약기간 중도에 해당 보험계약이 해지됨에
  따라 받는 환급금
** 보험료: 납입보험료 또는 납입공제료

이 경우 보험차익에 대해서는 14% 원천징수세율에 의해 소득세를 부담하
게 된다.

㉯ 이자소득으로 과세되는 보험차익

〈2013.2.15 전 계약 체결분〉

- 보험계약에 따라 최초로 보험료를 납입한 날부터 만기일 또는 중도해지
  일까지의 기간이 10년 미만인 경우
- 최초 납입일부터 만기일 또는 중도해지일까지의 기간은 10년 이상이지
  만 최초 납입일부터 10년이 경과하기 전에 납입한 보험료를 확정된 기간
  동안 연금형태로 분할하여 지급받는 경우

> 보험계약에 따라 최초로 보험료를 납입한 날부터 만기일 또는 중도해지일까지의
> 기간이 10년 이상인 경우로서 그 최초 납입일부터 10년이 경과하기 전에 원금 일
> 부를 인출(확정된 기간 동안 연금형태로 분할하여 지급받는 경우 제외)하는 저축
> 성보험 보험차익은 2005년 1월 1일 이후 가입하는 분부터는 소득세법 제16조 제
> 1항 제10호의 규정에 의한 이자소득에 해당하지 아니하며 확정된 기간 동안 연금
> 형태로 분할하여 지급받는 경우의 확정된 기간이란 연금의 지급기간이 일정한 기
> 간(5년, 10년, 20년 등)으로 정해져 있는 것을 말한다.

〈2013.2.15 이후 계약 체결분〉

다음에 해당되는 이자소득과세제외 저축성보험의 보험차익을 제외하고는
보험차익에 대해 소득세를 부담하여야 한다.

- 계약기간이 10년 이상이고 납입보험료가 2억 원 이하인 계약
- * 다만, 계약기간이 10년 이상이나 10년 경과 전 납입보험료를 확정된 기
  간동안 연금형태로 분할 지급하는 경우에는 소득세 과세됨에 유의
- 법정 요건을 모두 충족하는 월적립식 저축성보험

－법정 요건을 모두 충족하는 종신형 연금보험

㉮ 이자소득으로 과세되지 아니하는 보험차익

－피보험자의 사망·질병·부상 기타 신체상의 상해로 인하여 받거나 자산의 멸실 또는 손괴로 인하여 받는 보험금

〈2013.2.15 전 계약 체결분〉

－보험계약에 따라 최초로 보험료를 납입한 날부터 만기일 또는 중도해지일까지의 기간이 10년 이상인 경우

〈2013.2.15 이후 계약 체결분〉

다음에 해당하는 저축성보험의 보험차익에 대해서는 소득세를 과세하지 아니한다.

구 분	내용 및 종류
계약기간이 10년 이상이고 납입보험료가 2억 원 이하인 계약	* 과세제외되는 월적립식 저축성보험 및 종신형연금보험을 제외하고 계약자 1명당 납입보험료 합계액이 2억 원 이하인 저축성보험계약 * 최초 보험료 납입일로부터 만기일 또는 중도해지일까지의 기간이 10년 이상
월적립식 저축성보험	다음에 해당하는 요건 모두 충족하여야 한다. · 최초납입일부터 만기일 또는 중도해지일까지의 기간이 10년 이상일 것 · 최초납입일로부터 납입기간이 5년 이상인 월적립식 계약일 것 · 최초납입일부터 매월 납입하는 기본보험료가 균등(최초 계약한 기본보험료의 1배 이내로 기본보험료를 증액하는 경우를 포함)하고, 기본보험료의 선납기간이 6개월 이내일 것

종신형 연금보험	다음에 해당하는 요건 모두 충족하여야 한다. · 계약자가 보험료 납입 계약기간 만료 후 55세 이후부터 사망 시까지 보험금·수익 등을 연금으로 지급받는 계약일 것 · 연금 외의 형태로 보험금·수익 등을 지급하지 아니하는 계약일 것 · 사망 시 「통계법」 제18조에 따라 통계청장이 승인하여 고시하는 통계표에 따른 성별·연령별 기대여명 연수(소수점 이하는 버린다) 이내의 보증기간이 설정된 경우로서 계약자가 해당 보증기간 이내에 사망한 경우는 해당 보증기간의 종료 시] 보험계약 및 연금재원이 소멸할 것 · 최초 연금지급 개시 이후 사망일 전에 계약을 중도해지할 수 없을 것

㉣ 보험계약기간 중도에 지급되는 납입보험료 이자

– 거주자가 가입한 저축성보험의 보험계약에서 최초 보험료납입일부터 만기일까지의 기간이 10년 이상이지만 10년이 경과하기 전에, 납입한 보험료가 아닌 '납입보험료의 이자'를 지급받는 경우, 해당 '납입보험료의 이자'는 이자소득에 해당하지 아니한다.

㉤ 저축성보험에 가입하여 보험계약기간 중도에 보험계약자 및 수익자를 변경한 경우

– 보험계약기간이 10년 이상인 저축성보험에 가입한 거주자인 아버지가 보험계약기간 중도에 보험계약자 및 수익자를 아들로 변경하고, 계약변경 1년 후 보험계약자 및 수익자인 아들이 보험계약을 해지하여 환급금을 수령하거나 또는 만기 시 보험금을 수령한 경우 저축성보험의 보험차익을 계산함에 있어서 보험계약기간의 계산은 계약변경과 관계없이 최초 보험료납입일부터 만기일까지로 한다.

금융상품 간 과세형평 제고, 명의변경 등을 통한 과세회피 사례를 방지하기 위해 다음과 같이 저축성보험의 계약변경 시 보험차익 비과세요건인 10년 이상 계약기간의 기산일은 다음과 같다.
· 계약자 명의변경
  계약자 명의변경일을 기준으로 각 계약자별로 계약기간 계산
  다만, 사망에 의한 계약의 이전은 예외 인정
  (적용시기) 2013.2.15. 이후 보험에 가입하는 분부터 적용
· 보장성보험에서 저축성보험으로 계약변경
  계약변경일을 기준으로 계약기간 계산
  (적용시기) 2013.2.15. 이후 보험에 가입하는 분부터 적용
· 최초 기본보험료의 1배를 초과하여 증액하는 경우
  변경일을 기준으로 계약기간 계산
  (적용시기) 2013.2.15. 이후 변경되는 계약분부터 적용

㉫ 종업원 가족이 수익자에 해당하는 경우 종업원 가족의 질병 또는 사망 시 지급받는 단체순수보장성보험금

– 종업원의 가족을 피보험자와 수익자로 하여 사용자가 부담한 보험료가 근로소득에 포함되나, 당해 종업원의 가족에 대한 보험금 지급사유 발생으로 종업원 또는 그 가족이 받는 보험금은 과세대상 소득에 해당하지 아니한다.

㉭ 회사가 수익자에 해당하는 경우 회사에서 수령하여 근로자에게 지급한 보험금

– 피보험자를 종업원으로, 계약자 및 수익자를 법인으로 하여 납입한 단체보험의 보험료는 피보험자인 종업원의 근로소득으로 볼 수 없는 것이며 보험금 수령하는 경우 소득금액계산 상 익금에 산입하고 종업원에게 지급하는 보험금은 종업원의 근로소득에 해당한다.

㉘ 일명 "CEO 플랜" 관련

- 법인이 계약자 및 수익자를 법인으로, 임원을 피보험자로 하는 저축성보험에 가입하고 임원 퇴직 시 저축성보험의 계약자 및 수익자를 법인에서 퇴직임원인 피보험자로 이전

- 임원 퇴직 시 해당 보험의 계약자 및 수익자를 법인에서 퇴직임원으로 변경하는 경우 법인이 부담한 저축성보험과 관련하여 임원 퇴직 당시 저축성보험의 평가액은 퇴직 임원의 퇴직소득에 해당한다.

- 이 경우 저축성보험 평가액을 포함한 임원이 퇴직소득이 과도하여 법인세법에 따른 부당행위계산부인 규정*이 적용되는 경우 해당 규정이 적용되지 아니한 범위 내에서만 퇴직소득에 해당하며, 이를 초과하는 금액은 근로소득에 해당한다.

* 부당행위계산부인 규정: 내국법인의 행위 또는 소득금액계산이 특수관계자와의 거래로 인하여 그 법인의 소득에 대한 조세의 부담을 부당하게 감소시킨 것으로 인정되는 경우 법인의 행위 또는 소득금액의 계산에 관계없이 그 법인의 소득금액을 계산한다.

④ 단체순수보장성보험과 단체환급부보장성보험

㉮ 개념

단체순수보장성보험	단체환급부보장성보험*
종업원의 사망·상해 또는 질병을 보험금의 지급사유로 하고 종업원을 피보험자와 수익자로 하는 보험으로서 만기에 환급하지 아니하는 보험으로 보험료를 사용자가 부담	종업원의 사망·상해 또는 질병을 보험금의 지급사유로 하고 종업원을 피보험자와 수익자로 하는 보험으로서 만기에 납입보험료를 초과하지 아니하는 범위 안에서 환급하는 보험으로 보험료를 사용자가 부담

* 보험기간 중 보험회사의 지급재원이 부족한 경우 보험료를 추가로 납입하고 만기에 잔여 미지급분이 있는 경우 이를 환급받는 조건의 단체상해보험은 소득세가 비과세되는 단체 순수보장성보험 및 단체환급부보장성보험에 해당하지 아니한다.

㉯ 사용자가 근로자를 위해 부담하는 보험료에 대한 세금처리

해당 법인의 종업원이 계약자이거나 또는 그 배우자 기타의 가족을 수익자로 하는 보험과 관련하여 사용자가 보험료로 지급하는 금액은 종업원의 근로소득에 해당한다. 다만, 사업자가 부담하는 단체순수보장성보험과 단체환급부보장성보험의 보험료 중 연 70만 원 이하의 금액은 근로소득에 해당하지 아니한다.

㉰ 단체순수보장성보험 등의 보험금

종업원의 가족을 피보험자와 수익자로 하여 사용자가 부담한 보험료가 근로소득에 포함되는 경우, 해당 종업원의 가족에 대한 보험금 지급사유 발생으로 종업원 또는 그 가족이 받는 보험금은 과세대상 소득에 해당하지 아니한다.

⑤ 보험금과 증여

㉮ 생명보험이나 손해보험에서 보험금 수령인과 보험료 납부자가 다른 경우 보험사고*가 발생한 경우에 보험금 상당액을 보험금 수령인의 증여재산가액으로 한다.

* 보험사고에는 만기 보험금 지급의 경우를 포함한다.

− 보험계약 기간에 보험금 수령인이 타인으로부터 재산을 증여받아 보험

료를 납부한 경우

⇨ 보험료 납부액에 대한 보험금 상당액에서 해당 보험료 납부액을 뺀 가액을 보험금 수령인의 증여재산가액으로 한다.

– 보험료 중 일부를 보험금 수령인이 납부하였을 경우

⇨ 보험금에서 납부한 보험료 총액 중 보험금 수령인이 아닌 자가 납부한 보험료액이 차지하는 비율에 상당하는 금액만을 증여재산가액으로 한다.

$$\text{증여재산가액} \;=\; \text{보험금} \;\times\; \frac{\text{보험금 수령인이 아닌 자가 납부한 보험료액}}{\text{납부한 보험료 총액}}$$

㉯ 증여세가 비과세되는 보험금

장애인을 보험금 수령인으로 하는 보험으로서 장애인복지법 제32조에 따라 등록한 장애인 및 국가유공자 등 예우 및 지원에 관한 법률 제6조에 따라 등록한 상이자를 수익자로 한 보험의 보험금 경우 연간 4천만 원까지 비과세된다. 장애인을 보험금 수령인으로 하는 보험의 보험금을 장애인이 연금으로 수령하는 경우로서 매년 수령하는 보험금액이 연간 4천만 원 이내인 경우 증여세가 비과세된다.

⑥ 보험금과 상속

보험금은 보험계약에 따라 수령인이 직접 취득하여 민법에 따른 상속재산에 포함되지 아니하나 피상속인이 보험료를 지불하고 사망을 원인으로 상속인이 취득하는 경우 경제적 실질이 민법에 따른 상속재산과 같아 상속세 및 증여세법에서는 상속재산으로 간주하여 과세하고 있다.

상속재산으로 보는 보험금은 다음과 같이 계산한다.

$$\text{보험금 수령액} \times \frac{\text{피상속인이 부담한 보험료 합계액}}{\text{피상속인의 사망 시까지 불입된 보험료의 합계액}}$$

2

퇴직연금

✓알기 쉬운 세금절약 비법

퇴직연금상품을 잘 활용하면 소득공제혜택과 연금소득 등에 대해 세금을 절약할 수 있다.

○ 퇴직연금 관련 소득공제 및 과세

– (불입) 근로자가 부담하는 부담금에 대해서는 소득공제(세금절약 효과 424,000원)

– (연금 수령) 근로자가 연금으로 수령하는 경우 연금소득으로 과세

– (일시금 수령) 근로자가 일시금으로 수령하는 경우 퇴직소득으로 과세

가. 퇴직연금제도*

　　퇴직연금은 기존의 퇴직금을 사외 금융기관에 안전하고 충분하게 적립하여 실제 은퇴시점에 연금으로 지급받을 수 있는 제도이다.

* 퇴직연금제도는 국민연금제도의 보완을 통해 근로자의 노후소득보장 강화, 기업 도산 시 근로자의 수급권보장 및 기업의 일시 퇴직금지급에 따른 자금부담을 해소하기 위해 2005년 12월부터 시행하였다.

나. 퇴직연금의 종류

구 분	확정급여형(DB)	확정기여형(DC)
적립방식	기업이 퇴직급여(월 평균임금×근속년수) 지급재원을 매년 금융기관에 적립	기업이 퇴직연금 부담금(연간 임금총액의 1/12)을 근로자 계좌별로 매년 금융기관에 적립
근로자 추가적립	불가	가능(소득공제)
운용	해당 적립금을 기업이 운용	해당 적립금을 근로자가 금융기관의 도움을 받아 운용
수령금액	기존 퇴직금과 동일한 금액으로 확정	운용실적에 따라 변경

다. 퇴직연금과 세금

① 확정기여형 퇴직연금에 가입한 근로자가 추가 불입하는 퇴직연금불입액은 소득공제 가능

　　확정급여형 퇴직연금의 경우 근로자가 추가 적립할 수 없으나 확정기여형 퇴직연금은 근로자가 퇴직연금 부담금 등을 추가 적립할 수 있다. 이 경우 근

로자가 확정기여형 퇴직연금에 추가 불입하는 금액은 소득공제가 가능하다. 소득공제는 연금저축 불입액에 따른 소득공제와 통합하여 연 400만 원*까지 받을 수 있다.

* 2011년부터 연 400만 원까지 공제, 2010년 이전에는 연 300만 원까지 공제

② 퇴직연금을 연금으로 수령하는 경우

다음에 해당하는 금액을 그 소득의 성격에도 불구하고 연금계좌에서 연금 형태로 인출하는 경우 연금소득으로 보아 연금 수령 시 연금소득세(연금소득 ×3~5%)를 원천징수방식을 통해 납부한다.

㉮ 소득세법 제146조제2항에 따른 퇴직소득의 과세이연함에 따라 원천징 수되지 아니한 퇴직소득

(퇴직소득 과세이연) 거주자의 퇴직소득이 퇴직일 현재 연금계좌에 있거 나 연금계좌로 지급되거나 지급받은 날부터 60일 이내에 연금계좌에 입 금되는 경우에는 해당 퇴직소득에 대한 소득세를 연금외수령하기 전까 지 원천징수하지 아니한다.

㉯ 소득세법 제51조의3(연금보험료 소득공제)제1항제2호에 따라 소득공제 를 받은 금액

연금저축계좌 및 퇴직연금계좌의 납입금의 합계액이 연 400만 원을 초 과하는 경우에는 그 초과하는 금액은 없는 것으로 한다.

* 연금불입 시 소득공제한도를 초과하여 불입한 부분에 대해서는 연금수령시 과세제외함으
  로써 이중과세 방지

㉰ 연금계좌의 운용실적에 따라 증가된 금액

㉱ 그 밖에 연금계좌에 이체 또는 입금되어 해당 금액에 대한 소득세가 이연(移延)된 소득으로서 대통령령으로 정하는 소득

* 연금불입 시 소득공제 한도를 초과하여 불입한 부분에 대해서는 연금수령 시 비과세함으로써 이중과세 방지

○ 과세대상 연금소득 계산

연금 불입 시		연금 수령 시
소득공제(연 400만 원까지)	⇒	과세
소득공제 초과분 공제 제외	⇒	과세 제외

③ 퇴직연금을 일시금으로 수령하는 경우

퇴직연금계좌를 연금수령 외의 인출하는 경우 사용자부담금에 해당하는 금액을 퇴직소득으로 보아 일시금 수령 시 퇴직소득세를 원천징수방식을 통해 납부한다.

3

국민연금

✓ **알기 쉬운 세금절약 비법**

국민연금불입액은 소득공제가 가능하고, 국민연금은 노후생활을 안정적으로 유지할 수 있도록 도움을 준다.

○ 국민연금 관련 소득공제 및 과세

– (불입) 거주자가 부담하는 부담금에 대해서는 소득공제(세금절약 효과 210,643원)

– (연금 수령) 연금으로 수령하는 경우 연금소득으로 과세

– (일시금 수령) 일시금으로 수령하는 경우 퇴직소득으로 과세

가. 국민연금제도

국민연금은 국가가 국민의 생활안정과 복지증진을 도모하기 위해 보험의 원리를 도입한 사회보험의 일종으로 가입자, 사용자 및 국가로부터 일정액의 보험료를 받고 이를 재원으로 연금을 지급하는 제도로 1988년 1월부터 시행하고 있다.

나. 가입자 유형

유 형	내 용
사업장가입자	국민연금에 가입된 사업장의 18세 이상 60세 미만의 사용자 및 근로자로서 국민연금에 가입된 경우
지역가입자	국내에 거주하는 18세 이상 60세 미만의 국민으로서 사업장가입자가 아닌 경우 지역가입자로 가입 가능
임의가입자	사업장가입자와 지역가입자가 될 수 없는 사람이 60세 이전에 본인의 희망에 의해 가입신청을 한 경우
임의계속 가입자	가입기간이 20년 미만인 가입자가 60세 도달로 국민연금 가입자 자격을 상실하였으나, 가입기간이 부족하여 연금을 받지 못하거나 가입기간을 연장하여 더 많은 연금을 받고자 원할 경우는 65세에 달할 때까지 신청에 의해 가입한 경우

다. 연금보험료

$$\text{연금보험료} = \text{가입자의 기준소득월액} \times \text{연금보험료율}$$

① 기준소득월액

국민연금의 보험료 및 급여 산정을 위하여 가입자가 신고한 소득월액에서 천 원 미만을 절사한 금액으로, 기준소득월액은 최저 24만 원에서 최고 389만 원까지로 한다.

통상 사업장가입자의 기준소득월액은 전년도에 해당 사업장에서 얻은 소득총액을 근무일수로 나눈 금액의 30배에 해당하는 금액으로 하되 전년도의 소득을 해당 연도 7월부터 다음 연도 6월까지 적용한다.

② 연금보험료

보험료율은 9%로 하되 사업장가입자의 경우 본인과 사업장의 사용자가 각각 절반, 즉 4.5%씩 부담하며 지역가입자·임의·임의계속가입자는 보험료를 본인이 전액 부담한다.

이 경우 사업장가입자의 연금보험료는 사용자에 의해 급여에서 공제하여 일괄적으로 납부한다.

라. 연금 급여

① 특성

국민연금은 연금을 받는 동안 매년 전국소비자물가변동률을 반영하므로 항상 연금액의 실질가치를 보장받을 수 있다.

150만 원 이하의 금액에 대해서는 압류가 불가능하여 연금을 통한 기본적인 생활을 보장받을 수 있다.

② 급여의 종류

국민연금 가입 후 급여의 종류는 노령연금(분할연금), 장애연금, 유족연금, 반환일시금, 사망일시금이 있다.

〈연금급여-매월 지급〉

구 분	내 용
노령연금	국민연금의 기초가 되는 급여로 노후 소득보장을 위한 급여 (노령으로 인한 근로소득 상실 보전 목적)
장애연금	장애로 인한 소득감소에 대비한 급여 (질병 또는 사고로 인한 장기근로능력 상실에 따른 소득상실 보전 목적)
유족연금	가입자의 사망으로 인한 유족의 생계보호를 위한 급여 (주 소득자의 사망에 따른 소득상실 보전 목적)

〈일시금 수령〉

구 분	내 용
반환일시금	연금을 받지 못하거나 더 이상 가입할 수 없는 경우 지급받는 급여
사망일시금	유족연금 또는 반환일시금을 받지 못할 경우 장제보조 및 보상 성격으로 지급하는 급여

③ 급여액

연금액 = (기본연금액 × 연금종별 지급률 및 제한율) + 부양가족연금액[*]

* 부양가족연금액: 수급권 취득 당시 가입자 또는 수급권자에 의하여 생계를 유지하던 배우자, 자녀 또는 부모가 있는 경우에 지급하는 일종의 가족수당 성격의 부가급여

〈2013.4.~2014.3. 적용되는 부양가족연금액〉

구 분	금 액
배우자	연간 241,550원
18세 미만 또는 장애등급 2급 이상에 해당하는 자녀	1인당 연간 161,000원
60세 이상 또는 장애등급 2급 이상에 해당하는 부모	1인당 연간 161,000원

마. 국민연금과 세금

① 국민연금법에 따라 부담하는 연금보험료를 납부한 경우 해당 과세기간에 납부한 보험료를 공제받을 수 있다. 국민연금보험료를 제때 납부하지 아니한 경우 추후에 납부하는 경우 납부한 연도에 소득공제를 받을 수 있다. 거주자의 배우자 명의의 국민연금 불입액은, 해당 거주자의 종합소득금액에서 공제받을 수 없다.

② 국민연금법에 따라 받는 연금은 연금소득으로 과세되며, 연금 수령 시 연금소득 간이세율표에 따른 연금소득세를 원천징수방식으로 납부한다.

㉮ 연금 수령 시 연금소득 과세방법

국민연금 보험료에 대해 전액 소득공제가 허용된 2002년 1월 1일(과세기준일) 이후 불입분에 대해서 연금으로 수령시 연금소득으로 과세하고, 2001년 12월 31일 이전 불입분에 대해 연금으로 수령시에는 과세하지 아니한다.

구 분	소득공제대상	연금소득 과세 여부
2000.12.31 이전 불입분	공제 불가능	과세 제외
2001.1.1~2001.12.31 불입분	불입금의 50%	과세 제외
2002.1.1. 이후 불입분	불입금의 100%	과세

④ 과세대상 연금소득 계산

〈2013.2.15 전에 연금지급이 개시된 경우〉

과세대상연금소득 =

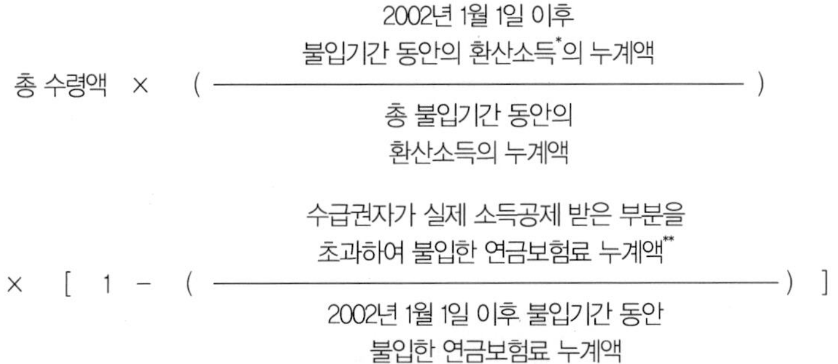

* 환산소득: 「국민연금법」 제51조 제1항 제2호의 규정에 의하여 가입자의 가입기간 중 매년의 기준소득월액을 보건복지부장관이 고시하는 연도별 재평가율에 의하여 연금수급 개시 전년도의 현재가치로 환산한 금액을 말한다.
** 해당 수급권자가 제출한 증빙에 의하여 확인되는 금액에 한한다.

〈사례〉 올해 아버님의 연금 수령액이 1,000만 원인 경우 과세되는 연금소득은?

구 분	금 액
① 연간 연금 총 수령액	10,000,000
② 2002년 1월 1일 이후 불입기간 동안의 환산소득의 누계액	60,000,000

③ 총 불입기간 동안의 환산소득의 누계액	100,000,000
④ 수급권자가 실제 소득공제 받은 부분을 초과하여 불입한 연금보험료 누계액	－
⑤ 2002년 1월 1일 이후 불입기간 동안 불입한 연금보험료 누계액	40,000,000

$$\text{과세대상연금소득}=10,000,000\times(60,000,000/100,000,000)\times[1-(0/40,000,000)]$$

$$=10,000,000\times0.6\times1=6,000,000원$$

〈2013.2.15. 이후에 연금지급이 개시된 경우〉

$$\text{과세기준금액}=\text{과세기간 연금수령액}\times\frac{\text{과세기준일* 이후 납입기간의 환산소득 누계액}}{\text{총 납입기간의 환산소득 누계액}}$$

* 과세기준일 : 2002.1.1.

다만, 과세기준일 이후에 과세제외기여금(연금보험료를 받지 아니한 기여금 또는 개인부담금)이 있는 경우 과세기준금액에서 과세제외기여금을 제외한 금액을 과세대상연금으로 한다.

③ 국민연금법에 따라 받는 반환일시금 또는 사망일시금은 퇴직소득으로 과세되며, 일시금 수령 시 퇴직소득세를 원천징수방법을 통해 납부한다.

㉮ 일시금 수령 시 퇴직소득 과세방법

국민연금법에 따른 받는 반환일시금 또는 사망일시금 중 퇴직소득은 2002년 1월 1일 이후에 납입된 연금 기여금 및 사용자 부담금을 기초로 받는 일시금으로 한다.

구 분	소득공제대상	퇴직소득 과세 여부
2000.12.31 이전 불입분	공제 불가능	과세 제외
2001.1.1~2001.12.31 불입분	불입금의 50%	과세 제외
2002.1.1. 이후 불입분	불입금의 100%	과세

○ 반환일시금(국민연금법 제56조 제2항)

수급권자에게 국민연금법에 의한 2 이상의 급여가 발생한 경우 그중 하나만을 지급하는 것이 원칙이나, 선택하지 아니한 급여가 유족연금 또는 반환일시금인 경우 다음과 같이 일정액을 추가로 지급한다.

－선택하지 아니한 급여가 유족연금일 경우 선택한 급여와 유족연금의 20% 지급 (다만, 선택한 급여가 반환일시금일 경우 유족연금의 20%를 지급하지 아니함)

－선택하지 아니한 급여가 반환일시금일 경우 선택한 급여를 전액 지급하고 반환일시금은 '사망일시금 상당액'을 지급(다만, 선택한 급여가 장애연금이고 선택하지 않은 급여가 본인의 연금보험료 납부로 인한 반환일시금일 경우 장애연금만 지급함)

㉯ 과세대상 퇴직소득 계산

〈2013.2.15 전 발생분〉

－「국민연금법」 제56조 제2항에 따라 지급받는 반환일시금으로서 같은 법 제80조 제2항의(사망일시금) 한도를 초과하는 경우

$$\text{과세대상 일시금} \;=\; \text{총 수령액} \;\times\; \left(\frac{\text{2002년 1월 1일 이후 납입월수}}{\text{총 납입월수}} \right)$$

$$-\; \text{2002년 1월 1일 이후 납입기간 중 소득공제받은 금액을 초과하여 납입한 연금보험료 누계액}^{*}$$

* 해당 수급권자가 제출한 증거자료에 의하여 확인되는 금액에 한한다.

- 그 밖의 경우

$$\text{과세대상 일시금} \;=\; \text{(2002년 1월 1일 이후 납입한 연금보험료 누계액과 이에 대한 이자 및 가산이자)}$$

$$-\; \text{(2002년 1월 1일 이후 납입기간 중 소득공제받은 금액을 초과하여 납입한 연금보험료 누계액*)}$$

* 해당 수급권자가 제출한 증거자료에 의하여 확인되는 금액에 한한다.

〈2013.2.15 이후 발생분〉

	B [과세기준일(2002.1.1) 이후 기여금 또는 개인부담금(사용자부담금)의 누계액 + 이자 + 가산이자]
A(실제 지급받은 일시금)	
C [과세기준일(2002.1.1) 이전 납입한 기여금 또는 개인부담금)	(A−C)

MIN[B, (A−C)]

4

직역연금

✓알기 쉬운 세금절약 비법

국민연금 가입대상이 아닌 공무원, 사립학교교직원 등은 공무원 연금, 사학연금 등 직역연금에 가입할 수 있으며 직역연금 불입금액은 소득공제를 받을 수 있다.

○ 직역연금 관련 소득공제 및 과세

– (불입) 거주자가 부담하는 부담금에 대해서는 소득공제(세금절약 효과 353,980원)

– (연금 수령) 연금으로 수령하는 경우 연금소득으로 과세

– (일시금 수령) 일시금으로 수령하는 경우 퇴직소득으로 과세

가. 직역연금의 종류

  특정 직종에 종사하는 사람들을 가입대상으로 하는 연금으로 다음에 해당하는 연금을 말한다.

① 「공무원연금법」에 따른 공무원연금

② 「사립학교교직원 연금법」에 따른 사립학교교직원연금

③ 「군인연금법」에 따른 군인연금

④ 「별정우체국법」에 따른 별정우체국직원연금

나. 국민연금과 직역연금의 연계*

① 개념

  국민연금과 직역연금의 연금을 수령하기 위한 최소가입기간(국민연금의 경우 10년, 직역연금의 경우 20년)을 채우지 못하고 직역연금 또는 국민연금으로 동하는 경우 각각 일시금으로만 받아야 했던 것을 연금 간 가입기간을 합쳐 20년 이상이면 60세부터 연금을 받을 수 있도록 하는 제도로 국민연금의 가입기간과 공무원연금, 사립학교교직원연금, 군인연금 및 별정우체국직원연금의 재직기간·복무기간을 연계하여 연계급여를 지급받을 수 있다.

* 연계: 연계급여를 지급받을 목적으로 국민연금가입기간과 직역재직기간이나 직역재직기간
  과 직역재직기간을 더하는 것을 말한다.

〈사례〉

일반기업에서 재직하면서 국민연금을 9년간 불입한 후 공무원으로 14년 재직하는 경우 총 보험료 납부기간이 23년에 달하더라도 가입기간 연계제도가 도입되지 아니한 경우 연금을 수령할 수 없게 되었으나 연계제도가 도입되어 연금 수령이 가능해졌다.

구분		보험료 불입기간에 따른 수령 방법	
국민연금	9년	→ 반환일시금 수령	
공무원연금		14년	→ 일시금 수령
연계 시		23년	→ 연금 수령

② 시행시기

2009.8.7 이후 최초로 연금제도 간 이동하는 사람은 연계 신청할 수 있다.

③ 급여의 종류

급여지급기관	급여 수급자	
	연금가입자	유족
국민연금공단	연계노령연금	연계노령유족연금
공무원연금관리공단 사학연금관리공단 국방부 별정우체국연합회	연계퇴직연금	연계퇴직유족연금

④ 급여의 지급요건

구분	지급요건
연계노령연금	연계기간 20년 이상이고 60세에 도달
연계퇴직연금	60세 이상이고 연계기간이 20년이 된 때
연계노령유족연금	연계노령연금 수급권자 사망 시
연계퇴직유족연금	연계퇴직연금 수급권자 사망 시

다. 직역연금과 세금

① 직역연금에 가입한 근로자가 부담하는 기여금 또는 부담금은 소득공제가
가능하다. 종합소득이 있는 거주자가 「공무원연금법」, 「군인연금법」, 「사립
학교교직원 연금법」 또는 「별정우체국법」에 따라 기여금 또는 부담금을 납
부한 경우에는 해당 과세기간의 종합소득금액에서 그 과세기간에 납부한
보험료 등을 공제한다.
② 다음에 해당하는 직역연금 등은 연금소득으로 과세되며, 연금 수령 시 연
금소득을 지급하는 자가 「연금소득 간이세율표」에 따른 연금소득세를 원
천징수방식으로 납부한다.

㉮ 「공무원연금법」, 「군인연금법」, 「사립학교교직원연금법」 또는 「별정우체
국법」에 따라 받는 각종 연금

㉯ 「국민연금과 직역연금의 연계에 관한 법률」에 따라 받는 연계퇴직연금

과세대상 연금소득 계산

$$\text{과세대상 연금소득} \; = \; \text{총 수령액} \; \times \; \frac{\text{2002년 1월 1일 이후 기여금 불입월수}}{\text{총 기여금 불입월수}}$$

따라서 2001년 12월 31일 퇴직한 경우 연금을 지급받는 경우 연금소득 과세대상에 해당하지 아니한다. 국민연금과 직역연금의 연계에 관한 법률에 따라 급여를 반납한 경우 그에 상응하는 재직기간에 대한 연계퇴직연금은 제외한다.

ㅇ 직역연금가입자이었던 자가 직역연금법에 따른 퇴직급여 또는 「군인연금법」 제6조 제1호부터 제4호까지의 급여를 지급받은 경우에는 국민연금가입자 자격을 취득한 후 2년 이내에 연계 신청을 할 수 있다. 이 경우 지급받은 퇴직급여 또는 「군인연금법」 제6조 제1호부터 제4호까지의 급여(연금인 급여는 제외한다)를 반납하여야 한다.

〈사례〉 2013년 총 수령액 2,880만 원(매월 240만 원씩 수령)

– 2002년 1월 1일 이후 기여금 불입월수 ⇒ 96개월(8년×12개월)

– 총 기여금 불입월수 ⇒ 360개월(30년×12개월)

– 매월 250만 원 수령 시 매월 과세되는 연금소득은 64만 원이다.

$$640,000원 \; = \; 2,400,000원 \; \times \; \frac{96개월}{360개월}$$

㉲ 「국민연금법」에 따른 연금소득과 「국민연금과 직역연금의 연계에 관한

「법률」에 따른 연계노령연금

– 2013.2.15. 이후에 연금지급이 개시된 경우

$$\text{과세기준금액} = \text{과세기간 연금수령액} \times \frac{\text{과세기준일 이후 납입기간의 환산소득 누계액}}{\text{총 납입기간의 환산소득 누계액}}$$

– 2013.2.15 전 연금지급이 개시된 경우

과세대상 연금소득 = 총수령액 × (2002년 1월 1일 이후 불입기간 동안의 환산소득의 누계액 ÷ 총 불입기간 동안의 환산소득의 누계액) × [1–(수급권자가 실제 소득공제받은 부분을 초과하여 불입한 연금보험료 누계액 ÷ 2002년 1월 1일 불입기간 동안 불입한 연금보험료 누계액)]

㉰ 퇴직한 공무원·군인·사립학교교직원 또는 별정우체국 직원이 2002년 1월 1일 이후 공무원·군인·사립학교교직원 또는 별정우체국 직원으로 임용·임명되어 「공무원연금법」 제23조 제2항, 「군인연금법」 제16조 제6항, 「사립학교교직원 연금법」 제32조 제1항 또는 「별정우체국법」 제34조 제2항에 따라 퇴직 당시 수령한 퇴직급여액을 반납하고 재직기간을 합산하는 경우 연금의 과세대상

– 2013.2.15 전 연금개시분

$$\text{과세대상 연금소득} = \text{총 수령액} \times \frac{\text{재임용일 이후 기여금 불입월수}}{\text{총 기여금 불입월수}}$$

- 2013.2.15 이후 연금 개시분

소득세법 제22조제1항제1호에 따른 공적연금관련법에 의해 지급받는 일시금(퇴직소득세가 과세되었거나 비과세 소득인 경우만 해당한다)을 반납하고 연금으로 수령하는 경우 반납한 일시금은 과세제외기여금등으로 본다.

③ 「공무원연금법」, 「군인연금법」, 「사립학교교직원연금법」 또는 「별정우체국법」에 따라 받는 일시금은 퇴직소득으로 과세되며, 일시금 수령 시 퇴직소득세를 원천징수방식을 통해 납부한다.

㉮ 일반적인 경우의 과세대상 퇴직소득

	B [과세기준일(2002.1.1) 이후 기여금 또는 개인부담금(사용자부담금)의 누계액 + 이자 + 가산이자]
A(실제 지급받은 일시금)	
C [과세기준일(2002.1.1) 이전 납입한 기여금 또는 개인부담금)	(A–C)

과세기준금액 = MIN[B, (A–C)]

국민연금과 직역연금의 연계에 관한 법률에 따라 급여를 반납한 경우 그에 상응하는 재직기간에 대한 일식금은 과세제외 기여금으로 과세대상일시금은 과세제외 기여금을 뺀 금액으로 한다.

㉯ 퇴직한 공무원·군인·사립학교교직원 또는 별정우체국 직원이 2002년 1월 1일 이후 공무원·군인·사립학교교직원 또는 별정우체국 직원으로

임용·임명되어 「공무원연금법」 제23조 제2항, 「군인연금법」 제16조 제6항, 「사립학교교직원 연금법」 제32조 제1항 또는 「별정우체국법」 제34조 제2항에 따라 퇴직 당시 수령한 퇴직급여액을 반납하고 재직기간을 합산하는 경우 일시금 수령시 일시금은 과세대상 퇴직소득에 해당된다. 이 경우 과세대상일시금은 과세기준금액에서 반납한 일시금에 해당하는 과세제외 기여금을 차감한 금액으로 한다.

5

개인연금저축

✓알기 쉬운 세금절약 비법

1990년대 최고의 금융상품 중 하나

○ 개인연금저축 관련 소득공제 및 과세

– (불입) 저축 납입액의 100분의 40에 대해 소득공제(세금절약 효과 76,320원)

– (중도 해지) 소득공제 받는 거주자가 중도해지하는 경우 해지추징세액 징수 및 이자소득으로 과세

– (연금 수령) 연금으로 수령하는 경우 소득세를 부과하지 아니함

– (연금 외의 형태로 수령) 연금 외의 형태로 받는 경우 이자소득으로 과세

※ 연금으로 수령 시 세후 수익률이 높아진다.

〈개인연금저축 라이프 사이클에 따른 세금 검토〉

저축 가입 기간			⇒	저축 수령 방법	
(5년)	(5∼10년)	(10년)			
저축불입	중도해지	중도해지		연금 외 형태로 수령	연금으로 수령
⇩	⇩	⇩		⇩	⇩
소득공제	해지추징세액 부과 이자소득 과세	이자소득 과세		이자소득 으로 과세	과세 제외

가. 개인연금저축 특징

개인의 노후생활과 장래생활안정을 위해 1994년부터 2000년까지* 가입할 수 있는 금융상품으로 일정 금액을 저축하여 그 원리금을 연금으로 수령할 수 있다.

* 2000년까지 가입한 기존 가입자는 계약만료 시까지 소득공제가 가능하다.

연간 불입액에 대해서는 소득공제 혜택이 있고 저축기간은 10년 이상이며, 예금자보호법에 따라 보호되는 상품이다.

① 불입금액

㉮ 분기마다 300만 원 이내 불입이 가능(연간 1,200만 원 불입 가능)

㉯ 해당 분기 이후 또는 이전의 저축금을 미리 불입하거나 후에 불입할 수 없음.

㉰ 다만, 보험 또는 공제의 경우 최종불입액이 속하는 달의 말일부터 2년 2

월이 경과하기 전에는 그동안의 저축금을 불입할 수 있음.

② 저축불입기간 및 연금수령방법

㉮ 10년 이상일 것

㉯ 저축불입 계약기간 만료 후 가입자가 만 55세 이후부터 5년 이상 연금
으로 지급받아야 함.

나. 개인연금저축과 세금

① 저축 불입액에 대한 소득공제

해당 연도의 저축 납입액의 100분의 40에 상당하는 금액을 해당 연도의 종
합소득금액에서 공제받을 수 있다. 개인연금저축을 중도에 해지하는 경우 중
도 해지한 연도의 불입금액에 대해서는 연말정산 시 소득공제를 받을 수 없
다. 거주자의 본인 명의로 가입된 경우에만 소득공제 대상이므로 거주자의 배
우자 명의의 개인연금저축 불입액은, 해당 거주자의 종합소득금액에서 공제
하지 아니한다.

보험회사에서 취급하는 개인연금저축보험은 개인연금저축에 보장성보험
상품을 가미한 저축상품으로 해당 연도 저축불입액을 개인연금저축분과 보
장성보험분으로 각각 구분하여 개인연금저축소득공제 및 보험료공제를 적용
받는다.

(공제한도) 공제금액이 72만 원(납입액 기준 180만 원)을 초과할 수 없다.

〈사례〉

개인연금저축(2000년 이전에 가입)과 연금저축(2001년 이후에 가입)을 별도 가입하고 있는 사람으로서 연간 개인연금저축불입액이 2,400,000원이고, 연금저축불입액이 3,000,000원인 경우의 소득공제 금액은? (단위: 원)

구분	납입금액	공제금액 계산	공제금액
개인연금저축	2,400,000	적은 금액(납입금액×40%, 720,000)	720,000
연금저축	3,000,000	적은 금액(납입금액, 4,000,000)	3,000,000
합계	5,400,000	공제한도 4,720,000원	3,720,000

② 저축 가입일로부터 5년이 지나기 전에 중도에 해지하는 경우 저축 취급기관이 해지 추징세액을 추징한다. 저축가입일로부터 5년이 지나기 전에 해지하는 때까지의 저축 납입액의 100분의 4에 상당하는 금액과 연간 7만 2천원 중 적은 금액을 해지추징세액으로 한다. 이 경우 개인연금저축에 대하여 소득공제를 받지 아니한 사실을 증명하는 경우 해지추징세액을 추징당하지 아니한다.

③ 개인연금저축에 가입한 사람이 저축 계약 내용에 따라 연금을 받는 경우 개인연금저축에서 발생한 소득에 대해서는 소득세가 과세되지 아니한다.

④ 개인연금저축의 가입자가 저축납입기간 만료 전에 해지하는 경우 개인연금저축에서 발생한 소득에 대해서는 이자소득으로 보아 개인연금저축취급기관이 소득세를 원천징수방법에 의해 징수한다. 다만, 개인연금저축

가입자가 사망하거나, 해외 이주하여 중도 해지하는 경우 소득세를 징수하지 아니한다. 또한 저축자가 퇴직한 날로부터 6월 이내에 해지하거나, 저축 가입자 본인의 3월 이상의 입원치료 또는 요양을 요하는 상해·질병이 발생하여 6월 이내에 해지하는 경우에도 그러하다(특별해지 사유에 의한 해지 특례*).

* 개인연금저축을 가입한 사람이 해당 개인연금저축을 다른 금융기관의 개인연금저축으로 계좌이체를 통해 이전하는 경우에는 해지로 보지 아니한다.

〈사례〉

법인의 종업원이 당해 법인과 직접 또는 간접으로 출자관계에 있는 다른 법인으로 전출하는 경우로서 그 전출·입 법인 간에 해당 종업원의 퇴직금이 승계되는 경우 개인연금저축을 해지하는 경우 개인연금저축에서 발생하는 소득에 대해 소득세는 비과세 받을 수 있는가?

⇒ 이 경우 개인연금저축에서 발생하는 소득에 대해 소득세를 과세하지 아니하는 특별해지사유에 해당되지 않는다.

⑤ 개인연금저축에 가입한 사람이 납입 계약기간 만료 후 연금 외의 형태로 지급받는 경우

개인연금저축에서 발생한 소득에 대해서는 이자소득으로 보아 개인연금저축취급기관이 소득세를 원천징수한다. 다만, 개인연금저축 가입자가 사망하거나, 해외 이주하여 연금 외의 형태로 받는 경우 소득세를 징수하지 아니한다. 또한 저축자가 퇴직한 날로부터 6월 이내에 연금 외의 형태로 받거나, 저축 가입자 본인의 3월 이상의 입원치료 또는 요양을 요하는 상해·질병이 발생하여 6월 이내에 연금 외의 형태로 받는 경우에도 그러하다.

〈일시금 또는 연금 수령시 세금절약 효과 비교〉

1998년 이후 월 100만 원씩 개인연금저축을 10년간 불입하여 2011년 1월부터 매월 125만 원씩 연금형태로 10년간 수령한 경우와 2013년에 일시금 1억 5천만 원을 수령한 경우 비교

☞ 연금 형태로 수령함으로써 6% 수익률을 추가로 올릴 수 있다.

구 분	일시금 수령	연금수령	비 고
원 금	120,000,000원	120,000,000원	
저축 발생 수익	30,000,000원	30,000,000원	
소득공제 효과	763,200원[*]	763,200원	−
수령 시 납부한 소득세	△7,000,000원	−	7,000,000원
수령 시 납부한 지방소득세	△700,000원		700,00원
순 이익	23,063,200원	30,763,200원	7,700,000원
세후 수익률	19.6%	25.6%	6.0% 차이

* 720,000원 × 10.6% × 10년

6

연금저축

✓알기 쉬운 세금절약 비법

여유자금이 있다면 노후생활준비는 연금저축으로 시작하세요.

○ 연금저축 관련 소득공제 및 과세

– (불입) 저축 납입액에 대해 소득공제(세금절약 효과 424,000원)

　중도 해지한 경우 해지한 당해 연도의 납입금액에 대해서는 소득공제를 받을

　수 없음.

– (중도 해지) 소득공제받는 경우로서 중도 해지하는 경우 해지가산세 징수 및

　기타소득으로 과세

– (연금 수령) 연금으로 수령하는 경우 연금소득으로 과세

– (연금 외의 형태로 수령) 연금 외의 형태로 받는 경우 기타소득으로 과세

〈연금저축의 라이프 사이클에 따른 세금 검토〉

저축 가입 기간			⇒	저축 수령 방법	
	(5년)	(10년)			
저축불입	중도해지	중도해지		연금 외 형태로 수령	연금으로 수령
⇩	⇩	⇩		⇩	⇩
소득공제	해지추징세 부과[*] 기타소득 과세	기타소득 과세		기타소득 과세	연금소득 과세

[*] 2013.3.1 이후 소득세법에 따라 가입하는 연금저축계좌분부터 연금저축해지가산제는 적용하지 아니한다.

　노령화 사회로 변화됨에 따라 각종 연금의 불입액에 대해 소득공제를 허용하고 연금을 받을 때 과세하는 방식으로 전환됨에 따라 저축 불입액의 일부에 대해 소득공제가 가능한 개인연금저축은 폐지되고 2001년부터는 저축 불입액에 전부 소득공제가 가능하고 연금수령 시 연금소득으로 과세되는 연금저축이 신설되었다.

가. 연금저축의 특징

　거주자가 저축납입 계약기간 만료 후 연금형태로 지급을 받는 저축으로 다음에 해당하는 요건을 충족하는 저축상품을 말한다.

<2013.1.1 전 가입분>

구 분	해당 요건
저축취급기관	다음에 해당하는 금융회사 등이 취급하는 연금저축 - 「자본시장과 금융투자업에 관한 법률」 제12조에 따라 인가를 받아 설립된 신탁업자(이 경우 신탁에 한하여 취급) - 「자본시장과 금융투자업에 관한 법률」에 따른 집합투자업자(종합금융회사 제외) - 「보험업법」에 의한 보험회사 - 「우체국예금·보험에 관한 법률」에 의한 체신관서(우체국보험만 해당) - 「농업협동조합법」 또는 「수산업협동조합법」에 의하여 설립된 조합·중앙회, 「신용협동조합법」에 의하여 설립된 신용협동조합중앙회 및 「새마을금고법」에 의하여 설립된 새마을금고연합회(생명공제만 해당) - 「자본시장과 금융투자업에 관한 법률」에 따른 투자회사
가입연령	연금저축에 가입하는 사람이 만 18세 이상
저축불입기간	10년 이상
저축불입금액	연금저축을 취급하는 금융회사 등에 가입한 저축의 합계액 기준으로 분기마다 300만 원 이내에서 불입할 수 있다. - 이 경우 당해 분기 이후 또는 이전의 저축금을 미리 불입하거나 후에 불입할 수 없으나 - 보험 또는 공제의 경우에는 최종 불입일이 속하는 달의 말일부터 2년 2월이 경과하기 전에는 그동안의 저축금을 불입할 수 있다.
연금수령 시기 등	저축불입 계약기간 만료 후 가입자가 만 55세 이후부터 5년 이상 연금으로 지급받아야 한다.

〈2013.1.1.이후 가입분〉

구 분	해당 요건
연금저축계좌	다음의 어느 하나에 해당하는 금융회사 등과 체결한 계약에 따라 "연금저축"이라는 명칭으로 설정하는 계좌 ㅇ「자본시장과 금융투자업에 관한 법률」 제12조에 따라 인가를 받은 신탁업자와 체결하는 신탁계약 ㅇ「자본시장과 금융투자업에 관한 법률」 제12조에 따라 인가를 받은 투자중개업자*와 체결하는 집합투자증권 중개계약 * 연금펀드의 경우 집합투자업자는 연금지급 등 연금계좌에 대한 관리가 곤란하므로, 연금관리가 가능한 투자중개업자를 연금계좌 취급기관으로 규정 ㅇ 다음에 해당하는 보험계약을 취급하는 기관과 체결하는 보험계약 －「보험업법」에 따른 생명보험계약 또는 손해보험계약 － 다음의 어느 하나에 해당되는 기관이 해당 법률에 의하여 영위하는 생명공제계약 또는 손해공제계약 ·「수산업협동조합법」에 의한 수산업협동조합중앙회 및 조합 ·「신용협동조합법」에 의한 신용협동조합중앙회 ·「새마을금고법」에 의한 새마을금고연합회 －「우체국예금·보험에 관한 법률」에 의한 우체국보험계약
납입방법	가입자는 다음의 요건을 갖추어 연금보험료를 납부할 수 있다. － 연간 1천800만 원 이내(연금계좌가 2개 이상인 경우에는 그 합계액을 말한다)의 금액을 납입할 것. 이 경우 해당 과세기간 이전의 연금보험료는 납입할 수 없으나, 보험계약의 경우에는 최종납입일이 속하는 달의 말일부터 2년 2개월이 경과하기 전에는 그 동안의 연금보험료를 납입할 수 있다. － 연금수령 개시 이후에는 연금보험료를 납입하지 않을 것(추가납입 허용하지 아니함)
납입기간	5년 이상
연금수령방법	가입자가 55세 이후 연금계좌취급자에게 연금수령 개시를 신청한 후 인출 * 연간 연금수령한도(신설) 내 인출 연금수령한도 = 과세기간개시일 현재 연금계좌 평가총액 / (11－연금수령연차) × 120% 한도 내 금액: 연금소득, 한도초과금액: 퇴직·기타소득

나. 연금저축과 세금

① 거주자가 연금저축에 가입하여 해당 연도에 납입한 금액은 해당 연도의 종
   합소득에서 공제한다.

　개인연금저축은 해당 연도 저축 불입액의 40%에 해당하는 금액을 소득공
제를 받을 수 있는 반면, 연금저축은 해당 연도 저축 불입액에 대해 소득공제
를 받을 수 있다. 다만, 연금저축가입자가 연금저축을 중도에 해지하는 경우
해지한 해당 연도 저축불입액은 연말정산·종합소득 신고 시 연금소득공제를
받을 수 없다. 연금저축은 해당 연도의 저축납입액과 400만 원 중 적은 금액
을 공제한다. 연금저축에 가입한 사람이 퇴직연금에 가입한 경우 연금저축 납
입액에 따른 공제금액과 퇴직연금 보험료에 따른 공제금액은 합하여 연 400
만 원을 초과할 수 없다(공제한도).

② 연금저축 가입자가 저축 가입일로부터 5년 이내에 저축계약을 해지하는 경
   우 해지가산세를 원천징수방식에 의해 납부하여야 한다.
　 － 해지가산세 : 매년 납입한 금액(400만 원 한도)의 누계액×2%
　 * 연금저축 해지가산세는 저축 납입액에 대한 소득공제와 관계없이 징수됨을 유의
   다만, 2013.3.1.이후 소득세법에 따라 가입하는 연금저축계좌분부터는 연
금저축해지 가산세는 적용하지 아니한다.

〈사례〉

연금저축을 가입한 사람이 500만 원씩 납입하여 3년간 전체 1,200만 원을 불입하고
해지한 경우 해지가산세는?

⇒ 적은금액(연간납입금액, 400만 원)×3년×2%=240,000원

- 다만, 연금저축가입자의 사망으로 연금저축을 해지하거나, 저축자의 해
  외이주 또는 저축자의 3월 이상의 입원치료 또는 요양을 요하는 상해·
  질병이 발생하여 그 발생일로부터 6월 이내에 해지하는 해지가산세를 적
  용하지 아니한다.

③ 연금저축 가입자가 저축납입 계약기간 만료 전에 해지하거나 저축납입 계
  약기간 만료 후 연금 외의 형태로 받는 경우에는 다음과 같은 금액은 기타
  소득으로 원천징수방식에 의해 기타소득세를 납부하여야 한다.

  연금계좌에서 연금수령으로 인출하지 아니한 연금외수령(해지 포함)을 통
해 소득원천이 사용자부담금이 아닌 경우에는 기타소득으로 구분하여 과세
한다.

소득원천	소득구분
사용자부담금	퇴직
자기부담금	기타
운용수익	기타

  연금저축 가입자가 다른 금융기관의 연금저축으로 계좌이체를 통하여 계
약을 이전하는 경우에는 이를 해지로 보지 아니한다.

  다만, 2013.1.1 전 가입한 연금저축 가입자가 저축 납입계약기간 만료 전에

사망하여 계약이 해지되거나 저축납입 계약기간 만료 후 사망하여 연금 외의 형태로 받는 경우에는 위의 금액을 연금소득으로 보고 소득세를 부과한다(예외사항).

* 기타소득과 연금소득의 원천징수 세율

구분	기타소득	연금소득
원천징수세율	20%	5%

2013.1.1 이후 가입한 연금계좌에 대해 가입자의 사망, 천재·지변 등 부득이한 사유로 연금외수령하는 경우 기타소득으로 과세하되 원천징수세율은 15%를 적용하며 종합소득과세표준을 계산할 때 합산하지 아니한다.

연금저축에서 발생한 소득은 연금저축 가입자가 실제로 그 소득을 받은 때 발생한 것으로 본다.

④ 연금저축 가입자가 저축계약 내용에 따라 연금을 받는 경우 연금소득으로 보아 원천징수방식에 의해 연금소득세를 납부하여야 한다.

연금저축계좌는 다음에 해당하는 소득을 과세대상으로 한다.

− 소득세법 제51조의 3 제1항 제2호에 따라 소득공제를 받는 금액

− 연금계좌의 운용실적에 따라 증가된 금액

연금저축에서 발생한 소득은 연금저축 가입자가 실제로 그 소득을 받은 때 발생한 것으로 본다.

〈일시금 또는 연금 수령시 세금절약 효과 비교〉

2011년 이후 월 100만 원씩 연금저축을 10년간 불입하여 2022년 1월부터 매월 125만 원씩 연금을 10년간 수령한 경우와 2022년에 일시금 1억 5천만 원을 수령한 경우 비교

☞ 연금으로 수령함으로써 6.8% 수익률을 추가로 올릴 수 있다.

구 분	일시금 수령	연금수령	비 고
원 금	120,000,000원	120,000,000원	
저축 발생 수익	30,000,000원	30,000,000원	
소득공제 효과	4,240,000원	4,240,000원	–
수령 시 납부한 소득세	△10,000,000원	△2,500,000원	7,500,000원
수령 시 납부한 지방소득세	△1,000,000원	△250,000원	750,000원
순 이익	23,240,000원	31,490,000원	8,250,000원
세후 수익률	19.4%	26.2%	6.8% 차이

* 실제 소득공제를 받은 금액을 초과하여 납입한 금액의 누계액
  (12,000,000원 – 4,000,000원) × 10년 = 80,000,000원

7

청약저축

✓ 알기 쉬운 세금절약 비법

내 집 마련의 지름길 —청약저축

o 청약주택 관련 소득공제

– 근로자가 청약저축에 가입하여 납부한 저축 납입액에 대해 소득공제 가능(세금절약 효과 50,880원)

– 해당 과세연도 중에 중도 해지한 경우에는 해당 과세연도에 납입한 금액은 일반적으로 소득공제가 불가능함.

* 가입 연도에 따라 소득공제 요건이 달라짐에 유의

가. 입주자주택의 종류

입주자 저축에는 청약저축, 청약예금, 청약부금, 주택청약종합저축이 있다.

저축 종류	내 용
청약저축	국민주택 등*을 공급받기 위하여 가입하는 저축
청약예금	민영주택과 민간건설 중형국민주택을 공급받기 위하여 가입하는 예금
청약부금	85㎡ 이하의 민영주택과 민간건설 중형국민주택을 공급받기 위하여 가입하는 부금
주택청약종합저축	모든 주택(국민주택 등, 민간건설 중형국민주택, 민영주택) 청약 가능

* 청약저축으로 입주 가능한 국민주택 등
 −국민주택기금의 지원을 받아 건설·개량하는 주택으로 전용면적 85㎡ 이하 주택
 −국가, 지방자치단체 및 한국토지주택공사 등이 공급하는 전용면적 85㎡ 이하 주택
 −공공택지 내에 건설하여 임대하는 85㎡ 이하 주택

○ 소득공제가 가능한 입주자 저축

− 청약저축

− 주택청약종합저축

나. 청약저축

① 가입요건 등

㉠ 가입대상 : 무주택세대주

청약주택 가입자는 가입 시에 청약저축 취급기관에 주민등록표등본을

제출(세대주 입증)

㉯ 납입기간 : 가입일로부터 국민주택 등의 입주자로 선정된 날까지

㉰ 저축금액

– 납입금액의 단위 : 5천 원

– 월납입금 : 2만 원 이상 10만 원 이하

– 청약저축의 원금 및 이자는 청약저축을 해지할 때 일시 지급

가입기간	(연)이자율*	비 고
1년 미만	2.0%	가입일로부터 1개월 이내에 해지할 경우 이자를 지급하지 아니함
1년 이상 2년 미만	3.0%	
2년 이상	4.0%	

* 청약저축 해지 시 적용 이자율

② 주요 질문과 답변

㉮ 청약예금제도가 실시되지 아니하는 농촌지역에 거주하는 경우에 청약통장에 가입이 가능한지?

답) 청약예금제도가 실시되지 아니하는 지역의 거주자는 청약예금 및 청약부금에 가입할 수 없으나, 청약저축의 경우 청약제도 실시지역 거주지역에 관계없이 가입이 가능하다.

단, 20세 미만인 단독세대주는 청약통장에 가입할 수 없다.

㉯ 전용 25㎡ 단독주택 소유자의 경우 청약저축에 가입이 가능한지?

답) 청약주택에 가입대상자는 무주택세대주이나, 20㎡ 이하의 1주택을 소유하고 있는 경우에는 주택을 소유하지 아니한 것으로 보나 이 경우 이에 해당하지 아니하여 청약저축 가입은 불가능하다.

㉰ 재외동포의 경우 청약저축에 가입이 가능한지?

답) 청약저축에 가입하기 위해서는 무주택세대주 요건을 갖추어야 한다. 이 경우 세대주를 입증하는 서류는 주민등록표등본으로 한정하고 있다. 따라서 재외동포의 경우 세대별 주민등록표가 없으므로 청약저축 가입대상이 되지 아니한다.

※ 청약저축의 경우 무주택세대주에 해당한 경우 가입이 가능하고 가입 후 주택을 취득하는 경우에도 자동으로 해지되지 아니한다. 주택을 보유하고 있는 기간은 주택입주주 선정 요건 중 하나인 무주택기간 계산 시 제외된다.

다. 청약저축과 세금

청약저축에 가입한 근로자는 일정요건을 갖추고 있는 경우 해당 연도의 납입금액에 소득공제가 가능하나, 해당 과세연도 중도에 청약저축을 해지하는 경우에는 해지한 청약저축의 해당 연도 불입액은 소득공제대상에 해당하지 아니한다.

① 소득공제 대상자

㉮ 2009.12.31 이전에 가입한 사람

다음에 해당하는 경우에 해당 연도의 저축납입액에 대해 소득공제가 가능하다.

- 청약주택에 가입한 근로자 중 주택을 소유하지 아니한 세대의 세대주

  * 세대주 여부는 매년 12.31 현재를 기준으로 판단

- 다만, 청약주택에 가입 후 주택을 취득하는 경우 취득 당시 기준시가가 3억 원 이하인 경우에 해당된다.

  * 배우자 및 자녀 명의로 가입한 청약저축의 불입액은 소득공제 대상에 해당하지 아니함

〈참고〉 각 법률에 따른 세대주 개념

청약저축 가입 시 요건 (주택공급에 관한 규칙)	청약저축 납입액에 대한 소득공제 시 요건 (조세특례제한법 및 소득세법)
−세대별 주민등록표상에 배우자, 직계존속 또는 직계비속인 세대원으로 이루어진 세대의 세대주 ·다만, 세대별 주민등록표상에 배우자 및 직계존·비속인 세대원이 없어도 20세 이상인 자는 세대주(단독세대주)로 봄	−세대: 거주자와 그 배우자, 거주자와 동일한 주소 또는 거소에서 생계를 같이하는 거주자와 그 배우자의 직계존비속(그 배우자를 포함) 및 형제자매를 모두 포함한 세대 ·거주자와 그 배우자는 생계를 달리하더라도 동일한 세대로 보며 거주자와 배우자가 각각 세대주인 경우에는 어느 한 명만 세대주로 본다.

㉯ 2010.1.1 이후 가입한 사람

- 과세연도 중 주택을 소유하지 아니하는 세대의 세대주에 해당하는 경우에만 저축납입액에 대해 소득공제가 가능하다.

  * 주택을 소유한 세대의 세대주는 소득 공제대상에 해당하지 아니한다.

② 소득공제금액

저축납입액(월 10만 원 이하)×40%

(공제한도 적용)

− 청약저축 납입액 공제 + 주택청약종합저축 납입액 공제 ≤ 300만 원

− 청약저축 납입액 공제 + 주택청약종합저축 납입액 공제 + 주택임차차

  입금 원리금상환액공제 + 월세액 공제 ≤ 300만 원

③ 청약저축을 가입한 자가 연도 중에 주택 당첨 외의 사유로 중도 해지한 경

  우에는 해당 과세연도에 납입한 금액은 소득공제를 받을 수 없다.

  따라서 청약저축에 가입한 근로자가 주택공급에 관한 규칙 제2조 제5호에

따른 국민주택 등에 당첨되어 청약저축을 해지한 경우 해지한 연도에 불입한

금액은 소득공제를 적용받을 수 있다.

④ 청약저축에서 발생한 소득은 이자소득으로 해지 시 이자에 대해 비과세 대

  상에 해당하지 아니하여 청약저축을 해지함에 따라 받는 이자소득은 이자

  소득세 과세대상으로 저축 취급기관에서 이자소득세*를 원천징수 한다.

  * 소득세 원천징수세율 : 14%
    지방소득세 : 소득세 × 10%

8

주택청약종합저축

✓ **알기 쉬운 세금절약 비법**

만능통장 잘 활용하면 소득공제와 내 집 마련 두 가지 혜택

○ 저축 관련 소득공제

- 근로자가 주택청약종합저축에 가입하여 납부한 저축 납입액에 대해서는 일정 요건을 갖춘 경우에만 소득공제 가능(세금절약 효과 : 50,880원)

- 해당 과세연도 중에 중도 해지한 경우에는 해당 과세연도에 납입한 금액은 일반적으로 소득공제 불가능

- 저축 가입일로부터 5년 이내에 저축계약을 해지하는 경우 추징세액 추징

<주택청약종합저축의 라이프 사이클에 따른 세금 검토>

저축 가입 기간		
		(5년)
저축불입	중도해지	해지
⇩	⇩	⇩
소득공제	·가입일로부터 5년 이내 : 추징세액(○) ·국민주택규모 초과 주택 당첨 : 추징세액(○) ·국민주택규모 주택 당첨 : 추징세액(×)	이자소득세 과세

가. 가입요건 등

① 가입대상자*

다른 입주자 저축에 가입하지 아니한 사람은 가입이 가능하다. 따라서 무주택세대가 아닌 사람도 가입이 가능하다.

* 청약저축에 가입한 사람이 주택청약종합저축에 가입하려는 경우 청약저축을 해지하여야 할 것으로 판단됨

② 월납입금

납입금액의 단위는 5천 원 단위로 월 2만 원 이상 50만 원 이하까지는 납입할 수 있다. 다만, 월납입금 총액이 다음에 해당하는 청약예금의 예치금액의 최대한도에 이를 때까지는 50만 원을 초과하여 납입할 수 있다.

(단위 : 만 원)

지 역 공급받을 수 있는 주택의 전용면적*	특별시 및 부산광역시	기타 광역시	특별시 및 광역시를 제외한 시·군 지역
85㎡ 이하	300	250	200
85㎡ 초과 102㎡ 이하	600	400	300
102㎡ 초과 135㎡ 이하	1,000	700	400
135㎡ 초과	1,500	1,000	500

* 85㎡ 초과 102㎡ 이하의 주택을 청약할 수 있는 지역별 예치금액을 예치한 사람은 85㎡ 이하의 민영주택에 청약할 수 있다.

③ 공급받을 수 있는 주택의 규모 통보

주택청약종합저축 가입자는 청약 신청 전까지 공급받을 수 있는 주택의 규모를 선택하여 입주자 저축기관에 통보하여야 한다.

④ 청약저축 가입자로 보는 경우

주택청약종합저축 가입자가 국민주택 등에 청약할 수 있는 자격*을 갖추고 국민주택 등에 청약할 경우에는 청약저축가입자로 보며, 국민주택 등에 청약하는 주택청약종합저축 가입자가 월 납입금액 10만 원을 초과하여 납입한 경우에는 10만 원을 납입한 것으로 한다.

* 국민주택 등에 청약할 수 있는 자격: 입주자모집공고일 현재 해당 주택건설지역에 거주하는 무주택세대주(1세대 1주택 공급)

⑤ 청약예금 가입자로 보는 경우

　주택청약종합저축 가입자가 청약예금의 예치금액의 기준에 따른 청약예금의 예치금액 이상이고 민영주택 또는 민간건설 중형국민주택에 청약할 수 있는 자격*을 갖추고 민영주택 또는 민간건설 중형국민주택에 청약할 경우에는 청약예금 가입자로 본다.

* 민영주택 또는 민간건설 중형국민주택에 청약할 수 있는 자격: 입주자모집공고일 현재 해당 주택건설지역에 거주하는 20세 이상인 사람(1인 1주택 공급)

⑥ 주택청약종합저축 해지 시 적용 이자율

가입기간	(연)이자율	비 고
1년 미만	2.0%	가입일로부터 1개월 이내에 해지할 경우 이자를 지급하지 아니함.
1년 이상 2년 미만	3.0%	
2년 이상	4.0%	

* 주택청약종합저축의 원금 및 이자는 저축을 해지할 때에 일시에 지급한다.

나. 주택청약종합저축과 세금

　근로소득이 있는 거주자로서 과세연도 중에 주택을 소유하지 않은 세대의 세대주가 해당 연도에 주택청약종합저축에 납입한 금액은 소득공제가 가능하다.

① 공제요건

　주택청약종합저축에 납입한 금액에 대하여 소득공제를 적용받으려는 사람
은 해당 저축 취급기관에 주택을 소유하지 아니한 세대의 세대주임을 확인하
는 무주택확인서 및 주민등록표 등본을 제출하여야 한다.

* 세대주인지 여부는 해당 연도 12.31 현재를 기준으로 판단한다.

〈무주택 여부 확인 절차〉

근로자		저축취급기관		국토해양부
무주택확인서를 저축취급기관에 제출	⇨	무주택확인서 제출 명단을 국토해양부장관에게 제출	⇨	무주택확인서 제출자의 무주택 여부 검토 * 국세청에 결과 통보

② 공제대상 금액

　주택청약종합저축의 경우 무주택 확인서*를 제출한 과세연도 이후에 납입
한 금액만 해당하며, 월 납입액이 10만 원을 초과하는 경우 그 초과금액은 없
는 것으로 한다.

* 주민등록표 등본 첨부

③ 공제금액 및 한도

　근로자가 해당 과세기간에 납입한 금액의 100분의 40에 상당하는 금액을
공제금액으로 한다.

〈사례〉 공제금액

(단위 : 만 원)

	1월	2월	3월	4월	5월	6월	7월	8월	9월	10월	11월	12월	합계
납입액	13	12	10	10	30	10	12	15	22	26	30	12	202
공제가 능금액	10	10	10	10	10	10	10	10	10	10	10	10	120

⇒ 공제금액 48만 원 = 120만 원 × 40%

−공제한도 적용

· 주택청약종합저축 납입액공제 + 청약저축 납입액 공제 ≤ 300만 원

· 주택청약종합저축 납입액공제 + 청약저축 납입액 공제 + 주택임차차입금 원리금상환액공제 + 월세액 공제 ≤ 300만 원

④ 주택청약종합저축을 가입한 자가 연도 중에 주택 당첨 외의 사유로 중도해지한 경우에는 해당 과세연도에 납입한 금액은 소득공제를 받을 수 없다.

⑤ 주택청약종합 납입액에 대해 소득공제를 받은 사람이 저축가입일로부터 5년 이내에 저축계약을 해지하는 경우에는 해당 저축을 해지하는 때에 저축금액에서 원천징수 방법에 의해 납부하여야 한다.

$$\text{추징세액} = \frac{\text{주택청약종합저축 가입자가 저축취급기관에 무주택확인서를 제출한}}{\text{연도 이후에 납입한 금액(월 10만 원 한도)의 누계액}} \times 6\%$$

이 경우 소득공제를 받은 사람이 해당 소득공제로 감면받은 세액이 추징세액에 미달하는 사실을 증명하는 경우에는 실제로 감면받은 세액상당액을 추징세액으로 한다.

다만, 저축자의 사망, 해외이주 또는 다음에 해당하는 사유로 주택청약종합저축 계약을 해지한 경우에는 추징세액을 징수하지 아니한다.

- 주택법에 따른 사업계획승인을 받아 건설되는 국민주택규모의 주택에 청약하여 당첨된 경우
- 천재지변, 저축자의 퇴직, 저축자의 3월 이상의 입원치료 또는 요양을 요하는 상해·질병 및 저축취급기관의 영업의 정지 등의 사유가 발생하여 6월 이내에 해지한 경우

〈청약저축과 주택청약종합저축 비교〉

구분	청약저축	주택청약종합저축
소득공제 대상 납입금액	월 10만 원 이내	월 10만 원 이내
공제비율	40%	40%
해지 시 추징세액 징수 여부	×	○
해지 시 과세	이자소득 원천징수	이자소득 원천징수

⑥ 또한 주택법에 따른 사업계획승인을 받아 건설되는 국민주택규모를 초과하는 주택에 청약하여 당첨된 경우에는 해당 저축을 해지하는 때에 저축금액에서 원천징수 방법에 의해 추징당한다.

⑦ 주택청약종합저축에서 발생한 소득은 이자소득으로 해지 시 이자에 대해

비과세 대상에 해당하지 아니하여 주택청약종합저축을 해지함에 따라 받는 이자소득은 이자소득세 과세대상으로 저축 취급기관에서 이자소득세를 원천징수한다.

9

장기주택마련저축

✓알기 쉬운 세금절약 비법

소득공제, 비과세, 목돈마련이 가능한 장기주택마련저축

○ 장기주택마련저축

- 2009.12.31 이전에 가입한 경우 일정요건을 갖춘 경우 저축 납입액에 대해 2012년까지 소득공제 가능(세금절약 효과 318,000원)

- 장기주택마련저축에 발생하는 소득에 대해서는 비과세 적용

  다만, 저축계약일로부터 7년 이내에 원금이나 이자 등을 인출하거나 계약을 해지한 경우 비과세를 적용하지 아니함.

- 2012.12.31까지 저축에 가입한 경우 소득공제대상에 해당하지 아니하나 저축에서 발생한 이자 또는 배당 소득에 대해 비과세 적용 가능.

<2009년 이전 가입한 장기주택마련저축의 라이프 사이클에 따른 세금 검토>

저축 가입 기간			
	(5년)	(7년)~	
저축불입	중도해지	해지	저축에서 발생한 소득
⇩	⇩	⇩	⇩
소득공제 가능*	·가입일로부터 5년 이내: 해지추징세액(○) ·저축에서 발생한 소득: 과세	저축에서 발생한 소득 과세	비과세

* 2012.12.31까지 불입한 금액에 대해 소득공제가능

<2010년~2012년 가입한 장기주택마련저축의 라이프 사이클에 따른 세금 검토>

저축 가입 기간		
		(7년)~
저축불입	해지	저축에서 발생한 소득
⇩	⇩	⇩
소득공제 불가능	저축에서 발생한 소득 과세	비과세

가. 저축 가입 요건

장기주택마련저축은 1994년 7월부터 판매되어 불입금액에 대해 소득공제, 저축에서 발생하는 소득에 대해서는 비과세가 적용되어 많은 사람들로부터 사랑을 받아 온 저축상품이었다.

① 저축 특징

- 저축취급기관 : 금융실명거래 및 비밀보장에 관한 법률 제2조 제1호에서
규정하는 금융기관(부록 참고)

- 가입자 : 거주자. 다만, 비거주자는 저축 가입대상에 해당하지 아니함.

- 통장에 소득세가 비과세되는 장기주택마련저축임이 표시되어야 함.

- 모든 금융기관에 가입한 저축의 합계액의 기준으로 분기마다 300만 원
이내 불입 가능.

* 해당 분기 이후의 저축금을 미리 납입하거나 해당 분기 이전의 납입금을 후에 납입
할 수 없음. 다만, 보험 또는 공제의 경우에는 최종 납입일이 속하는 달의 말일부터
2년 2개월이 지나기 전에 그동안의 저축금을 납입할 수 있음.

- 저축 계약기간이 7년 이상이고, 해당 기간에 원금이나 이자 등의 인출이
없어야 함.

② 가입 요건

구분	2009년 이전 가입	2010년 이후 가입
나이	만 18세 이상 거주자	만 18세 이상 거주자
주택 관련	주택을 소유하지 아니하는 세대의 세대주	주택을 소유하지 아니하는 세대의 세대주
	국민주택규모의 주택으로서 가입 당시 주택의 기준시가가 3억 원 이하인 주택을 1채 소유한 세대의 세대주	국민주택규모의 주택으로서 가입 당시 주택의 기준시가가 3억 원 이하인 주택을 1채 소유한 세대의 세대주
	–	주택의 기준시가가 5천만 원 이하인 주택을 1채 소유한 세대의 세대주

* 청약저축이나 주택청약종합저축의 경우 무주택 세대의 세대주만 가입이 가능

나. 장기주택마련저축 가입대상 확인 및 관리

가입자		저축취급기관		국세청		저축취급기관
저축 가입 또는 가입일로부터 7년이 되는 경우 등	⇨	저축 가입명단을 국세청에 통보	⇨	저축 가입자 가입요건 적격 여부 검증	⇨	부적격 가입자를 국세청으로부터 통보받음

① 확인 시기

국세청은 다음에 해당되는 시기에 장기주택마련저축 가입요건을 갖추었는
지를 확인한다.

   ㉮ 장기주택마련저축 가입 당시

   ㉯ 장기주택마련저축의 계약일로부터 7년이 되는 날이 속하는 과세연도
      종료일

   ㉰ 장기주택마련저축의 계약일로부터 7년이 되는 날이 속하는 해당 과세연
      도 이후 매 3년이 되는 과세연도 종료일

〈사례〉 2010년 7월 1일에 가입한 경우 가입요건 확인 시기별 검토 내용

확인대상 및 시기			2010		2016		2019		2022
세대주 여부			○		○		○		○
주택 소유	1주택 1주택	무주택	○	⇒	○	⇒	○	⇒	○
		국민주택규모	○		○		○		○
		기준시가 3억 원 이하	○						

② 저축가입일이 속하는 달의 말일까지 국세청은 가입 당시 저축가입 요건을 충족하였는지를 확인하여 저축가입일로부터 6개월 이내에 저축 취급기관에 통보하여야 한다.

③ 부적격 통보에 의한 의견 제시

국세청	저축취급기관	가입자	세무서
부적격 가입자 검색	국세청으로부터 통보 받은 날로부터 14일 이내에 가입자에게 통보	이의가 있는 경우 국세청이 저축취급기관에 통보한 날로부터 2달 이내에 의견서 제시 * 의견서 제출 시 저축취급기관에도 알려야 함	의견제시일로부터 14일 이내에 해당 저축기관에 수용여부 통보

④ 요건을 갖추지 못한 것이 확인되는 경우

　확인 결과 가입 요건 중 어느 하나에 해당되지 아니한 경우에는 그 통보를 받은 날에 저축을 해지하는 것으로 본다.

다. 저축과 세금

① 저축 불입액에 대한 소득공제

　2009.12.31 이전에 장기주택마련저축에 가입한 경우에는 근로자는 2012년 12월 31일까지 불입한 금액에 대해 소득공제가 가능하다.

　다만, 소득공제를 받기 위해서는 다음에 해당하는 요건을 충족하는지 확인하여야 한다.

확인대상 공제 요건	확인
세대주	공제 시 세대주인지 여부는 과세연도 종료일 현재를 기준으로 판단	
총 급여	해당 연도 총 급여 8,800만 원 이하인 경우	
주택 보유 (㉠~㉢중 어느 하나 충족)	㉠ 무주택	
	㉡ 저축 가입 당시 무주택이었으나 저축 가입 후 주택을 취득한 경우에는 취득 당시 기준시가가 3억 원 이하 주택을 한 채만 소유	
	㉢ 국민주택규모의 주택으로서 주택마련저축 가입 당시 기준시가가 3억 원 이하인 주택을 한 채만 소유	

* 위의 세대주, 총 급여, 주택보유 요건을 모두 충족한 경우에만 공제 가능
* 2010년 이후 가입한 장기주택마련저축의 경우 불입액에 따른 소득공제는 적용받을 수 없음에 유의

㉮ 공제금액

근로자는 저축 불입액의 40%에 해당하는 금액을 공제받을 수 있으나 아래의 공제한도를 초과할 수 없다.

- 주택청약종합저축 납입액공제 + 청약저축 납입액 공제 + 장기주택마련저축 납입액 공제 ≤ 300만 원
- 주택청약종합저축 납입액공제 + 청약저축 납입액 공제 + 장기주택마련저축 납입액 공제 + 주택임차차입금 원리금상환액공제 + 월세액 공제 ≤ 300만 원

구 분	근로자인 경우	근로자가 아닌 경우
소득공제	O	X
중도해지 시 해지추징세액	O	X
저축에 대한 소득 비과세	O	O

② 2009.12.31 이전에 장기주택마련저축에 가입하여 저축 불입액에 대해 소득
공제를 받은 근로자가 해당 장기주택마련저축을 저축가입일로부터 5년이
지나기 전에 해지한 경우 그 저축을 취급하는 금융기관은 해지추징세액을
원천징수 방식에 의해 해당 저축금액에서 차감하여 납부한다.

<해지추징세액 계산방법>

구 분	해지추징세액 계산	해지추징세액 연간 한도	해지추징세액 전체 한도
저축가입일로부터 1년 이내에 해지한 경우	저축불입액×8%	연간 60만 원	소득공제로 인해 실제로 감면받은 세액상당액
저축가입일로부터 2년부터 5년 이내에 해지한 경우	저축불입액×4%	연간 30만 원	

③ 장기주택마련저축에 가입한 사람이 해당 저축의 계약일로부터 7년 이내에
원금이나 이자 등을 인출하거나 계약을 해지한 경우, 그 저축을 취급하는
금융회사 등은 저축에서 발생한 이자소득과 배당소득에 대해 원천징수 방
법에 의해 해당 저축금액에서 차감하여 납부한다. 다만, 일정한 사유로 저
축계약일로부터 7년 이내에 저축계약을 해지하는 경우에도 저축에서 발생
한 이자소득과 배당소득에 대해 소득세를 비과세한다.

O 저축을 중도해지한 경우에도 비과세가 적용되는 사유
- 저축자의 사망
- 저축자의 해외이주
- 저축 해지 전 3개월 이내에 주택을 취득한 경우*

〈소득공제가 가능한 주택마련저축 상품 비교〉

구 분		청약저축	주택종합청약저축	근로자주택마련저축	장기주택마련저축
불입액 한도		월 10만 원까지	월 50만 원까지	월 15만 원까지	분기 300만 원까지
소득공제	대상 불입액	월 10만 원까지	월 10만 원까지	월 15만 원까지	연 750만 원까지
	비율	40%	40%	40%	40%
	공제금액한도	48만 원	48만 원	72만 원	300만 원
비과세 적용		×	×	×	○
중도해지추징세액		×	○	×	○

④ 장기주택마련저축의 만기일을 연장하여 저축계약기간 중 중도해지(당초 만기일 이후에 중도해지한 경우를 포함한다)한 경우 해당 연도에 장기주택마련저축에 납입한 금액에 대하여 소득공제를 적용할 수 없다.

10

소기업 · 소상공인 공제부금
('노란우산공제')

✓알기 쉬운 세금절약 비법

영세 소기업, 소상공인 사업자를 위한 최고의 세금절약상품

○ 노란우산공제

– 소기업·소상공인 공제에 가입하여 납부하는 공제부금은 소득공제 가능(세금 절약 효과 318,000원)

– 소기업·소상공인 공제에서 발생한 소득은 이자소득으로 보아 소득세 과세

– 폐업 등 법령에서 정한 사유가 발생하기 전에 소기업·소상공인 공제계약을 해지하는 경우에는 기타소득으로 과세

– 가입일로부터 5년 이내에 해지하는 해지가산세를 추가로 부담

〈소기업·소상공인 공제의 라이프 사이클에 따른 세금 검토〉

저축 가입 기간		
		(5년)
저축불입	중도해지	법정사유에 따라 해지
⇩	⇩	⇩
소득공제 가능	·가입일로부터 5년 이내: 해지가산세 (○) ·해지 환급금−실제 소득공제를 받은 금액을 초과하여 납입한 금액: 기타소득으로 과세	·해지가산세 (×) ·저축에서 발생한 소득: 이자소득으로 과세

가. 상품 개요

노란우산공제는 소기업과 소상공인이 폐업이나 노령 등의 생계위협으로부터 생활의 안정을 기하고 사업재기의 기회를 제공받을 수 있도록 가입자가 매월 일정부금을 납부하여 폐업·사망 또는 질병, 부상으로 인한 퇴임 등 공제사유가 발생하였을 때 생활안정과 사업재기를 할 수 있도록 목돈마련을 위한 제도이다.

① 가입 대상

다음에 해당하는 소기업·소상공인 사업주(개인사업자, 법인대표자)에 해당하는 경우 창업과 동시에 가입이 가능하다.

〈소기업·소상공인 범위〉

업 종	상시근로자 인원
광업, 제조업, 건설업, 운송업	50명 미만
도매업, 소매업, 서비스업, 기타 업종	10명 미만

* 공제가입이 제한되는 업종

주점업(일반유흥주점업, 무도유흥주점업, 단란주점업), 무도장 운영업, 도박장 운영업, 의료행위 아닌 안마업

② 가입기간

가입일로부터 공제사유 발생 시까지이며, 공제사유는 다음과 같다.

㉮ 폐업 또는 가입자의 사망, 법인 대표자의 질병 또는 부상으로 인한 퇴임

㉯ 가입기간이 10년 경과하고 가입자의 연령이 60세 이상인 경우

③ 월 불입금액

월 5만 원부터 70만 원까지 불입이 가능하여 분기별로 210만 원 이하의 공제부금을 불입할 수 있다.

④ 공제금 지급 시기 및 지급기준

㉮ 지급 시기 : 공제사유가 발생한 때

㉯ 지급기준 : 납입한 부금에 연복리이자율을 적용하여 적립한 금액

㉰ 지급방법 : 일시금으로 지급하나 만 60세 이상 또는 공제금 5천만 원 이상인 경우 분할지급(5년, 10년, 15년)도 가능

나. 상품 특징

　해당 공제는 압류, 양도, 담보제공이 금지되어 채권자 압류에서 안전하게 보호되며, 상해로 인한 사망 및 후유장해 발생 시 월부금액의 최고 150배까지 보험금을 지급하고 납부 부금월수가 12개월 이상인 경우 납부한 부금 이내에서 대출 가능하다.

다. 노란우산공제와 세금

① 거주자가 중소기업협동조합법 제115조에 따른 소기업·소상공인 공제에 가입하여 납부하는 공제부금은 해당 연도의 종합소득에서 공제가 가능하다.
　– 공제금액은 해당 연도 납부금액과 300만 원 중 적은 금액이다.

② 소기업·소상공인 공제에서 발생하는 소득은 공제 가입자가 실제로 그 소득을 받을 때 발생한 것으로 소득을 받을 때의 세법 등을 적용하여 과세된다.

③ 폐업 등 공제사유에 해당하지 아니한 사유로 공제계약을 해지한 경우, 기타소득으로 보아 공제를 취급하는 조합이 원천징수방식에 의해 소득세를 징수한다.
　기타소득 = 해지로 인하여 받은 환급급
　　　　– 실제 소득공제받은 금액을 초과하여 납입한 금액의 누계액

〈사례〉

매년 500만 원씩 4년간 불입(매년 소득공제 금액 300만 원으로 가정)하여 해지하여 환급금이 2,100만 원으로 가정한 경우 해지 시 납부할 소득세는?

계산방법	사 례
해지로 인하여 받은 환급금	2,100만 원
실제 소득공제 받은 금액을 초과하여 납입한 금액의 누계액	− 800만 원* *(500만 원−300만 원)×4년
= 기타소득	= 1,300만 원
× 원천징수 세율(20%)	× 20%
= 소득세	= 260만 원

④ 폐업 등 공제사유에 해당하지 아니한 사유로 공제계약을 해지한 경우이더라도 해지 전 6개월 이내에 다음에 해당하는 사유로 발생하여 해지한 경우에는 공제에서 발생한 소득을 이자소득으로 보아 원천징수방법에 의해 납부한다.

㉮ 천재·지변의 발생

㉯ 공제가입자의 해외이주

㉰ 공제가입자의 3월 이상의 입원치료 또는 요양을 요하는 상해·질병의 발생

㉱ 중소기업중앙회의 해산

<사례>

매년 500만 원씩 4년간 불입(매년 소득공제 금액 300만 원으로 가정)하여 공제가입자의 해외이주 사유로 해지하여 환급금이 2,100만 원으로 가정한 경우 해지 시 납부할 소득세는?

계산방법	사 례
해지로 인하여 받은 환급금	2,100만 원
− 불입금액	− 2,000만 원
= 이자소득	= 100만 원
× 원천징수 세율(14%)	× 14%
= 소득세	= 14만 원

⑤ 가입일로부터 5년 이내에 소기업·소상공인 공제계약이 해지한 경우에는 매년 납입한 금액의 누계액에 100분의 2를 곱하여 계산한 해지가산세와 기타소득세를 납부하여야 한다. 이 경우 기타소득에 따른 소득세와 해지가산세는 공제계약 해지 시 받는 환급금을 한도로 한다.

$$해지가산세 = 매년\ 납입한\ 금액(300만\ 원\ 한도)의\ 누계액 \times 2\%$$

<사례>

매년 500만 원씩 4년간 불입(매년 소득공제 금액 300만 원으로 가정)하여 해지하여 환급금이 2,100만 원으로 가정한 경우 해지 시 납부할 해지가산세는?

계산방법	사례
매년 불입한 금액의 누계액	1,200만 원 [적은 금액(300만 원, 연간 불입금액) + …… + 적은 금액(300만 원, 연간 불입금액)]
× 2%	× 2%
= 해지가산세	24만 원

⑥ 해지가산세 부과제외 대상

해지 전 6개월 이내에 다음에 해당하는 사유로 발생하여 해지한 경우에는 해지가산세를 부과하지 아니한다.

㉮ 천재·지변의 발생

㉯ 공제가입자의 해외이주

㉰ 공제가입자의 3월 이상의 입원치료 또는 요양을 요하는 상해·질병의 발생

㉱ 중소기업중앙회의 해산

⑦ 다음에 해당하는 공제사유에 의해 공제계약을 해지하는 경우에는 소기업·소상공인 공제에서 발생하는 소득은 이자소득으로 보아 소득세를 부과한다.

㉮ 소기업·소상공인이 폐업(개인사업자의 지위에서 공제에 가입한 자가 법인을 설립하기 위하여 현물출자를 함으로써 폐업한 경우와 개인사업자의 지위에서 공제에 가입한 자가 그 배우자 또는 자녀에게 사업의 전부를 양도함으로써 폐업한 경우를 포함한다) 또는 해산(법인에 한한다)한 때

㉯ 공제 가입자가 사망한 때

㉰ 법인의 대표자의 지위에서 공제에 가입한 자가 그 법인의 대표자의 지위
를 상실한 때

㉱ 만 60세 이상으로 공제부금 불입월수가 120개월 이상인 공제 가입자가
공제금의 지급을 청구한 때

11

투자조합출자

✓알기 쉬운 세금절약 비법

투자도 하고 소득공제도 받고! 일석이조

ㅇ 중소기업창업투자조합 등에 출자

- 거주자가 중소기업창업투자조합 등에 출자 또는 투자하는 경우 소득공제 가능(세금절약 효과 450,000원)

  * 이 경우 소득공제에 따라 농어촌특별세를 납부하여야 함.

- 소득공제를 적용받은 거주자가 출자일 또는 투자일로부터 3년이 지나기 전에 출자지분을 이전하거나 회수하는 경우 이미 공제받은 소득금액에 해당하는 세액을 추징

〈투자조합 출자에 따른 라이프 사이클에 따른 세금 검토〉

투자일로 부터 2년 이내			(3년이내)
투자 또는 출자 ⇩ 1과세연도를 선택하여 소득공제			중도해지 ⇩ 출자일 또는 투자일로부터 3년이 지나기 전에 출자지분을 이전하거나 회수하는 경우 이미 공제받은 소득금액에 해당하는 세액을 추징
투자연도	1년 이내	2년 이내	
소득공제 가능(O)	소득공제 가능(O)	소득공제 가능(O)	

기존기업의 벤처기업으로의 전환과 벤처기업의 창업을 촉진하여 산업의 구조조정을 원활히 하고, 산업경쟁력을 제고하기 위해 투자금액에 대한 소득공제제도를 신설하여 1997.8.30부터 적용하고 있다.

가. 소득공제 투자대상

거주자가 다음에 해당하는 경우 출자액·투자액의 일정부분을 소득공제 받을 수 있다.

① 중소기업창업투자조합 또는 신기술투자조합 등에 출자하는 경우

이 경우 직접출자의 경우에만 소득공제가 가능하므로 타인의 출자지분 등을 양수하는 방법으로 출자하는 경우에는 소득공제를 적용받을 수 없다.

투자대상	신 설	폐 지
중소기업창업투자조합	97.08.30	
신기술투자조합	97.08.30	
기업구조조정조합	99.12.28	06.12.30
부품·소재전문투자조합	01.12.29	
한국벤처투자조합	06.12.30	

② 벤처기업증권투자신탁의 수익증권에 투자하는 경우

신탁의 설정일로부터 6월 이내에 신탁재산의 100분의 50 이상을 벤처기업에 투자

③ 개인투자조합에 출자한 금액을 벤처기업에 투자하는 경우

개인투자조합이 거주자로부터 출자받은 금액을 출자일이 속하는 과세연도의 다음 과세연도 말까지 벤처기업에 투자하여야 한다.

④ 벤처기업에 투자하는 경우

'99.1.1 이후 투자하는 분부터 적용한다.

나. 소득공제 시기 및 금액

출자일이 속하는 과세연도부터 출자 후 2년이 되는 날이 속하는 과세연도 중 1 과세연도를 선택하여 출자액의 일정비율을 소득공제할 수 있다.

〈투자 연도별 공제비율〉

투자 연도		2013년~	2012년	2007~2011년	2006년
공제비율	투자조합, 벤처기업 증권투자신탁	10%	10%	10%	15%
	개인투자조합, 벤처기업	30%	20%	10%	15%

〈사례〉

2012.1.5 중소기업창업투자조합에 3,000만 원 투자한 경우 2012년, 2013년, 2014년 중 1개 연도를 선택하여 투자금액 3,000만 원의 10%에 해당하는 300만 원을 소득공제 받을 수 있다.

다. 공제한도

중소기업창업투자조합 등에 투자한 경우 공제금액은 해당 과세연도의 종합소득금액의 일정비율을 한도로 한다.

공제한도 = 종합소득금액 × 비율

〈투자 연도별 공제금액 한도비율〉

투자 연도	2013년	2009~2012년	2006~2008년
한도비율	40%	30%	50%

〈사례〉

2012.1.5 중소기업창업투자조합에 3,000만 원 투자한 경우 2013년에 소득공제 받기를

희망하는 경우 투자금액 3,000만 원의 10%에 해당하는 300만 원과 다음의 공제한도 금액 중 적은 금액에 대해 소득공제 받을 수 있다.

총 급여	1억 원	7,000만 원	5,000만 원	3,000만 원
근로소득공제	1,550만 원	1,400만 원	1,300만 원	1,125만 원
근로소득금액	8,450만 원	5,600만 원	3,700만 원	1,875만 원
한도비율	30%	30%	30%	30%
공제한도	2,535만 원	1,680만 원	1,110만 원	562.5만 원
공제금액	300만 원	300만 원	300만 원	300만 원
적용세율	24% 가정	15% 가정	15% 가정	6% 가정
세금절약효과	72만 원	45만 원	45만 원	18만 원

라. 소득공제에 따른 농어촌특별세 납부

중소기업창업투자조합 등에 출자하여 소득공제를 받은 경우 농어촌특별세를 납부하여야 한다.

농어촌특별세 납부금액	=	농어촌특별세 과세표준	×	20%

농어촌특별세 과세표준	=	해당 소득공제를 과세표준에 산입하여 계산하여 산출세액	−	해당 소득공제를 차감한 과세표준으로 계산한 산출세액

〈사례〉

2012.1.1 중소기업창업투자조합에 3,000만 원 투자한 경우 2013년에 소득공제를 받은

경우 납부할 농특세특별세는?

⇒ 총급여 1억 원, 중소기업창업투자조합 소득공제를 제외한 다른 소득공제 2천만 원
가정하에서 계산

구분	중소기업창업투자 조합 소득공제 전	중소기업창업투자 조합 소득공제 후	농어촌특별세
총 급여	100,000,000	100,000,000	−
근로소득공제	15,500,000	15,500,000	−
근로소득금액	84,500,000	84,500,000	−
중소기업창업투자 조합소득공제	−	3,000,000	−
다른 소득공제	20,000,000	20,000,000	−
과세표준	64,500,000	61,500,000	−
세율적용	5,820,000+(64,500,000 −46,000,000)×24%	5,820,000+(61,500,000 −46,000,000)×24%	−
산출세액	10,260,000	9,540,000	(과세표준) 720,000 = 10,260,000 − 9,540,000
			(세율) 20%
			(납부세액) 144,000

마. 공제세액 추징

출자일·투자일로부터 3년이 경과하기 전에 다음에 해당하는 경우 이미 공
제받은 소득금액에 해당하는 공제세액을 추징한다.

① 중소기업창업투자조합 등의 출자지분을 이전하거나 회수하는 경우

② 벤처기업투자신탁의 수익증권을 양도하거나 환매하는 경우

③ 개인투자조합 출자금의 벤처기업 투자 시 출자지분·투자지분을 이전하거나 회수하는 경우

④ 벤처기업의 출자지분 또는 투자지분을 이전하거나 회수하는 경우

다만, 다음에 해당하는 경우 사유로 인한 경우에는 이미 공제받은 소득금액에 해당하는 공제세액을 추징하지 아니한다.

㉮ 출자자 또는 투자자의 사망

㉯ 해외이주로 세대전원이 출국하는 경우

㉰ 천재·지변으로 재산상 중대한 손실이 발생한 경우

12

우리사주조합 출연

✓ 알기 쉬운 세금절약 비법

○ 우리사주조합 출자

- (출자 시 소득공제) 우리사주조합원(근로자)이 우리사주를 취득하기 위해 우리사주조합에 출자하는 경우 소득공제(세금절약 효과 424,000원)

- (자사주 취득 시 비과세) 우리사주조합원이 우리사주조합에 출자하고 그 조합을 통하여 우리사주를 취득하는 경우 해당 출자금액이 공제금액 한도 이하인 경우 그 주식의 취득가액과 시가와의 차액에 대해 소득세를 비과세

- (배당소득 비과세) 우리사주조합원이 우리사주조합을 통하여 취득한 후 증권금융회사에 예탁한 우리사주의 배당소득에 대해서는 일정요건을 갖춘 경우 비과세

- (인출 시 소득세 과세) 우리사주조합원이 우리사주조합으로부터 배정받은 우리사주를 인출하는 경우 인출금을 근로소득으로 보아 소득세 과세

  * 자사주 보유기간에 따라 인출금에 대해 일부 비과세 특례적용

- (주식양도소득 비과세) 우리사주조합원이 보유하고 있는 자사주로서 일정요건을 갖춘 주식을 해당 조합원이 퇴직을 원인으로 인출하여 우리사주조합에 양도하는 경우 그 양도차익 3천만 원까지는 양도소득세를 과세하지 아니함.

〈우리사주조합 출자에 따른 라이프 사이클에 따른 세금 검토〉

출자	취득	보유	인출	퇴직
출자	출자금액으로 자사주 취득	배당 발생	인출금 발생	퇴직으로 인출
⇩	⇩	⇩	⇩	⇩
소득공제	해당 출자금액이 공제한도 미만인 경우 취득차익 비과세	예탁 등 일정 요건을 갖춘 경우 비과세	근로소득으로 보아 과세 (보유기간에 따라 일부 비과세)	우리사주조합에 양도 시 양도차익 일부 비과세

우리사주제도는 근로자로 하여금 주식회사의 소속 근로자가 그 주식회사의 주식을 취득·관리하기 위하여 설립한 우리사주조합을 통하여 해당 우리사주조합이 설립된 주식회사의 주식을 취득·보유하게 함으로써 근로자의 경제·사회적 지위 향상과 노사협력 증진을 도모함을 목적으로 하며, 정부는 이를 뒷받침하기 위해 다각도로 세제지원을 하고 있다.

가. 우리사주조합원 자격

우리사주제도 실시회사의 우리사주조합에 조합원으로 가입할 수 있는 근로자는 다음과 같다.

① 우리사주제도 실시회사의 소속 근로자

② 우리사주제도 실시회사의 지배관계회사 소속 근로자 또는 수급관계회사의 소속 근로자는 다음의 요건을 갖춘 경우에만 해당된다.

㉮ 지배관계회사 또는 수급관계회사의 경우 각각 소속 근로자 전원의 과반수로부터 동의를 받을 것

㉯ 해당 우리사주제도 실시회사의 우리사주조합으로부터 동의를 받을 것

㉰ 해당 지배관계회사 또는 해당 수급관계회사 자체에 우리사주조합이 설립되어 있는 경우 자체 우리사주조합이 해산될 것

○ 우리사주제도 실시회사의 우리사주조합원이 될 수 없는 경우
-우리사주제도 실시회사, 지배관계회사 및 수급관계회사의 주주총회에서 임원으로 선임된 사람
-우리사주제도 실시회사, 지배관계회사, 수급관계회사의 소속 근로자로서 주주 등 (다만, 해당 주주가 소액주주에 해당하는 경우 제외)

나. 출자에 따른 소득공제

우리사주조합원이 우리사주를 취득하기 위하여 우리사주조합에 출자하는 경우 다음에 해당하는 금액을 출자한 연도의 근로소득에서 공제한다.

공제금액 = 적은 금액[출자금액, 연 400만 원]

다. 우리사주 배정 시 취득가액과 차액의 과세

우리사주조합원이 우리사주조합에 출자하고 그 조합을 통하여 우리사주

를 취득하는 경우 그 주식의 취득가액과 시가와의 차액의 과세는 다음과 같이
한다.

구 분	과세방법
출자금액이 4백만 원 이하인 경우	취득차액(=시가−그 주식의 취득가액)에 대해 비과세
출자금액이 4백만 원을 초과하는 경우 그 초과금액	−과세기준 　기준가액 〉 취득가액 * **기준가액=자사주의 취득일 현재 시가의 70%** −과세방법 　(기준가액−취득가액) ⇒ 근로소득으로 과세

〈사례〉 2013년에 우리사주조합에 출자한 금액 500만 원

⇒ 자사주 80주 취득(취득가액 62,500원)하였고 자사주 취득일 현재 자사주의 시가
는 90,000원인 경우 자사주 취득에 따른 과세대상에 해당하는지 검토

구 분	과세방법
출자금액 중 4백만 원 부분	(90,000원−62,500원)×80주×400/500=1,760,000원 ⇒ 비과세
출자금액 중 4백만 원을 초과하는 경우 100만 원 부분	−과세기준 검토 　기준가액 〉 취득가액 ⇒ 63,000원 〉 62,500원 * 기준가액=자사주의 취득일 현재 시가(90,000원)의 70% −과세금액 　(63,000원−62,500원)×80×100/500=8,000원 　⇒ 근로소득으로 과세

라. 자사주 보유기간 발생한 배당소득 과세방법

우리사주조합원이 우리사주조합을 통하여 취득한 후 증권금융회사에 예탁한 우리사주의 배당소득에 대해서 일정요건을 갖춘 경우에는 소득세를 과세하지 아니한다.

○ 배당소득 비과세요건

－증권금융회사가 발급한 주권예탁증명서에 의하여 우리사주조합원이 보유하고 있는 우리사주가 배당지급 기준일 현재 증권금융회사에 예탁되어 있음이 확인될 것

－우리사주조합원이 소액주주일 것

－우리사주조합원이 보유하고 있는 자사주의 액면가액의 개인별 합계액이 1천800만 원 이하일 것

다만, 예탁일로부터 1년 이내에 인출하는 경우 그 인출일 이전에 지급된 배당소득에 대해서는 인출일에 배당소득이 지급된 것으로 보아 소득세가 과세된다(원천징수 세율 14%).

마. 자사주 인출 시 과세방법

우리사주조합원이 우리사주조합으로부터 배정받은 자사주를 인출하는 경우 인출금을 근로소득으로 보아 소득세를 부과한다.

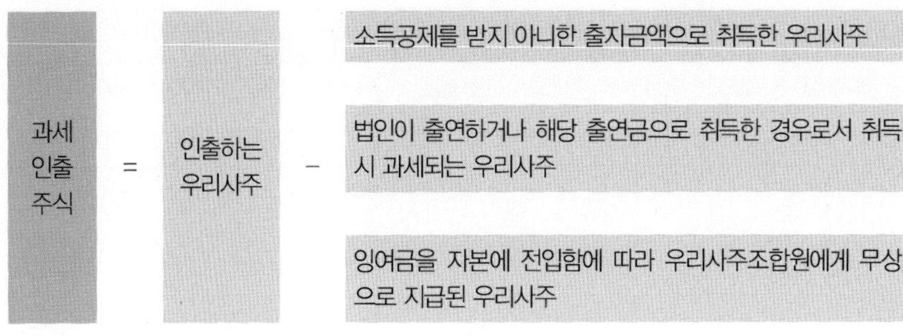

① 근로소득 과세 시 수입 시기 : 그 우리사주의 인출일

② 인출 시 과세되는 세금 : 인출금에 기본세율을 적용하여 계산한 금액을
원천징수

예) 인출금이 2,000만 원인 경우 원천징수 세금은? 1,920,000원

$(12,000,000 \times 6\%) + (20,000,000 - 12,000,000) \times 15\% = 1,920,000$원

③ 우리사주의 보유기간에 따른 인출금에 대한 소득세 비과세

우리사주조합원의 과세인출주식에 대한 인출금의 경우 우리사주의 보유기간*에 따라 다음에 해당하는 금액에 대해서는 소득세를 비과세한다.

* 보유기간: 증권금융회사의 우리사주조합별 계정에 의무적으로 예탁하여야 하는 기간의 종료일 다음 날부터 인출한 날까지의 기간

보유기간	비과세 대상금액
과세인출주식을 2년 이상 4년 미만 보유하는 경우	인출금의 100분의 50
과세인출주식을 4년 이상 보유하는 경우	인출금의 100분의 75

바. 양도차익 비과세

　우리사주조합원이 보유하고 있는 우리사주로서 일정 요건을 갖춘 주식을 퇴직을 원인으로 인출하여 우리사주조합에 양도하는 경우에는 양도차익에 대하여 비과세한다. 이 경우 그 양도차익이 3천만 원을 초과할 때에는 그 초과금액에 대해서는 비과세가 적용하지 아니한다.

○ 양도차익 비과세 요건
- 우리사주조합원이 우리사주를 우리사주조합을 통하여 취득한 후 1년 이상 보유할 것
- 우리사주조합원이 보유하고 있는 우리사주가 양도일 현재 증권금융회사에서 1년 이상 예탁된 것일 것
- 우리사주조합원이 보유하고 있는 우리사주의 액면가액 합계액이 1천 800만 원 이하일 것

13

장기주식형 저축

✓ 알기 쉬운 세금절약 비법

소득공제와 비과세 혜택이 가능한 투자상품

○ 장기주식형 저축

- (소득공제) 거주자가 2009년 12월 31일까지 장기주식형 저축에 가입하여 저축금을 납입한 경우에는 해당 과세연도에 납입한 금액에 대해 일정 공제비율만큼 소득공제(세금절약 효과 318,000원)

- (비과세) 장기주식형 저축에 가입하여 납입한 금액에서 발생한 이자소득 및 배당소득에 대해서는 소득세를 부과하지 아니함.

- (해지추징세액 징수) 장기주식형 저축에 가입한 사람이 저축가입일로부터 3년 미만의 기간 내에 저축을 해지하는 경우 해지추징세액을 납부하여야 함.

⟨장기주식형 저축 라이프 사이클에 따른 세금 검토⟩

가입	저축	중도해지	만기(3년)	만기 이후
'09.12.31 이전 가입	분기마다 300만 원 이내 불입	3년 미만 저축해지	이자·배당소득	이자·배당소득
⇩	⇩	⇩	⇩	⇩
	저축 불입액 중 일정비율 소득공제	해지추징세액 징수	비과세	만기 이후 발생한 이자·배당소득은 과세대상임

장기주식형 저축은 국내 자본시장의 안정 및 수요기반 확충을 위하여 2008.10. 20부터 2009.12.31까지 가입이 가능하며, 저축 가입일부터 3년간 소득공제 및 저축에서 발생한 소득에 대해 비과세 혜택이 적용된다.

가. 저축 개요

장기주식형 저축은 자산총액의 100분의 60 이상을 국내에서 발행되어 국내에서 거래되는 주식에 투자하는 투자회사 또는 투자신탁의 주식 또는 수익증권 취득을 위한 저축으로 저축 계약기간이 3년 이상이고, 저축가입일로부터 3년 미만의 기간 내에 원금·이자·배당·주식 또는 수익증권 등의 인출이 불가능하며, 적립식 저축으로 1명당 분기마다 모든 금융기관에 가입한 장기주식형 저축의 합계액 기준으로 300만 원 이내에서 저축 납입이 가능하다.

나. 소득공제

　거주자가 2009년 12월 31일까지 장기주식형 저축에 가입하여 저축금을 납입하는 경우 해당 과세연도에 납입한 금액에 공제율을 곱하여 계산한 금액을 해당 과세연도의 종합소득금액에서 공제한다.

　공제비율은 저축가입일로부터 12개월 단위로 차등 적용되고 있음에 유의하여야 한다.

〈공제비율 및 공제금액 계산〉

구분	공제비율
저축가입일이 속하는 달을 포함하여 12개월까지 납입한 금액	100분의 20
13개월부터 24개월까지 납입한 금액	100분의 10
25개월부터 36개월까지 납입한 금액	100분의 5

〈사례〉

총급여액이 5,000만 원인 근로자 2009년 1월에 장기주식형 저축에 가입하여 매월 50만 원씩 불입한 경우 2011년 귀속 소득공제 금액 및 소득공제에 따른 세금절약효과는?

－월 불입액 : 500,000원×12개월＝6,000,000원

　(소득공제금액) 연 불입액 6,000,000원 × 공제비율 5%＝300,000원

－간편 세금절약효과 계산방법

　근로소득금액 3,700만 원＝총급여액 5,000만 원－근로소득공제[1,275만 원＋(5,000만 원－4,500만 원) × 5%]

-과세표준 1,200만 원 초과~4,600만 원 미만인 경우 세율 15% 적용구간이므로 간편 세금절약효과 산출 시에는 소득공제금액에 세율 15%를 적용하여 계산한 45,000원이 소득공제로 세금절약이 될 수 있다(300,000원×15%=45,000원).

(장기주식형저축 불입액에 따른 세금 절약 효과 분석)

매월 1,000,000원을 불입한 경우 451,800원에 해당하는 세금 절약이 가능하며 평균 수익률이 5.4% 가정시 세금절약효과를 고려한 수익률은 7.91%이다.

ㅇ 소득공제 효과 : 315,000원

구 분	1년차	2년차	3년차	합 계
불입액	6,000,000	6,000,000	6,000,000	18,000,000
소득공제금액	1,200,000	600,000	300,000	2,100,000
세금절약효과	180,000	90,000	45,000	315,000

ㅇ 비과세 효과 : 136,800원

- 평균 수익률 5.4% 가정

18,000,000원(불입액) × 5.4%(수익률) × 14%(비과세가 아닌 경우 원천징수 세율)
= 136,080원

※ 연금저축에 가입한 거주자가 장기주식형 저축에 추가로 가입하여 저축금을 불입한 경우에는 연금저축에 대한 소득공제와 장기주식형 저축에 대한 소득공제를 각각 적용받을 수 있다.

다. 저축에서 발생한 소득에 대한 과세

장기주식형 저축에 가입하여 납입한 금액에서 발생한 이자소득 및 배당소득에 대해서는 소득세를 부과하지 아니한다. 다만, 저축가입일로부터 3년이 지난 후 발생한 소득에 대해서는 소득세가 과세된다.

라. 저축가입일로부터 3년 미만 기간 내에 계약을 해지하는 경우

장기주식형 저축에 가입한 사람이 해당 저축가입일로부터 3년 미만의 기간 내에 저축 계약을 해지하는 경우 해지추징세액과 저축에서 발생한 이자·배당소득에 대해 소득세를 부담하여야 한다.

① 해지로 보는 경우

장기주식형 저축의 계좌에서 원금·이자·배당·주식 또는 수익증권 등의 전부 또는 일부가 인출된 경우에는 해당 계약이 해지된 것으로 본다.

② 해지추징세액 계산

저축계약이 해지된 날을 기준으로 다음에 해당하는 금액을 합산하여 계산한다.

저축가입일이 속하는 달을 포함하여 12개월까지 납입한 금액	× 5/100
+ 13개월부터 24개월까지 납입한 금액	× 24/1,000
+ 25개월부터 36개월까지 납입한 금액	× 12/1,000
= 해지추징세액	

다만, 장기주식형 저축의 저축 불입금액에 대해 소득공제를 받은 자가 해당 공제로 인해 감면받은 세액이 위와 같이 계산한 금액에 미달한 경우에는 실제로 감면받은 세액상당액을 추징한다.

③ 해지추징세액 납부 제외 사유

저축계약자가 사망하거나, 해외이주, 퇴직, 저축자의 3개월 이상의 입원치료 또는 요양을 요하는 상해가 발생한 날로부터 6월 이내에 저축을 해지하는 경우 해지추징세액을 납부하지 않아도 된다.

제6장
비과세 금융상품

금융소득 과세방법을 정확히 이해하고 금융상품을 잘 선택하는 경우 금융상품에서 얻어지는 소득뿐만 아니라 비과세를 통한 세금절약효과를 톡톡히 누릴 수 있다.

예를 들어 저축에 가입하여 20년간 1억 원을 저축하여 이자소득이 5,000만 원이 발생한 경우 비과세금융상품과 일반 금융상품을 비교해 보면 비과세로 인한 세금절약효과를 뚜렷하게 이해할 수 있다.

구분	비과세 금융상품	일반금융상품	비고
원금	100,000,000	100,000,000	
이자	50,000,000	50,000,000	
세금	0	7,700,000 -소득세 : 14% -지방소득세 : 소득세의 10%	원천징수 세율은 14%로 가정
세금을 제외한 이익	50,000,000	42,300,000	(차이) 7,700,000
수익률	50%	42.3%	7.7% 차이
세금 추가 정산	별도 정산 없음	금융소득 종합과세에 해당하는 경우 추가정산 필요	

1

저축원금 3천만 원까지
비과세되는 **생계형 저축**

✓**알기 쉬운 세금절약 비법**

노후 여유자금을 지원하는 저축

○ 생계형 저축

– 일반적으로 비과세저축은 저소득층 지원, 노후생활보장 등 세금면제 목적을
살리기 위해 일반적으로 가입요건 및 저축기간 등을 까다롭게 정하고 있음.

– 생계형 저축은 퇴직금 또는 이자로 생활하는 노인 등을 위한 상품으로 저축기
간에 제한 없이 자유롭다는 장점이 있음.

〈세금절약 효과〉

3천만 원을 저축한 경우 226,800원

생계형 저축은 퇴직금 또는 이자로 생활하는 노인과 장애인·생활보호대상자 등 생계가 어려운 소외계층 지원을 위하여 2000.10.21 신설되었으며, 생계형 저축에서 발생하는 이자 또는 배당에 대해서는 소득세를 비과세한다.

가. 저축 가입자

생계형 저축은 가입대상자를 엄격하게 제한하고 있으며 다음에 해당하는 거주자만이 저축에 가입이 가능하다.

① 거주자인 60세 이하의 노인

② 장애인복지법 제32조에 따라 등록한 장애인

③ 독립유공자 예우에 관한 법률 제6조에 따라 등록한 독립유공자와 그 유족 및 가족

④ 「국가유공자 등 예우 및 지원에 관한 법률」 제6조에 따라 등록한 상이자 (傷痍者)

⑤ 「국민기초생활보장법」 제2조제2호에 따른 수급자

⑥ 「고엽제후유의증 환자지원 등에 관한 법률」 제2조제3호에 따른 고엽제후유의증환자

⑦ 「5·18민주유공자 예우에 관한 법률」 제4조제2호에 따른 5·18민주화운동부상자

〈사례〉

독립유공자예우에관한법률 제6조의 규정에 의하여 등록한 독립유공자와 그 유족 또는 가족이 1인당 저축원금이 3천만 원 이하인 생계형 저축에 가입하는 경우 해당 저축

에서 발생하는 이자소득 또는 배당소득에 대하여 소득세를 비과세함.

나. 저축 취급기관

생계형 저축*을 취급하는 저축기관은 금융실명거래 및 비밀보장에 관한 법률 제2조 제1호 각목의 금융기관(책자 부록 참조) 또는 다음에 해당하는 공제회로 한정하고 있으며, 투자신탁, 보험, 공제, 증권저축, 채권저축 등을 포함한다.

① 군인공제회

② 대한교원공제회

③ 대한지방행정공제회

④ 경찰공제회

⑤ 대한소방공제회

⑥ 과학기술인공제회

* 생계형 저축은 생계형 저축통장 또는 거래카드의 표지·속지 또는 거래내역서 등에 '생계형 저축'이라는 문구가 표시되어 있음.

다. 저축불입액 한도

생계형 저축의 경우 분기 및 연간 단위로 저축 납입액을 제한하지 않고 있으나, 1인당 각 금융기관의 생계형 저축 합계액을 기준으로 최대 저축원금 3천만 원까지 불입할 수 있다.

2

장기저축보험

✓알기 쉬운 세금절약 비법

○ 장기저축보험

- 보험계약기간이 10년 이상인 경우 해당 보험에서 발생하는 이자소득은 비과세
  한다. 다만, 10년 되기 전에 납입한 보험을 확정된 기간 동안 연금형태로 분할
  하여 지급받는 경우에는 해당 보험에서 발생한 이자소득에 대해서는 소득세가
  과세된다.(세금절약 효과)

※ 매월 50만 원씩 장기저축성 보험에 10년간 불입한 경우 수익률이 6.5%로 가정
  한 경우 546,000원에 해당하는 세금을 절약할 수 있다.

<장기주식형 저축 라이프 사이클에 따른 세금 검토>

가입	중도해지 인출	⟶	만기(10년) ⟶ 만기 이후	
	보험차익 과세	10년이 지나기 전에 확정된 기간 동안 연금행태로 분할 인출하는 경우	이자소득	만기 이후 지급일까지의 가산이자
	⇩	⇩	⇩	⇩
	보험차익 = 보험금 − 보험료	이자소득으로 과세	비과세	비과세

가. 저축보험

저축보험은 보험계약에 의해 지급되는 보험금의 합계액이 이미 납입한 보험료를 초과하는 보험으로 생존 시의 저축기능을 강화하여 목돈을 마련하거나 노후를 대비할 수 있는 상품이다.

구분	보험금	보험료
개념	보험회사가 보험약관에서 정한 보험사고가 발생한 경우 피보험자 또는 보험수익자에게 지급하는 금액으로 보험계약이 해지됨에 따라 받는 환급금을 말한다.	보험계약자가 보험계약에 따라 보험회사의 위험부담에 대한 대가로 보험회사에 납부하는 금액

나. 비과세되는 저축보험 요건

① 2013.2.5 전 보험계약체결분

저축보험에서 발생하는 소득이 비과세되기 위해서는 보험계약에 따라 최초로 보험료를 납부한 날로부터 만기일 또는 중도해지일까지의 기간이 10년 이상이어야 한다.

이 경우 최초 납입일부터 만기일 또는 중도해지일까지의 기간은 10년 이상이지만, 최초 납입일로부터 10년이 경과하기 전에 납입한 보험료를 확정한 기간 동안 연금형태로 분할하여 지급받는 경우에는 비과세 요건을 충족하지 아니한 것으로 본다.

〈사례〉

- 저축성보험의 보험차익 비과세적용이 배제되는 확정된 기간 동안 연금형태로 분할하여 지급받는 경우란 연금의 지급기간이 일정한 기간(5, 10, 20년 등)으로 정해져 있는 것을 말한다.
- 보험계약 납입일부터 10년이 경과하기 전에 확정기간이 아닌 종신토록 연금으로 지급받는 보험금은 과세대상 저축성보험의 보험차익에 해당하지 아니한다.

② 2013.2.15 이후 보험계약 체결분

다음에 해당하는 저축성보험의 보험차익에 대해서는 소득세를 과세하지 아니한다.

㉮ 계약기간이 10년 이상이고 납입보험료가 2억 원 이하인 보험계약

과세 제외되는 ㉯ 월적립식 저축성보험 및 ㉰ 종신형연금보험을 제외하고 계약자 1명당 납입보험료 합계액이 2억 원 이하인 저축성보험계약으로 최초 보험료 납입일로부터 만기일 또는 중도해지일까지의 기간이 10년 이상이어야 한다.

　* 납입보험료 2억 원 초과하는 경우 이자소득세로 과세

㉯ 월적립식 저축성보험

다음에 해당하는 요건 모두 충족하여야 한다.

– 최초납입일부터 만기일 또는 중도해지일까지의 기간이 10년 이상일 것

– 최초납입일로부터 납입기간이 5년 이상인 월적립식 계약일 것

– 최초납입일부터 매월 납입하는 기본보험료가 균등(최초 계약한 기본보험료의 1배 이내로 기본보험료를 증액하는 경우를 포함)하고, 기본보험료의 선납기간이 6개월 이내일 것

㉰ 종신형 연금보험

다음에 해당하는 요건 모두 충족하여야 한다.

– 계약자가 보험료 납입 계약기간 만료 후 55세 이후부터 사망 시까지 보험금·수익 등을 연금으로 지급받는 계약일 것

– 연금 외의 형태로 보험금·수익 등을 지급하지 아니하는 계약일 것

– 사망 시「통계법」 제18조에 따라 통계청장이 승인하여 고시하는 통계표에 따른 성별·연령별 기대여명 연수(소수점 이하는 버린다) 이내의 보증기간이 설정된 경우로서 계약자가 해당 보증기간 이내에 사망한 경우는 해당 보증기간의 종료 시] 보험계약 및 연금재원이 소멸할 것

– 최초 연금지급개시 이후 사망일 전에 계약을 중도해지할 수 없을 것

다. 저축성보험의 만기 후 가산이자

저축성보험의 만기 후 지급일까지의 기간에 대해 가산이자율에 의한 가산이자는 소득세 과세가 제외되는 보험차익에 포함한다.

라. 저축성보험의 보험차익 과세기간 산정방법

1) 2013.2.14 이전 저축성보험 가입분

① 공제계약을 만기 이전에 거치전환특약가입으로 계약기간을 연장하는 경우

　⇒ 보험 계약기간은 최초보험료 불입일로부터 연장된 만기까지로 한다.

② 보험 계약기간이 10년 이상인 저축성보험에 가입한 거주자가 보험계약기간

　중도에 보험계약자 및 수익자를 아들로 변경하고, 계약변경 1년 후 보험계

　약자 및 수익자인 아들이 보험계약을 해지하여 환급금을 수령하거나 또는

　만기 시 보험금을 수령한 경우

　⇨ 보험 계약기간의 계산은 계약변경과 관계없이 최초의 보험료납입일부터

　만기일까지를 보험계약 기간으로 계산한다.

2) 2013.2.15 이후 저축성보험에 가입하는 경우

　금융상품간 과세형평 제고, 명의변경 등을 통한 과세회피 사례를 방지하기

위해 다음과 같이 저축성보험의 계약변경 시 보험차익 비과세요건인 10년 이

상 계약기간의 기산일은 다음과 같다.

　㉮ 계약자 명의변경

　계약자 명의변경일을 기준으로 각 계약자별로 계약기간을 계산하나, 사망

에 의한 계약의 이전은 예외로 인정한다.

㉯ 보장성보험에서 저축성보험으로 계약변경

계약변경일을 기준으로 계약기간을 계산한다.

3) 최초 기본보험료의 1배를 초과하여 증액하는 경우

변경일을 기준으로 계약기간 계산하며, 이 경우 2013.2.15. 이후 변경되는 계약분부터 적용한다.

마. 금융소득 종합과세 제외 대상

해당 연도에 이자소득 및 배당소득이 2천만 원을 초과하는 경우 원천징수 세율(14%)보다 높은 세율(최고 38%)로 세금을 부과되는 금융소득 종합과세가 적용된다.

따라서 장기저축의 경우 만기에 일시적으로 금융소득이 증가하여 2천만 원을 초과될 경우 금융소득 종합과세가 적용되나, 비과세가 적용되는 장기저축보험의 경우 아무리 많은 금액을 수령하더라도 금융소득 종합과세 적용을 받지 아니한다.

바. 비적격연금보험과 연금저축보험의 차이

구분	납입	연금수령
비적격연금보험	소득공제 불가능	연금수령까지 보험계약이 10년 이상인 경우 연금으로 수령하는 보험금은 소득공제받지 아니하는 자기부담금에 대해서는 소득세를 과세하지 아니함.
연금저축보험	소득공제 가능	연금소득으로 과세

○ 변액보험

- 납입한 보험료를 모아 펀드를 구성한 후 주식, 채권 등 유가증권에 투자하여
  발생한 이익을 배분하여 주는 실적 배당형 보험으로 투자결과에 대한 책임을
  계약자가 부담하는 것이 특징

○ 변액유니버셜보험

- 변액보험과 유니버셜보험의 장점을 결합
- 실적배당+자유입출금

3

이자소득과 배당소득이 비과세되는
새마을금고 및 조합 등의 **예탁금** 및 **출자금**

✓**알기 쉬운 세금절약 비법**

알면 손쉽게 바로 이용 가능한 예탁금과 출자금

○ 조합의 예탁금 및 출자금

– 농민·어민 및 그 밖에 상호유대를 가진 거주자를 조합원·회원 등으로 하는 조합 등에 대한 예탁금으로서 가입 당시 20세 이상인 거주자가 가입한 예탁금 (1명당 3천만 원 이하)에서 발생하는 이자에 대해 소득세가 비과세됨

– 1명당 1천만 원 이하의 출자금에 한해 배당소득 비과세

〈세금 절약 효과〉

구 분	출자금	예탁금	합계
원금	10,000,000	30,000,000	40,000,000
수익률	4.5% 가정	4.5% 가정	
이자	450,000	1,350,000	1,800,000
세금절약효과	63,0000	189,000	252,000

가. 예탁금·출자금을 취급하는 조합 등 범위

다음에 해당하는 조합을 말한다.
① 농업협동조합에 의한 조합
② 수산업협동조합법에 의한 수산업협동조합
③ 산림조합법에 의한 조합
④ 신용협동조합에 의한 신용협동조합
⑤ 새마을금고법에 의한 금고

나. 비과세되는 예탁금 및 출자금 가입 대상

거주자인 농협, 수협, 산림조합, 신협, 새마을금고의 조합원·준조합원·계원·준계원 또는 회원만이 해당 저축기관의 비과세되는 예탁금을 가입할 수 있다.

구 분		가입자격
농협	조합원	지역농협의 구역에 주소, 거소나 사업장이 있는 농업인 *** 둘 이상의 지역농협에 가입할 수 없다.**
	준조합원	지역농협의 정관에 의해 지역농협의 구역에 주소나 거소를 둔 자로서 그 지역농협의 사업을 이용함이 적당하다고 인정되는 자
수협	조합원	지구별수협의 구역에 주소·거소(居所) 또는 사업장이 있는 어업인. 다만, 사업장 외의 지역에 주소 또는 거소만이 있는 어업인이 그 외의 사업장 소재지를 구역으로 하는 지구별수협의 조합원이 되는 경우에는 주소 또는 거소를 구역으로 하는 지구별수협의 조합원이 될 수 없다.
	준조합원	지구별 수협에서 정관으로 정하는 바에 따라 지구별 수협의 사업을 이용하는 것이 적당하다고 인정되는 자

산림 조합	조합원	당해 구역 안에 주소 또는 산림이 있는 산림소유자, 당해 구역 안에 주소 또는 사업장이 있는 임업인
	준조합원	정관이 정하는 바에 따라 조합의 구역 안에 주소 또는 거소를 둔 자로서 그 조합의 사업을 이용함이 적당하다고 인정되는 자
신협	조합원	조합원은 조합의 공동유대에 소속된 자로서 제1회 출자금을 납입한 자로 한다. 이에 불구하고 조합은 조합의 설립목적 및 효율적인 운영을 저해하지 아니하는 범위 안에서 당해 공동유대에 소속되지 아니한 자중 조합원의 가족(배우자 및 세대를 같이하는 직계존·비속을 말한다) 등을 조합원에 포함시킬 수 있다. *** 1조합의 조합원의 수는 100인 이상이어야 한다.**
새마을 금고	회원	금고의 회원은 그 금고의 정관으로 정하는 업무구역에 주소나 거소가 있는 자 또는 생업에 종사하는 자로서 출자 1좌 이상을 현금으로 납입한 자로 한다. *** 한 금고의 회원 수는 100명 이상으로 한다.**
어촌계		지구별수협의 조합원은 행정구역·경제권 등을 중심으로 어촌계를 조직할 수 있으며, 그 구역은 어촌계의 정관으로 정한다.
	어촌계원	어촌계의 구역 안에 거주하는 자로서 지구별수협의 조합원은 어촌계에 가입할 수 있다.
	어촌 준계원	다음의 어느 하나에 해당하는 자는 총회의 의결을 얻어 준어촌계원이 될 수 있다. -어촌계원의 자격이 없는 어업인 중 어촌계가 취득한 마을어업권 또는 어촌계의 구역 안에 있는 지구별 수협이 소유한 마을어업권의 어장에 「수산업법」 제2조 제10호에 따른 입어를 하는 자 -어촌계의 구역 안에 거주하는 자로서 어촌계의 사업을 이용함이 적당하다고 인정되는 자

다. 이자소득이 비과세되는 예탁금

　1명당 3천만 원 이하의 예탁금만 해당하며 2015년 12월 31일까지 발생한 이자에 대해 비과세한다. 이 경우 비과세 저축금액 한도는 조합 등에 예탁한 금액의 합계액을 한다.

라. 예탁금 이자에 대한 농어촌특별세*

예탁금에서 발생하는 이자소득은 비과세되지만 농어촌특별세(1.4%)는 부담한다.

* 농어촌특별세는 감면되는 소득세를 과세표준으로 하며, 세율은 10%이다.

$$농어촌특별세 = 소득세 \ 감면세액(14\%-0\%) \times 세율(10\%)$$

〈사례〉

농협의 조합원으로 예탁금 3천만 원에 대해 이자소득 200만 원이 발생하는 경우

구 분	비과세되는 예탁금	일반저축	차이
이자소득	2,000,000	2,000,000	
(−) 소득세	−	280,000	△ 280,000
(−) 지방소득세	−	28,000	△ 28,000
(−) 농어촌특별세	28,000	−	28,000
= 실수령액	1,972,000	1,692,000	280,000

다만, 다음에 해당하는 사람에 대해서는 농어촌특별세를 부과하지 아니한다.

- 2헥타르 이하의 농지를 소유한 농민

- 20톤 이하의 어선을 소유한 어민

- 일정 규모 이하의 가축*을 소유한 양축가

[목돈마련저축 가입 대상이 되는 양축농가(養畜農家) 소유가축의 기준]

가축 종류	규모
젖소·사슴	20마리
소·말	30마리
돼지·산양·면양·개	150마리
토끼·친칠라·밍크	5,000마리
가금(家禽)	10,000마리
벌꿀	150군

* 어미가축을 기준으로 하며, 새끼(새끼를 낳거나 알을 낳은 적이 없는 가축을 말한다)는 두 마리를 한 마리로 보며, 위 표에 나타나지 않은 가축은 비슷한 종류의 가축의 규모를 기준으로 한다.

- 국가, 지방자치단체, 공공단체, 영리·비영리의 법인 및 단체, 그 밖의 사업체에 고용되어 근무하는 사람으로서 본인과 배우자의 연간 총소득의 합계액이 2천500만 원 이하인 사람
- 「소득세법 시행령」 제20조에 따른 일용근로자 중 사업주 또는 「근로기준법」에 따른 근로자의 단체가 취업의 계속성을 확인하는 사람으로서 일급여액이 10만 원 이하인 사람
- 산림조합법 시행령 제2조에 따른 임업인. 다만, 5헥타르 이상의 산림을 소유한 사람은 제외한다.

· 3헥타르 이상의 산림에서 임업을 경영하는 자
· 1년 중 90일 이상 임업에 종사하는 자
· 임업경영을 통한 임산물의 연간 판매액이 120만 원 이상인 자
· 「산림자원의 조성 및 관리에 관한 법률」 제16조제1항 및 같은 법 시행령 제12조제1항제1호에 따라 등록된 산림용 종묘생산업자
· 3백제곱미터 이상의 포지(圃地)를 확보하고 조경수 또는 분재소재를 생산하거나 산채 등 산림부산물을 재배하는 자
· 대추나무 1천제곱미터 이상을 재배하는 자
· 호두나무 1천제곱미터 이상을 재배하는 자
· 밤나무 5천제곱미터 이상을 재배하는 자
· 잣나무 1만제곱미터 이상을 재배하는 자
· 연간 표고자목 20세제곱미터 이상을 재배하는 자

마. 출자금 등에서 발생하는 배당소득 비과세

농협 등의 조합원·준조합원·계원·준계원 또는 회원의 출자금으로서 조합 등에 출자한 금액의 1인당 합계액이 1천만 원 이하인 출자금의 배당소득의 경우 2015.12.31까지 받는 경우에는 배당소득에 대한 소득세를 비과세한다.

또한 조합 등의 조합원·회원 등이 그 금융기관으로부터 받는 사업 이용 실적에 따른 배당소득의 경우 2015.12.31까지 받는 경우 배당소득에 대한 소득세를 비과세한다.

* 조합의 출자금 등에 대한 배당소득은 예탁금과 달리 농어촌특별세 과세대상에 해당하지 아니한다.

4

농어가목돈마련저축

✓알기 쉬운 세금절약 비법

농어민을 위한 세금절약 상품

○ 농어가목돈마련저축

– 농어민이 농어가목돈마련저축에 가입한 경우 저축에서 발생하는 이자소득에
대해 비과세(세금절약 효과 130,500원)

가. 농어가목돈마련저축

　농어가목돈마련저축은 농어민이 일정기간 저축을 한 후 현금으로 저축원리금과 저축장려금을 지급받는 것을 목적으로 하는 저축으로 해당 저축을 취급하는 금융기관은 다음과 같다.

① 「농업협동조합법」에 따라 설립된 지역농업협동조합, 지역축산업협동조합 및 품목별·업종별 협동조합
② 「수산업협동조합법」에 따라 설립된 지구별 수산업협동조합 및 업종별 수산업협동조합

나. 가입대상

저축 가입 대상		저축 가입 제외 대상
저소득 농어민	그 외 농어민	
농민 / 1헥타르를 이하 농지를 소유한 자	1ha＜농지≤2ha	2헥타르를 초과하는 농지를 소유한 자
어업인 / 동력선을 소유하지 아니한 자	20톤 이하 어선 소유	20톤을 초과하는 어선을 소유한 자
양축가 / 소 15마리 등 가축규모 기준의 50% 이하의 가축을 소유하는 자	소 16마리＜&≤소 30마리	소 30마리 등 가축규모 기준을 초과하여 소유하는 가축을 소유하는 자

다. 저축금액

목돈마련저축의 연간 저축납입금액의 최고한도는 144만 원으로 한다. 다만, 저소득농어민의 연간 저축납입금액의 최고한도는 120만 원으로 한다.

라. 저축기간 및 저축 방식 등

목돈마련저축의 저축기간은 3년 또는 5년으로 한다.

〈저축방식과 최소납입금액〉

구 분	개념	최소납입금액
월납 저축	매월 납입하는 저축	5천 원 이상
분기납 저축	분기마다 납입하는 저축	1만 5천 원 이상
6개월납 저축	6개월마다 납입하는 저축	3만 원 이상

* 납입 금액의 단위는 1천 원으로 하며, 저축납입금액의 범위에서 여러 계좌로 나누어 목돈마련저축을 할 수 있다.

마. 저축장려금의 지급

① 농어민이 목돈마련저축계약기간이 만료할 때까지 저축하는 경우

구 분	장려금
그 계약기간이 3년인 때	납입한 저축원금의 저축기간 중 평균잔액(이하 "평균잔액")의 100분의 4.50에 상당하는 금액
그 계약기간이 5년인 때	평균잔액의 100분의 12.50에 상당하는 금액

② 저소득농어민이 목돈마련저축계약기간이 만료할 때까지 저축하는 경우

저축기간	장려금
그 계약기간이 3년인 때	평균잔액의 100분의 4.50에 상당하는 금액+평균잔액의 100분의 13.50에 상당하는 금액
그 계약기간이 5년인 때	평균잔액의 100분의 12.50에 상당하는 금액+평균잔액의 100분의 35.50에 상당하는 금액

③ 목돈마련저축계약을 중도에 해지하는 경우

저축기간	장려금
3년 이상 저축한 때	평균잔액의 100분의 0.90에 상당하는 금액
4년 이상 저축한 때	평균잔액의 100분의 5.60에 상당하는 금액

④ 목돈마련저축계약을 「조세특례제한법」 제87조의2 각 호에 해당하는 사유*
로 중도에 해지하는 경우

구 분	장려금
1년 이상 저축하였을 때	평균잔액의 100분의 0.8
2년 이상 저축하였을 때	평균잔액의 100분의 3.6
3년 이상 저축하였을 때	평균잔액의 100분의 7.5
4년 이상 저축하였을 때	평균잔액의 100분의 13.6

* 농어민이 사망한 때, 농어민이 해외로 이주한 때 및 천재지변 그 밖에 대통령령으로 정하는 사유가 발생한 때

바. 비과세

　　2014.12.31까지 농어가목돈마련저축에 가입한 경우 해당 농어민 또는 그 상속인이 저축계약기간이 만료되거나 가입일로부터 1년 이후 다음의 어느 하나에 해당하는 사유로 저축을 해지하여 받는 이자소득과 저축장려금에 대해 소득세·증여세 또는 상속세를 부과하지 아니한다.

① 농어민이 사망한 경우

② 농어민이 해외로 이주한 경우

③ 천재지변

④ 농어민이 상해·폐질 등으로 노동력을 상실하여 매월 납입하는 저축의 경우는 저축금액을 계속하여 6개월 이상, 매 분기 납입하는 저축 및 매 반년 납입하는 저축의 경우는 저축금액을 계속하여 1년 이상 납입하지 못하는 경우

⑤ 5년 만기 저축에 가입하여 3년 이상 저축을 한 농어민이 계약을 해지하는 경우

⑥ 병충해·설해·풍해·수해 또는 가격하락 등으로 소득이 감소되어 정부의 소득세 감면대상으로 지정되거나 정부보조금의 지급대상으로 지정된 사람이 계약을 해지하는 경우

* 농어가목돈마련저축의 이자소득과 저축장려금에 대해서는 농어촌특별세 납부대상에 해당하지 아니한다.

5

장기회사채형 저축

✓ **알기 쉬운 세금절약 비법**

안정적인 수익률과 비과세혜택까지 가능

○ 장기회사채형 저축을 이용한 세금절약

- 거주자가 2009년 12월 31일까지 장기회사채형 저축에 가입하여 발생한 이자소득 및 배당소득에 대해서는 소득세가 비과세됨.

  (세금절약효과 : 350,000원)

- 장기회사채형 저축에서 발생하는 이자소득 및 배당소득에 대해서는 농어촌특별세가 비과세됨.

〈장기회사채형 저축 라이프 사이클에 따른 세금 검토〉

가입	저축	중도해지	만기(3년)	3년 경과
'09.12.31 이전 가입	1명당 5천만 원 이내 납입(거치식*)	3년 미만 저축 해지	이자·배당소득	3년이 지난 후 발생하는 소득
		⇩	⇩	⇩
	* 거치식: 목돈을 일정기간 예치	이자소득 및 배당소득에 대해 소득세 과세	비과세	소득세 과세

장기회사채형 저축은 국내 국내회사채에 대한 투자확대로 채권시장안정 및 국내 기업의 자금난 해소를 위해 도입되었으며 2008.10.20부터 2009.12.31까지 가입이 가능하며, 저축 가입일부터 3년간 저축에서 발생한 소득에 대해 비과세 혜택이 적용된다.

가. 장기회사채형 저축

거주자가 2009년 12월 31일까지 장기주식형 저축에 가입할 수 있으며, 저축 계약기간이 3년 이상이고, 저축가입일로부터 3년 미만의 기간 내에 원금·이자·배당 또는 수익증권 등의 인출이 없어야 한다.

나. 저축 가능 금액

모든 금융기관에 가입한 장기회사채형 저축의 합계액 기준으로 1명당 5천만 원 이내의 금액을 예치할 수 있다.

다. 3년 미만의 기간 내에 해지하는 경우

저축가입일로부터 3년 미만의 기간 내에 저축을 해지하는 경우 저축에서 발생한 이자소득과 배당소득에 대해 소득세가 과세된다.

이 장기회사채형 저축의 계좌에서 원금·배당·주식 또는 수익증권 등의 전부 또는 일부가 인출된 경우에는 해당 계약은 해지된 것으로 본다. 다만, 저축자의 사망, 해외이주로 6개월 이내에 저축을 해지한 경우에는 저축에서 발생한 이자소득과 배당소득에 대해 소득세가 비과세됨에 유의해야 한다.

6

미분양주택 투자신탁 등에 대한 과세특례

✓알기 쉬운 세금절약 비법

간접투자를 통한 세금절약상품

○ 미분양주택 투자신탁

– 거주자 등이 미분양투자신탁 등에 2009년 12월 31일까지 가입하여 받는 배당소득에 대해 비과세하거나 분리과세 등 과세특례를 적용받을 수 있음(세금절약효과 350,000원).

〈미분양주택 투자신탁 등 배당소득 세금 검토〉

투자금액 1억 원 이하	투자금액 1억 원 초과
배당소득	배당소득
⇩	⇩
비과세	−배당소득 과세(14% 원천징수) −종합소득금액에 포함하지 아니하는 배당소득에 해당

가. 배당소득 비과세 요건

거주자 또는 국내사업장이 없는 비거주자가 미분양주택에 직접 또는 간접적으로 투자하는 것을 목적으로 설립된 미분양주택투자신탁 등에 2009년 12월 31일까지 가입하여 2012년 12월 31일 이전에 받는 배당소득 중 해당 미분양주택투자신탁 등별로 투자금액 1억 원까지에서 발생하는 배당소득에 대해서는 소득세를 비과세한다.

다만, 미분양주택의 처분지연 등으로 2012년 12월 31일까지 배당소득 지급이 불가능한 경우에는 2013년 12월 31일까지 받는 배당소득에 대하여 소득세를 비과세한다.

나. 분리과세 요건

거주자 또는 국내사업장이 없는 비거주자가 미분양주택에 직접 또는 간접적으로 투자하는 것을 목적으로 설립된 미분양주택투자신탁 등에 2009년 12월 31일까지 가입하여 2012년 12월 31일 이전에 받는 배당소득 중 해당 미분양주택투자신탁 등별로 투자금액 1억 원을 초과하는 경우에는 그 초과하는 금액에서 발생하는 배당소득에 대해서는 14%로 원천징수 하되 종합소득과세표준에 합산하지 아니한다.

다만, 미분양주택의 처분지연 등으로 2012년 12월 31일까지 배당소득 지급이 불가능한 경우 투자금액 1억 원 초과분에 대해서는 2013년 12월 31일까지 받는 배당소득에 대하여 종합소득과세표준에 합산하지 아니한다.

7

녹색투자신탁 등의 배당소득 비과세

✓알기 쉬운 세금절약 비법

녹색성장과 세금혜택을 동시에 추구하는 간접투자상품

○ 녹색투자신탁 등

- 자산총액의 40% 이상을 녹색전문기업 또는 녹색사업에 투자하는 녹색투자신탁 등에 2014년 12월 31일까지 가입한 경우 해당 녹색투자신탁 등에서 발생하는 배당소득에 대해서는 비과세함(세금절약효과 210,000원).

- 계약기간 만료일 이전에 원금 또는 수익금의 일부 또는 전부를 인출하거나 제3자에게 양도하는 경우 비과세되었던 배당소득에 대해 소득세 부과

〈녹색투자신탁 등 라이프 사이클에 따른 세금 검토〉

가입	저축	중도해지	만기	만기 이후
'14.12.31 이전 가입	(1명당 납입한도) 3천만 원	계약기간 만료일 이전에 저축 해지	배당소득	계약만료일 이 후 발생한 소득
		⇩	⇩	⇩
계약기간 3년 이상 5년 이하		배당소득에 대해 소득세 과세	비과세	소득세 과세

가. 녹색투자신탁 및 투자신탁(이하 '녹색투자신탁 등') 상품 개요

① 자산총액의 100분의 40 이상을 녹색산업 관련 자산에 투자(대출 포함)
할 것

② 계약기간이 3년 이상 5년 이하

③ 계약기간 만료일 이전에 원금 또는 수익금의 인출 및 제3자에게의 양도가
없을 것

④ 해당 거주자가 가입한 모든 녹색투자신탁 등의 합계액 기준으로 1명당 납
입한도를 3천만 원을 할 것

나. 배당소득 비과세

거주자가 녹색투자신탁 등에 2014.12.31일까지 가입한 경우 해당 녹색투자
신탁 등에서 발생한 배당소득에 대해서는 소득세를 부과하지 아니한다.

다만, 계약기간 만료일 이후 발생한 소득에 대해서는 소득세(세율 14%)가

과세됨에 유의하여야 한다.

다. 계약기간 이전에 중도 인출 등의 경우

녹색투자신탁 등에 가입한 거주자가 계약기간 만료일 이전에 원금 또는 수익금의 일부 또는 전부를 인출하거나 제3자에게 양도한 경우 녹색투자신탁 등을 취급하는 금융회사 등은 배당소득에 대하여 소득세가 부과한다.

다만, 원금 또는 이자 등의 인출, 이체 또는 양도 전 6개월 이내에 사망·해외이주 등 부득이한 사유가 발생한 경우 배당소득에 대해서는 소득세를 과세하지 아니한다.

8

녹색예금의 이자소득 비과세

✓ 알기 쉬운 세금절약 비법

녹색성장을 지원하는 비과세 저축

> ○ 녹색예금
>
> – 예금으로 조달된 자금의 40% 이상을 녹색산업 관련 자산에 투자하는 녹색예금에 2014년 12월 31일까지 가입하는 경우 그 예금에서 발생한 이자소득에 대해서는 비과세를 적용함(세금절약효과 140,000원).
>
> – 계약기간 만료일 이전에 예금의 원금 또는 이자를 인출 또는 이체하는 경우 비과세되었던 이자소득에 대해 소득세 부과

<녹색예금 라이프 사이클에 따른 세금 검토>

가입	저축	중도해지	만기	만기 이후
'14.12.31 이전 가입	(1명당 납입한도) 2천만 원	계약기간 만료일 이전에 저축 해지	이자소득	계약만료일 이후 발생한 소득
		⇩	⇩	⇩
계약기간 3년 이상 5년 이하		이자소득에 대해 소득세 과세	비과세	소득세 과세

가. 녹색예금 개요

① 은행업을 경영하는 법인 또는 체신관서가 취급하는 예금으로 그 법인 또는 체신관서가 예금을 통해 조달한 자금의 100분의 40 이상을 녹색산업 관련 자산에 투자(대출 포함)할 것

② 계약기간 3년 이상 5년 이하일 것

③ 계약기간 만료일 이전에 원금 또는 이자의 인출이나 이체가 없을 것

④ 해당 거주자가 가입한 모든 녹색예금의 합계액 기준으로 가입한도를 1인당 2천만 원 이내로 할 것

나. 이자소득 비과세

거주자가 녹색예금에 2014년 12월 31일까지 가입하는 경우 그 예금에서 발생하는 이자소득에 대해서는 소득세를 부과하지 아니한다.

다만, 녹색예금의 계약기간 만료일 이후 발생하는 소득에 대해서는 소득세

(세율 14%)를 과세한다.

다. 계약기간 만료일 이전에 중도 인출하는 경우

녹색예금에 가입한 거주자가 계약기간 만료일 이전에 예금의 원금 또는 이자를 인출 또는 이체하는 경우 녹색예금을 취급하는 금융회사 등은 이자소득에 대하여 소득세를 과세한다.

다만, 원금 또는 이자 등의 인출, 이체 전 6개월 이내에 사망·해외이주 등 부득이한 사유가 발생한 경우 이자소득에 대해서는 소득세를 과세하지 아니한다.

9

녹색채권에서 발생한 이자소득 비과세

✓알기 쉬운 세금절약 비법

녹색성장을 지원하는 비과세 채권 투자

○ 녹색채권

− 채권의 발행법인이 채권을 통하여 조달한 자금의 40% 이상을 녹색산업 관련
자산에 투자하는 녹색채권을 2014년 12월 31일까지 매입하여 발생한 이자소득
에 대해서는 소득세 비과세를 적용함(세금절약효과 189,000원).

〈녹색채권 라이프 사이클에 따른 세금 검토〉

매입	저축	중도상환·양도	만기
'14.12.31 이전 발행분	(1명당 납입한도) 3천만 원	이자소득	이자소득
		⇩	⇩
만기 3년 이상 5년 이하		소득세 과세	비과세

가. 녹색채권 상품 개요

① 은행법에 따른 은행업을 경영하는 법인이 발행한 채권으로, 채권의 발행법인이 채권을 통하여 조달한 자금의 100분의 40 이상을 녹색산업 관련 자산의 투자(대출 포함)할 것

② 만기 3년 이상 5년 이하인 채권이고, 만기 이전에 상환되거나 제3자에게 양도되지 아니할 것

③ 해당 거주자가 매입한 모든 녹색채권의 합계액 기준으로 1명당 매입한도를 3천만 원 이내로 할 것

나. 이자소득 비과세

거주자가 2014년 12월 31일까지 발행된 녹색채권을 매입하여 발생한 이자소득에 대해서는 소득세를 부과하지 아니한다.

10

재형저축에서 발생하는 이자소득 및 배당소득 비과세

✓ 알기 쉬운 세금절약 비법

서민 재산형성을 위한 최고의 세금절약 저축

○ 재형저축

– 장기저축으로 목돈마련에 대해 비과세 혜택(세금절약효과 1,731,800원)

  * 비과세되는 소득세에 대해서는 10% 농특세는 과세

– 최대 10년까지 분기당 300만 원 이내 불입 가능

〈재형저축 라이프 사이클에 따른 세금 검토〉

저축가입	납입기간		만기	만기 연장	만기 이후
		중도해지	(7년	+3년)	
요건 적정 여부 검토	분기 300만 원 이내 불입 가능	⇩ 이자소득 및 배당소득에 대해 소득세 과세	⇩ 이자소득 및 배당소득에 대해 비과세		⇩ 소득세 과세

가. 재형저축 개요

저축에서 발생하는 이자소득과 배당소득에 대해 비과세되는 재형저축은 다음의 요건을 모두 갖춘 저축을 말한다.

① 재형저축 가입자

재형저축 가입 당시 다음의 어느 하나에 해당하는 거주자이어야 한다. 재형저축에 가입하려는 거주자는 납세지 관할 세무서장으로부터 소득확인증명서를 발급받아 재형저축취급기관에 제출하여야 한다.

㉮ 직전 과세기간의 총급여액이 5천만 원 이하인 경우

직전 과세기간에 근로소득만 있거나 근로소득 및 종합소득과세표준에 합산되지 않는 종합소득이 있는 경우로 한정한다.

㉯ 직전 과세기간의 종합소득과세표준에 합산되는 종합소득금액이 3천500만 원 이하인 경우

직전 과세기간의 총급여액이 5천만 원 이하인 ㉮에 해당하는 거주자를 제외한 경우로서 직전 과세기간에 근로소득 또는 사업소득이 있는 경우로 한정한다.

② 저축 취급기관 및 구분

「금융실명거래 및 비밀보장에 관한 법률」 제2조제1호 각 목의 어느 하나에 해당하는 금융회사 등이 취급하는 적립식 저축으로서 재형저축만을 입금 또는 출금하는 재형저축통장(소득세가 비과세되는 재형저축이라는 문구가 표시된 통장)으로 거래되어야 한다.

③ 계약기간

저축 계약기간이 7년이고, 계약기간 만료일 이전에 원금 또는 이자 등의 인출 및 제3자에게의 양도가 없어야 한다.

④ 납입금액

해당 거주자가 가입한 모든 재형저축의 합계액 기준으로 1명당 분기별 300만 원 이내에서 납입하여야 한다.

⑤ 저축기간 연장

재형저축 가입자는 최초로 재형저축의 계약을 체결한 날로부터 7년이 도래하는 때에 해당 저축의 계약기간을 한 차례만 3년 이내의 범위에서 추가로 연장할 수 있다.

나. 비과세 혜택

거주자가 재형저축에 2015년 12월 31일까지 가입하는 경우 해당 저축에서 발생하는 이자소득과 배당소득에 대해서는 소득세를 부과하지 아니한다.

　　재형저축 가입자는 최초로 재형저축의 계약을 체결한 날로부터 7년이 도래하는 때에 해당 저축의 계약기간을 한 차례만 3년 이내의 범위에서 추가로 연장할 수 있는데 이 경우 연장한 계약기간까지 해당 저축에서 발생하는 이자소득과 배당소득에 대해서는 소득세를 부과하지 아니한다.

　　다만, 감면받은 세액(이자소득세 또는 배당소득세 14%)의 10%에 해당하는 농특세(1.4%)는 부담하여야 한다.

　　재형저축의 계약기간의 만료일(만료일이 연장된 경우에는 그 연장한 만료일) 이후 발생하는 이자소득 및 배당소득에 대해서는 이자소득과 배당소득 비과세를 적용하지 아니한다.

　　※ 만기 후 이자는 일반과세(이자소득세 14% + 지방소득세 1.4%)

다. 중도 인출 시 추징세액

　　재형저축의 계약을 체결한 거주자가 해당 저축의 계약기간 만료일 이전에 해당 저축으로부터 원금이나 이자 등을 인출하거나 해당 계약을 해지 또는 제3자에게 양도한 경우 그 저축을 취급하는 저축취급기관은 이자소득과 배당소득에 대하여 소득세가 부과되지 아니함으로써 감면받은 세액을 추징하여야 한다.

　　다만, 저축자의 사망·해외이주 또는 다음에 해당하는 사유로 6개월 이내에 저축계약을 해지하는 경우에는 이자소득과 배당소득에 대하여 소득세를 비과세한다.

　　－ 천재지변

　　－ 저축자의 퇴직

　　－ 사업장의 폐업

– 저축자의 3개월 이상의 입원치료 또는 요양을 요하는 상해·질병의 발생

– 저축취급기관의 영업의 정지, 영업인가·허가의 취소, 해산결의 또는 파산
  선고

라. 재형저축 가입자 요건 검토

국세청장은 재형저축의 가입자가 가입 당시 재형저축 가입자 요건을 갖추었는지를 확인하여 저축취급기관에 통보하여야 한다.

재형저축 저축취급기관이 재형저축 가입자가 가입자 요건에 해당하지 아니한 것으로 통보받은 경우에는 그 통보를 받은 날에 재형저축이 해지된 것으로 본다.

이 경우 해당 저축취급기관은 이를 재형저축 가입자에게 통보하여야 하며, 감면소득 등에 대한 추징 규정은 적용하지 아니한다.

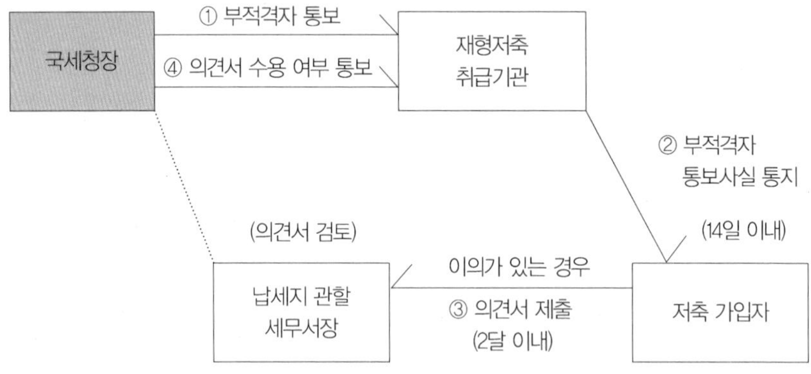

〈 재형저축 부적격 검토 process〉

제7장
신종 금융상품 투자와 세금

앞서 제2장에서는 전통적인 개념의 금융투자상품에 해당하는 주식과 채권에 대해서 알아보았다.

비전문가인 개인 투자자가 주식, 채권 등 전통적인 금융상품투자보다는 위험을 회피하거나 보다 많은 수익을 얻을 수 있도록 만든 상품 중 대표적인 것이 펀드와 파생금융을 이용한 신종금융상품이다. 펀드는 투자자가 투자신탁 회사 등에 자금을 맡기면 전문회사가 자금을 운영하여 생기는 이익에 대하여 이익을 받을 수 있도록 하는 상품을 말한다. 파생금융상품이란 통화·채권·주식·상품 등 기초자산의 가치가 환율·금리 등의 변동에 따라 변화하는 데에서 오는 위험을 회피하기 위해 고안된 것으로 기존의 자산가치 또는 지수를 기초로 하여 파생되어 만들어지는 금융상품을 말한다.

이번 장에서는 펀드와 파생금융을 이용한 신종금융상품에 대한 투자 시 고려하여야 하는 세금문제에 대해 검토해 보자.

1

펀드

가. 펀드의 종류

   투자대상에 따라 주식형 펀드, 채권형 펀드, 혼합형 펀드, 전환형 펀드, 머니마켓 펀드 등으로 구분한다.

상품 종류	내 용
주식형 펀드	주로 주식에 투자하므로 투자수익이 안정되어 있지 않지만, 투자수익률이 높은 편이나 때로는 손실도 발생할 수 있어 투자위험이 높은 편임.
채권형 펀드	주로 채권에 투자하므로 주식형펀드에 비해 투자수익이 안정적임.
혼합형 펀드	주식과 채권에 나누어 투자하므로 채권형 투자보다는 적극적이나, 주식형 투자보다는 안정적임.
전환형 펀드	처음에 주식에 투자하였다가 일정 수익을 얻게 되면, 안정적인 채권에 투자로 전환함.
머니마켓 펀드	자금을 단기적으로 운용

나. 펀드에서 발생하는 이익과 손실

　펀드 내에서는 주식에 투자하여 사고팔고, 채권에 투자하여 사고파는 투자행위가 이루어진다. 따라서 펀드에서는 주식을 사고팔면서 발생하는 주식매매차익과 주식매매손실, 주식을 보유하면서 얻을 수 있는 배당소득, 채권을 투자하는 경우 발생하는 채권매매차익과 채권매매손실, 채권이자소득이 발생한다. 또한 펀드는 주기적으로 결산을 하게 됨에 따라 보유하고 주식의 경우 취득 시마다 오른 경우 평가차익과 평가손실 등 다양한 손익이 발생할 수 있다.

〈사례〉 펀드에서 발생하는 손익

투자활동	이익	손실
채권 취득 @100원		
주식 취득 @200원		
채권 이자 @10원	이자 10원	
채권 매도 @120원	이자 2원 매매차익 18원	
주식에 따른 배당 @30원	배당 30원	
주식 처분 @190원		매매손실 10원
주식 취득 @250원		
(결산) 주식 평가 이익 @10원	평가이익 10원	
합계	70원	10원

다. 펀드에서 발생하는 손익에 대한 과세구분

앞에서 살펴본 펀드 내에서 발생하는 이익과 과세되는 펀드의 이익이 다르다는 사실에 유의해야 한다.

과세되는 펀드의 이익은 펀드가 직접 취득한 다음의 어느 하나에 해당하는 증권 또는 장내파생상품의 거래나 평가로 발생한 손익을 포함하지 아니한다.

① 증권시장에 상장된 증권. 다만, 채권 및 외국법령에 따라 설립된 외국 집합
   투자기구의 주식 또는 수익증권은 제외한다.
② 벤처기업의 주식 또는 출자지분
③ 장내파생상품

〈참고〉 펀드에서 발생한 손익에 대한 과세구분

손익	과세 여부
증권시장에서 상장된 주식의 손익	과세제외 대상
주식의 배당소득	과세 대상
증권시장에서 상장된 채권 등의 손익	과세 대상
채권의 이자소득	과세 대상
벤처기업의 주식 또는 출자지분손익	과세제외 대상
장내파생상품 손익	과세제외 대상

따라서 펀드 내 과세제외 대상의 손실이 과세대상의 이익보다 큰 경우 펀드 투자로 인해 손해가 났어도 세금이 내야 하는 경우가 발생한다.

〈사례〉

펀드에 투자해서 100만 원 손실이 발생하였는데 투자 결과에 대한 계산내역이 다음과 같은 경우 펀드 투자에 따른 과세대상 소득은?

- 펀드손실 100만 원(주식의 매매손실: 150만 원, 채권의 매매이익: 50만 원)

〈과세제외대상〉 주식매매손실	〈과세대상〉 채권매매차익
△1,500,000원	500,000원

⇒ 채권의 매매이익(500,000원)을 과세표준으로 하여 세금 부과

라. 펀드의 이익에 대한 과세표준 및 세액계산

펀드의 과세되는 이익은 자본시장과 금융투자업법에 관한 법률에 따른 각종 보수·수수료 등을 뺀 금액으로 한다.

과세표준	=	과세이익	−	각종 보수 및 수수료

펀드의 과세되는 이익에 대해서는 펀드의 이익을 받을 때 원천징수 방식에 의해 다음에 해당하는 세금을 납부하게 된다.

원천징수 세액	=	과세표준	×	15.4% *소득세(14%)+지방소득세 소득분(소득세의 10%)

2

파생금융을 이용한 **신종 금융상품**

가. 신종 금융상품 종류

주식을 분산 투자한 것과 같이 특정한 주가지수의 움직임을 따라가는 펀드, 주가와 연계한 상품들이 쏟아지고 있으며 그중 대표적인 상품으로는 ETF, ELD, ELS, ELF 등이 있다.

주가지수의 움직임에 따라 수익률이 연동되는 주가지수 연동상품은 원금보장이 용이하고 안정적인 수익률을 추구하는 심리와 일치하여 예금이나 펀드 수탁액의 일부분을 주식이나 주식 관련 파생상품에 투자하여 주가지수의 등락에 따라 수익을 얻은 방식을 취하고 있다.

① ETF(Exchange Traded Fund, 상장지수집합투자기구)

특정지수 및 특정자산의 가격움직임과 수익률이 연동되도록 설계된 펀드로서 거래소에 상장되어 주식처럼 거래되는 펀드를 말한다.

㉮ 주식시장에 상장되어 있어 거래가 편리하다.

㉯ 분산투자 효과: 여러 주식의 종목으로 구성되는 특정 주가지수의 움직임을 모방하므로 주식투자에서 발생할 수 있는 개별 기업 주식의 위험을 줄일 수 있다.

㉰ 소액으로 특정 주가지수와 연결된 주식시장 전체를 거래하는 효과를 누릴 수 있다.

② ELD(Equity Linked Deposit, 주가연동예금)

주가지수의 움직임에 따라 수익률이 결정되는 주가연동예금은 은행에서 취급하며, 원금이 보장되어 원금 보장과 주가지수의 등락에 따른 수익률을 추구하는 안정적인 성향의 투자자에게 적합하다.

③ ELS(Equity Linked Securities, 주가연계증권)

주가지수의 움직임에 따라 수익률이 결정되는 주가연동증권은 증권사에서 취급하며, 투자액의 대부분을 채권에 투자하고 일부를 주가 또는 주가지수에 연계된 옵션 등에 투자해 미리 약정된 수익을 지급하는 구조이나 기초자산의 가격이 하락하거나 발행 시는 지급불능 상태가 될 경우 원금 보장이 불가능할 수 있다.

④ ELF(Equity Linked Fund, 주가연계펀드)

주가지수의 움직임에 따라 수익률이 결정되는 주가연동펀드는 투신사에서 취급하며, 투자매매업자가 발행한 장외옵션 등을 편입한 펀드로서 투자액의 상당부분을 채권으로 운용하고 발생하는 이자로 장외옵션 등을 편입해 추가

수익을 취득하는 방식이다.

　주가연계 파생상품의 경우 대부분 채권에 투자하여 원금과 안정적인 수익을 보장하고, 나머지 일부는 주가 옵션 등의 파생상품에 투자하여 고수익을 얻고자 한다.

〈참고〉 주가연계 파생상품의 구조

ELD, ELS, ELF		
⇩		⇩
채권 투자 ⇒ 원금과 안정적인 수입	and	주가연동 파생상품 투자 ⇒ 고수익 창출

⑤ ELW(Equity Linked Warrant, 주식워런트증권)

　거래 당사자 일방의 의사표시에 의해 개별주식 등 특정 대상물을 만기일 등 사전에 정한 미래의 시기에 미리 정한 가격으로 살 수 있는 권리 또는 팔 수 있는 권리를 갖는다.

⑥ DLS(Derivatives Linked Securities, 파생결합증권)

　기초자산의 가격·이자율·지표·단위 또는 이를 기초로 하는 지수 등의 변동과 연계하여 미리 정하여진 방법에 따라 지급금액 또는 회수금액이 결정되는 권리가 표시된 것을 말한다.

* ELS는 투자 대상 기초자산을 개별주식이나 주가지수인 반면, DLS는 투자대상기초자산을 신용, 실물자산, 금리, 통화 등으로 다양하다.

나. 신종 금융상품에서 발생하는 소득에 대한 과세

1) 수익분배의 성격이 있는 것으로 배당소득으로 과세되는 경우

파생결합증권으로부터 발생하는 소득은 배당소득으로 과세하며 이 경우 과세대상 파생결합증권 및 사채는 다음의 어느 하나에 해당하는 증권 또는 증서로부터 발생한 수익(「상법」 제469조제1항제3호에 따른 사채*로부터 발생한 수익을 포함)은 배당소득에 포함된다.

* 「자본시장과 금융투자업에 관한 법률」 제4조제10항에 따른 기초자산의 가격·이자율·지표·단위 또는 이를 기초로 하는 지수 등의 변동과 연계하여 미리 정하여진 방법에 따라 상환 또는 지급금액이 결정되는 사채

① 증권시장 또는 이와 유사한 시장으로서 외국에 있는 시장에서 매매 거래되는 특정 주권의 가격이나 주가지수 수치의 변동과 연계하여 주권 또는 금전(그 주권·증권 또는 증서의 가치에 상당하는 금전을 말한다)의 지급청구권을 표시하는 증권 또는 증서

② ①의 증권 또는 증서 외에 「자본시장과 금융투자업에 관한 법률」 제4조제10항에 따른 기초자산의 가격·이자율·지표·단위 또는 이를 기초로 하는 지수 등 변동과 연계하여 미리 정하여진 방법에 따라 이익을 얻거나 손실을 회피하기 위한 계약상의 권리를 나타내는 증권 또는 증서.
다만, 당사자 일방의 의사표시에 따라 증권시장 또는 이와 유사한 시장으로서 외국에 있는 시장에서 매매 거래되는 특정 주권의 가격이나 주가지수 수치의 변동과 연계하여 미리 정하여진 방법에 따라 주권의 매매나 금전을 수수하는 거래를 성립시킬 수 있는 권리를 표시하는 증권 또는 증서는 제외한다.

- 금융투자상품
- 통화(외국의 통화를 포함한다)
- 일반상품(농산물·축산물·수산물·임산물·광산물·에너지에 속하는 물품 및 이 물품을 원료로 하여 제조하거나 가공한 물품, 그 밖에 이와 유사한 것을 말한다)
- 신용위험(당사자 또는 제삼자의 신용등급의 변동, 파산 또는 채무재조정 등으로 인한 신용의 변동을 말한다)
- 그 밖에 자연적·환경적·경제적 현상 등에 속하는 위험으로서 합리적이고 적정한 방법에 의하여 가격·이자율·지표·단위의 산출이나 평가가 가능한 것

예) 이자율—주식 연계상품, 신용—주식연계상품

〈사례〉 주가연계 및 연동 상품에 대한 과세 및 소득구분

구분	ELS (주가연계증권)	DLS (파생결합증권)	ELF (주가연계펀드)	ELD (주가연동예금)
취급기관	증권사	증권사	투신사	은행
소득구분	배당소득	배당소득	배당소득	이자소득

- 예금(deposit), 채권(bond)과 연계되어 금전사용의 대가가 있는 상품

  ⇒ 이자소득 과세(예시: 주가연계정기예금(ELD), 엔화스와프예금 등)

- 증권(Securitie)과 연계되어 수익분배의 성격이 있는 상품

  ⇒ 배당소득으로 과세(예시: 주가연계증권(ELS), 기타 파생결합증권 등)

③ 거주자가 일정기간 후에 같은 종류로서 같은 양의 주식을 반환받는 조건으로 주식을 대여하고 해당 주식의 차입자로부터 지급받는 해당 주식에서 발생하는 배당에 상당하는 금액은 배당소득에 포함된다.

2) 배당소득을 발생시키는 거래 또는 행위와 파생상품의 결합

배당소득을 발생시키는 거래 또는 행위와 「자본시장과 금융투자업에 관한 법률」 제5조에 따른 파생상품이 다음의 요건을 모두 갖춘 경우로서 실질상 하나의 상품과 같이 운용되는 경우 해당 파생상품의 거래 또는 행위로부터의 이익은 배당소득에 해당한다.

① 금융회사 등이 직접 개발·판매한 배당소득이 발생하는 상품("배당부상품")의 거래 또는 행위와 해당 금융회사 등의 「자본시장과 금융투자업에 관한 법률」 제5조에 따른 파생상품의 계약이 해당 금융회사 등을 통하여 이루어질 것

② 파생상품이 배당부상품의 원금 및 배당소득의 전부 또는 일부("배당소득 등")나 배당소득등의 가격·이자율·지표·단위 또는 이를 기초로 하는 지수 등에 의하여 산출된 금전등을 거래하는 계약일 것

③ ①에 따른 금융회사 등이 배당부상품의 배당소득등과 파생상품으로부터의 이익을 지급할 것

3) 이자소득을 발생시키는 거래 또는 행위와 파생상품의 결합

이자소득을 발생시키는 거래 또는 행위와 「자본시장과 금융투자업에 관한 법률」 제5조에 따른 파생상품이 다음의 요건을 모두 갖춘 경우로서 실질상 하나의 상품과 같이 운용되는 경우 해당 파생상품의 거래 또는 행위로부터의 이익은 이자소득에 해당한다.

① 금융회사 등이 직접 개발·판매한 이자소득이 발생하는 상품("이자부상품")의 거래 또는 행위와 해당 금융회사 등의 「자본시장과 금융투자업에 관한 법률」 제5조에 따른 파생상품의 계약이 해당 금융회사 등을 통하여

이루어질 것

② 파생상품이 이자부상품의 원금 및 배당소득의 전부 또는 일부("이자소득
등")나 이자소득등의 가격·이자율·지표·단위 또는 이를 기초로 하는 지
수 등에 의하여 산출된 금전등을 거래하는 계약일 것

③ ①에 따른 금융회사 등이 이자부상품의 이자소득등과 파생상품으로부터
의 이익을 지급할 것

다. 원천징수

과세대상 신종금융상품의 경우 배당소득이나 이자소득으로 보아 과세되
는 경우 원천징수세율(소득세 : 14%, 지방소득세 소득분 : 소득세의 10%)에
해당하는 금액을 원천징수형식으로 납부한다.

제8장
연말정산 세금절약비법

연말정산 대상 근로자가 1,400만 명에 이른다고 한다. 연말정산과 관련하여 많은 분들이 궁금해하는 것은 "연말정산 시 보다 많은 환급을 받기 위해서는 어떠한 비법이 있을까?"일 것이다. 하지만 이에 앞서 "연말정산에 대해 얼마나 알고 있을까?"라는 의문이 있다.

근로자 중 일부는 연말정산 관련 세법 등을 정확히 알지 못하거나, 바빠서 실제 부담할 세액보다 더 많은 세금을 부담할 수 있다.

하지만 연말정산 구조를 정확히 이해하고 있어 미리미리 준비한다면 1년간 벌어들인 근로소득에 대해 세법 등을 알지 못해 세금을 더 많이 부담하는 일은 없을 것이다.

이것이 바로 연말정산 세금절약비법이라 할 수 있다.

1

매월 **급여**에서 떼는 세금에 대한 **원천징수세율**은 몇 %인지?

✓알기 쉬운 세금절약 비법

월급명세서의 세금은 근로소득 간이세액표를 보면 알 수 있다.

> ○ 매월 급여에 대한 원천징수는 근로소득 간이세액표에 의한다.
>
> − 근로소득 간이세액표는 월급여와 부양가족 인원을 기준으로 연말정산 시뮬레이션을 통해 산출한 결과표이다.

직장동료와 급여명세서를 비교할 때 같은 금액의 급여임에도 급여명세서의 소득세 금액이 다르거나, 심지어 급여가 나보다 많음에도 불구하고 소득세가 적은 이유 등을 수년간 직장 생활을 한 근로자도 정확히 알지 못하는 경우가 많다.

소득세법에서는 근로소득에 대한 원천징수 세율 적용에 대해 다음과 같이 규정하고 있다.

구분		원천징수 세율
근로소득 (예) 우리사주조합 인출금	⇨	기본세율(8%~38%)
매월분의 근로소득	⇨	근로소득 간이세액표

따라서 매월 받는 급여는 근로소득 간이세액표에 따른 세금을 그 외 근로소득은 근로소득에 기본세율을 적용한 세금을 원천징수 한다.

예를 들어 근로소득에 해당하는 우리사주조합 인출금이 2천만 원인 경우 192만 원을 세금으로 원천징수 한다.

* 192만 원=(1,200만 원×6%)+(800만 원×15%)

○ 근로소득 간이세액표
근로소득 간이세액표는 원천징수의무자가 근로자에게 매월 급여를 지급하는 때에 원천징수 해야 하는 세액을 급여수준 및 가족 수별에 따라 미리 계산한 표로 다음과 같이 구조로 계산한다.

가. 근로소득 간이세액표 산출 과정

〈사례〉

비과세를 제외한 월 급여가 330만 원이고, 4인가족(20세 미만 자녀 2명 포함)인 경우

구 분	계산방법		사 례
연간 총급여액	월 급여액(비과세소득 제외)이 속한 급여구간의 중간 값×12개월 −0~150만 원 미만: 5천 원 단위로 구간 변경 　예) 1,495천 원 이상~1,500천 원 미만 −150만 원~300만 원 미만: 1만 원 단위로 구간 변경 −300만 원 이상: 2만 원 단위로 구간 변경		비과세를 제외한 급여가 330만 원에 해당하는 경우 330만 원과 332만 원의 중간 값인 331만 원에 12개월을 곱한 값인 3,972만 원이 연간 총급여액임
근로소득 공제	**총급여액**	**공제액**	연간 총급여액이 3,972만 원 경우 근로소득공제금액은 1,222.2만 원임 * 1,222.2만 원=1,125만 원+(3,972만 원−3,000만 원)×10%
	500만 원 이하	총급여액의 100분의 80	
	1,500만 원 이하	400만 원+500만 원을 초과하는 금액의 100분의 50	
	3,000만 원 이하	900만 원+1,500만 원을 초과하는 금액의 100분의 15	
	4,500만 원 이하	1,125만 원+3,000만 원을 초과하는 금액의 100분의 10	
	4,500만 원 초과	1,275만 원+4,500만 원을 초과하는 금액의 100분의 5	
근로소득 금액	=연간 총급여액−근로소득공제		2,749.8만 원
인적공제	기본공제: 공제대상가족 1인당 150만 원 * 기본공제대상의 자녀가 2명 이상인 경우 공제대상 가족의 수=실제공제대상가족의 수+(20세 이하 자녀수 −1)		−4인가족(20세 이하 자녀 2명 포함): 750만 원 −5명 × 150만 원

연금보험료 공제	월 급여액(비과세소득 제외)이 속한 구간의 중간 값× 4.5%×12개월 다만, 월 급여액(비과세소득 제외)이 국민연금 기준소 득월액 하한(230,000원) 미만이거나 상한(3,680,000원) 초과한 경우에는 다음의 공제금액을 적용 −(연금보험료 공제금액 하한)240,000×4.5%×12개월 　=129,600원 −(연금보험료 공제금액 상한)3,890,000원×4.5%×12 개월=2,100,600원	3,310,000원×4.5%×12개월 =1,787,400원
특별공제	○공제대상가족의 수가 2인 이하인 경우: 210만 원+연 간 총급여액의 4% ○공제대상가족의 수가 3인 이상인 경우: 350만 원+ 연간 총급여액의 7%+연간 총급여액 중 4천만 원을 초과하는 금액의 5%	350만 원+(3,972만 원×7%) =628.04만 원
과세표준	= 근로소득금액−인적공제−연금보험료공제 　−특별공제	11,930,200원

산출세액	종합소득과세 표준	기본 세율	715,812원= 11,930,200원×6%
	1,200만 원 이하	과세표준의 100분의 6	
	4,600만 원 이하	72만 원+1,200만 원 초과금액의 100분의 15	
	8,800만 원 이하	582만 원+4,600만 원 초과금액의 100분의 24	
	8,800만 원 초과	1,590만 원+8,800만 원 초과금액의 100분의 35	
	3억 원 이하 3억 원 초과	9천 10만 원+3억 원을 초과 금액의 100분의 38	

근로소득 세액공제	산출세액	공제액	339,743원= 275,000원+(715,812원 −500,000원)×30%
	50만 원 이하	산출세액의 100분의 55	
	50만 원 초과	27만 5천 원+ 50만 원을 초과하는 금액의 100분의 30	
	* 근로소득세액공제는 50만 원을 초과할 수 없음		

결정세액	= 산출세액−근로소득세액공제	376,069원
간이세액	= 결정세액÷12개월(원단위 이하 절사)	31,330원

〈근로소득 간이세액표로 확인〉

(단위 : 원)

월급여액(천 원) [비과세 및 학자금제외]		공제대상가족의 수					
이상	미만	1	2	3	4	5	6
3,280	3,300	122,410	103,660	55,570	42,440	30,670	25,420
3,300	3,320	124,850	106,100	57,220	44,090	31,330	26,080
3,320	3,340	127,300	108,550	58,870	45,740	32,620	26,740

* 공제대상자족의 수에는 근로자 본인을 포함하므로 부양가족이 근로자 본인인 경우에는 1명을 선택하면 된다.

* 공제대상 가족 중 20세 이하 자녀가 2명 이상인 경우

공제대상가족 중 20세 이하 자녀가 2명 이상인 경우의 세액은 다음과 같이 계산한 공제대상가족의 수에 해당하는 금액을 한다,

공제대상가족의 수 = 실제 공제대상가족의 수 + (20세 이하 자녀의 수 −1)

예) 4인가족으로 20세 이하 자녀가 2명인 경우에는 공제대상 가족의 수에서 '5'가 이에 해당한다.

4인가족으로 20세 이하 자녀가 1명인 경우에는 공제대상 가족의 수에서 '4'을 선택하면 된다.

4인가족(20세 이하 자녀 2명 포함)으로 비과세소득을 제외한 월급여가 333만 원인 경우 공제대상가족의 수에서는 '5'를 월급여액에서는 3,320~3,340천 원 구간을 선택하여 간이세액을 확인하면 32,620원이다.

따라서 근로자 본인, 20세 이하 자녀 2명을 포함하여 4명을 부양하는 근로자가 비과세되는 월급여를 333만 원 받게 되는 경우 원천징수 하는 세액은 32,620원이라는 것을 의미한다.

위에서 살펴보았듯이 간이세액은 지출한 금액에 공제 가능한 특별공제 및 그 밖의 소득공제 금액을 반영하지 못하고 부양가족과 월급여액을 기준으로 연간 환산하여 연말정산에 준하는 과정을 거쳐 계산한 결정세액을 12개월로 나누어 월할 환산한 금액으로 실제 연말정산에 의한 세액과는 차이가 날 수 있다.

하지만 매월 급여 지급 시 원천징수 하여야 세액의 기준으로서 간이세액은 다음과 같은 장점을 가지고 있다.

- 간이세액은 미리 계산한 금액으로 부양가족인원과 월급여액만으로 쉽게 확인할 수 있어 매월 원천징수를 수행해야 하는 원천징수의무자의 업무를 경감시킬 수 있다.
- 세법 개정 사항을 반영함으로써 연말정산 세액과 가장 근접한 세액을 산출하여 타당성이 높다.

〈사례 1〉

저 친구와 나는 월급이 동일하지만 저 친구의 원천징수되는 소득세는 나보다 적다.

월 급여가 350만 원인 경우에도 공제대상 가족 수가 1명인 경우 원천징수 세액은 149,300원이지만, 공제대상 가족 수가 3명이고 자녀가 2명인 경우 원천징수 세액은 59,650원으로 그 차이는 89,650원 차이가 발생한다.

따라서 같은 금액의 월급이더라도 공제대상가족의 수가 많은 경우 원천징수세액은 훨씬 적다.

여기서 궁금한 점이 하나 있다면, 원천징수 간이세액표를 이용하여 원천징수세액을 적용해야 하는 회사는 어떻게 근로자의 공제대상 가족의 수를 적용하는 가이다.

회사는 직전연도 연말정산을 위해 근로자가 제출한 근로소득자공제신고서에 기재된 부양가족을 기준으로 근로소득 간이세액표를 적용한다.

따라서 동일 연도에 결혼하거나, 아이의 출생으로 부양가족이 증가되는 경우 회사는 이를 정확히 반영하지 못하여 생각보다 많은 세금을 원천징수 할 수 있으므로 부양가족의 변동상황이 있으면 이를 회사에 알려 정확한 세금이 징수될 수 있도록 해야 한다.

〈사례 2〉

이 과장은 나보다 월급이 많음에도 급여에서 원천징수되는 세액은 나보다 적은 이유는 무엇 때문일까?

이 과장의 월급여액은 400만 원이고 나의 월급여액은 350만 원이지만, 원천징수되는 세액은 반대로 이 과장이 97,670원이고 내가 130,550원인 경우가 발생할 수 있다. 이는 부양가족의 인원수가 다르기 때문이다.

구 분	월급여액	부양가족 수		간이세액
이 과장	4,000,000원	4명(자녀 2명 포함)	⇨	97,670원
나	3,500,000원	2명	⇨	130,550원

〈근로소득 간이세액표〉

(단위 : 원)

월급여액(천 원) [비과세 및 학자금제외]		공제대상가족의 수					
이상	미만	1	2	3	4	5	6
3,500	3,520	149,300	135,550	77,180	59,650	46,530	33,400
…	…	…	…	…	…	…	…
4,000	4,020	213,190	194,440	135,070	116,320	97,570	78,820

2

연말정산 시 왜 **환급세액** 또는
납부세액이 발생하는지?

✓알기 쉬운 세금절약 비법

환급의 원리를 이해하면 연말정산이 더 쉬어진다.

○ 원천징수의무자는 근로자별로 해당 연도의 근로소득에 대하여 결정세액을 구하고 급여 등을 지급 시 이미 원천징수 하여 납부한 세액을 공제함으로써 연말정산을 한다.

– 이 경우 결정세액 〉 원천징수 세액 → 차액을 추가 납부

결정세액 〈 원천징수 세액 → 차액을 원천징수의무자가 환급

가. 근로소득 연말정산

근로소득은 종합소득에 해당하는 소득 중 하나로 근로소득이 있는 사람은 종합과세되는 다른 소득과 합하여 다음 연도 5월에 종합소득 확정신고를 하여야 한다.

하지만 근로소득의 특성상 근로계약에 의해 지속적으로 근로를 제공하고 있고, 다른 소득이 없는 경우 다음 연도 5월까지 기다려서 종합소득 확정신고를 하지 아니하고 원천징수의무자가 근로소득에 대한 세액계산을 하는 것이 더 바람직할 수 있다.

이러한 이유 등으로 1975년부터 연말정산제도가 도입되었으며, 소득세법은 근로소득만 있는 근로자가 근로소득에 대해 연말정산에 의해 세액을 확정하여 납부한 경우에는 별도로 종합소득 확정신고를 하지 아니할 수 있다.

다만, 두 곳 이상의 직장으로부터 근로소득을 지급받은 사람이 각 근무처에서 발생한 소득에 대해 연말정산만 하고 해당 연도의 근로소득을 합산하여 연말정산을 하지 아니한 경우에는 종합소득 과세표준 확정신고를 하여야 한다.

〈사례〉

근로소득이 다음과 같이 발생하여 근로자가 각 근무처별로 연말정산하였다면 그 세액의 합은 1,066,250원이나 합산신고 시 연말정산 세액은 3,595,000원으로 해당 근로자는 종합소득 확정신고를 통해 2,528,750원을 추가 납부하여야 한다.

구 분	A근무처	B근무처
근로소득(비과세 제외)	30,000,000원	20,000,000원
결정세액	857,000원	209,250원

−근로자 본인에 대한 기본공제 및 표준공제만 있다고 가정

〈세액계산〉

구 분	A근무처	B근무처	합 계	합산 연말정산	차 이
총급여액	30,000,000원	20,000,000원	50,000,000원	50,000,000원	
근로소득공제	11,250,000원	9,750,000원	21,000,000원	13,000,000원	8,000,000원
인적공제	1,500,000원	1,500,000원	3,000,000원	1,500,000원	1,500,000원
표준공제	1,000,000원	1,000,000원	2,000,000원	1,000,000원	1,000,000원
과세표준	16,250,000원	7,750,000원	24,000,000원	34,500,000원	△10,500,000원
산출세액	1,357,500원	465,000원	1,822,500원	4,095,000원	△2,272,500원
근로소득세액공제	500,000원	255,750원	755,750원	500,000원	255,750원
결정세액	857,500원	209,250원	1,066,250원	3,595,000원	△2,528,750원

−만약 두 곳 이상의 근무처로부터 근로소득을 받는 사람이 연말정산 시 각 근무처별 근로소득에 대해 연말정산을 하고 다음 연도 5월 말일까지 종합소득 확정신고를 하지 아니한 경우 추가 납부 세액 및 납부불성실 등에 따른 가산세를 부담하여야 한다.

나. 연말정산 세액 계산 방법

① 근로소득의 범위

근로소득이란 근로계약에 의한 비독립적 지위에서 근로를 제공하고 받는 봉급·급료·보수·임금·상여·수당뿐만 아니라 경우에 따라서는 주식매수선택권에 의한 행사이익, 우리사주조합 인출금도 근로소득에 포함된다.

② 비과세·감면 근로소득

근로소득 중 비과세되는 소득 등은 대학 교원의 연구보조비, 정부출연기관 연구원의 연구활동비, 기자취재수당, 국외근로소득, 벽지수당 등 비과세 등이 있다.

③ 근로소득금액의 계산

총급여액＝근로소득－비과세소득
근로소득금액＝총급여액－근로소득공제

〈근로소득공제〉

총급여액	공제액
연 500만 원까지	총급여액의 80%
500만 원 초과 1,500만 원 이하	400만 원＋ 500만 원 초과분의 50%
1,500만 원 초과 3,000만 원 이하	9,000만 원＋ 1,500만 원 초과분의 15%
3,000만 원 초과 4,500만 원 이하	1,125만 원＋ 3,000만 원 초과분의 10%
4,500만 원 초과분	1,275만 원＋ 4,500만 원 초과분의 5%

④ 근로소득 과세표준 및 세액계산

연 간 근 로 소 득

△ 비과세소득
- 생산직근로자의 시간외근무수당(연 240만 원 한도)
- 현물식대 또는 월 10만 원 이하 식사대
- 출산·보육수당(월 10만 원 한도) 등

총 급 여 액 =연간 근로소득−비과세소득

△ 근로소득공제

근 로 소 득 금 액 =총급여액−근로소득공제

△ 연금보험료공제
△ 인적공제 : 기본공제, 추가공제, 다자녀 추가공제
△ 특별공제 : 보험료, 교육비, 의료비, 주택자금, 기부금 등
　　　　　　(표준공제 적용 시: 연 100만 원)
△ 조세특례제한법상 소득공제(그 밖의 소득공제) :
　　　　　　　　개인연금저축소득공제, 신용카드 등 사용금액 소득공제 등

과 세 표 준 =근로소득금액−인적공제−특별공제−그 밖의 소득공제

(×) 기본세율(6%~38%, 5단계 초과누진)

산 출 세 액

△ 근로소득세액공제
- 산출세액 50만 원 이하분: 55%　┐
- 산출세액 50만 원 초과분: 30%　┘─ 50만 원 한도

결 정 세 액

△ 기납부세액　원천징수의무자가 근로소득을 지급하면서
　　　　　　　근로소득 간이세액표를 적용하여 원천징수 한 금액 등

차 감 납 부 할 세 액　* 결정세액 〉 기납부세액 : 차액을 추가 원천징수
　　　　　　　　　　　　결정세액 〈 기납부세액 : 차액을 원천징수 의무자가 환급

다. 간이세액과 연말정산세액의 차이 발생 원인

간이세액과 연말정산세액 계산방법이 다음과 같이 다르기 때문에 연말정산 시 추가 납부 또는 환급이 발생한다.

구 분		간이세액 계산방법	연말정산 세액 계산방법
총급여액		해당 월의 급여(비과세소득 제외)에 해당하는 구간의 중간 값에 12를 곱하여 연환산하여 연간 총급여액 산출	매월 급여액의 합계에서 비과세소득을 차감한 금액
근로소득공제		연간 총급여액 기준으로 산출	총급여액 기준으로 산출
근로소득금액		연간 총급여액−근로소득공제	총급여액−근로소득공제
인적공제	기본공제	적용	적용
	추가공제	적용하지 아니함	⇨ 적용
	다자녀 추가공제	해당 자녀가 2명 이상인 경우(20세 이하 자녀의 수 −1)를 기본 공제 대상자에 추가	⇨ 2명인 경우: 100만 원 공제 3명 이상인 경우: 100만 원+(자녀 수−2명)×200만 원
연금보험료공제		국민연금보험료 기준으로 산출	⇨ 해당 연금에 따라 보험료공제 금액이 달라 차이 발생 −국민연금 −특수직역연금(공무원연금 등)
특별공제		급여 지급 시점에서 실제 지출될 비용을 예상하기가 어려워 다음과 같이 일괄 계산하여 공제 −공제대상 가족의 수 2인 이하인 경우 : 210만 원+연간 총급여액의 4% −공제대상 가족의 수가 3인 이상인 경우 : 350만 원+연간 총급여액의 7%+연간 총급여액 중 4천만 원을 초과하는 금액의 5%	⇨ 실제 지출한 비용을 기준으로 보험료, 의료비, 교육비, 주택자금, 기부금공제를 적용 −공제금액의 합계액이 100만 원에 미달하는 공제금액을 100만 원으로 하는 표준공제 적용

그 밖의 소득공제	적용하지 아니함	⇨	실제 지출한 비용을 기준으로 개인연금저축 등 그 밖의 소득공제를 적용
과세표준	근로소득금액−인적공제−연금보험료공제−특별공제		근로소득금액−인적공제−연금보험공제−특별공제−그 밖의 소득공제
산출세액	과세표준에 기본세율을 적용하여 계산		과세표준에 기본세율을 적용하여 계산
세액공제 및 감면	근로소득세액공제만 적용	⇨	근로소득세액공제, 주택자금이자세액공제, 기부정치자금 등 해당 세액공제 및 감면적용
결정세액	산출세액−근로소득세액공제		산출세액−세액공제 및 감면

3

기초가 튼튼해야 열매가 많다:
근로소득의 열매,
연말정산의 기초는 **인적공제**

✓알기 쉬운 세금절약 비법

연말정산 세금절약의 기본은 인적공제

○ 부양가족이 기본공제 요건을 충족하고 이를 소득공제신고서를 통해 기본공제 대상자로 기재(부양가족 1인당 150만 원 공제)

– 기본공제 대상 부양가족이 경로우대, 장애인 등 추가공제 요건을 충족하면 기본공제와 추가공제 모두 적용

– 기본공제대상 자녀가 2명 이상인 경우에는 다자녀추가공제 적용

* 기본공제 등 인적공제는 근로자가 해당 증빙서류를 첨부하여 원천징수의무자에게 신청하여야 함.

인적공제 = 기본공제 + 추가공제 + 다자녀추가공제

가. 기본공제

① 기본공제 대상에 포함할 수 있는 부양가족의 범위

기본공제 대상에는 근로자 본인을 포함하여 다음의 요건을 충족하는 부양
가족에 대해 기본공제 대상자로 신청할 수 있다.

구 분	생계요건	소득요건	나이요건
거주자	적용하지 아니함	적용하지 아니함	적용하지 아니함
배우자	적용하지 아니함	해당 부양가족의 연간소득금액 합계액 100만 원 이하	적용하지 아니함
직계존속	적용함		남녀 모두 만 60세 이상
직계비속			만 20세 이하
형제자매			남녀 모두 만 60세 이상 (또는 만 20세 이하)
수급자			적용하지 아니함
위탁아동			만 18세 미만

㉮ 배우자

법률혼관계에 의하지 아니하는 배우자는 기본공제에 해당하지 아니한다.

㉯ 직계존속의 범위

– 거주자의 직계존속

– 배우자의 직계존속

– 직계존속이 재혼한 경우 그 배우자를 포함하되 그 배우자는 해당 직계
존속과 혼인 중임을 증명되는 사람이어야 한다(이 경우 혼인에는 사실
혼을 제외한다).

〈기본공제대상에 해당하는 직계존속으로 보는 사례〉

－배우자의 조모
－해외에서 거주하고 있는 비거주자인 직계존속
－외조부모
－재혼한 모친
－양자의 양, 친생부모
* 다만, 사망한 배우자의 직계존속은 당해 배우자의 직계존속으로 보지 아니함.

㉰ 직계비속의 범위

－ 거주자의 직계비속

－ 거주자의 배우자가 재혼한 경우에는 당해 배우자가 종전의 배우자와의
   혼인 중에 출산한 사람(이 경우 혼인에는 사실혼을 제외한다)

－ 민법 또는 입양특례법에 따라 입양한 양자

－ 사실상 입양상태에 있는 사람으로서 거주자와 생계를 같이하는 사람
   (직계비속의 범위 특례) 해당 직계비속 또는 입양자와 그 배우자가 소득세법
   에 따른 장애인에 해당하는 경우 그 배우자를 직계비속의 범위에 포함한다.

〈기본공제대상에 해당하는 직계비속으로 보는 사례〉

－손자, 손녀
－외손자녀
－이혼으로 미성년자녀에 대한 친권을 모가 행사하기로 하면서 동거하기로 하고 부가 그 양육비
   의 일부를 지급하는 경우 해당 자녀
－혼인 외의 자로 입적되어 생계를 같이하는 직계비속
－해당 연도에 출산하여 사망한 자녀. 이 경우 출생 및 사망선고를 하지 아니한 경우 병원의 기록
   에 의하여 가족관계 출생 및 사망기록에 의해 확인
－학업 등을 위해 외국에 기거하고 있는 자녀
* 직계비속 범위특례에 해당하는 경우를 제외하고는 며느리, 사위 등은 기본공제대상에 해당하
   지 아니함.

㉔ 위탁아동

해당 연도에 6개월 이상 직접 양육한 위탁아동이 이에 해당하나, 직전 연도에 소득공제를 받지 못한 경우 해당 위탁아동에 대한 직전 과세기간의 위탁기간을 포함하여 계산한다.

* 증명서류: 해당 과세기간 종료일 이후에 발급받은 가정위탁보호확인서(발급처: 시·군·구)

㉕ 기본공제대상자로 보지 아니하는 부양가족 예시
– 형제자매의 배우자
– 조카

② 생계요건의 적용

생계요건이란 생계를 같이하는 부양가족을 의미한다. 생계를 같이하는 부양가족은 주민등록표의 동거가족으로서 해당 거주자의 주소 또는 거소에서 현실적으로 생계를 같이하는 사람으로 한다. 다만 직계존속·입양자의 경우에는 그러하지 아니하여도 된다.

<부양가족별 생계요건 적용>

구 분	주민등록표 동거가족 & 거주자와 주소 또는 거소에서 생계	예외적으로 생계를 같이하는 것으로 보는 경우	
		주거 형편에 따라 별거하고 있는 경우	취학, 질병의 요양, 근무상 또는 사업상의 본래의 주소 또는 거소를 일시 퇴거한 경우
직계존속	원칙적으로 요건 충족	○	–
직계비속	요건을 충족하지 아니하여도 됨	–	–
형제자매	원칙적으로 요건 충족	–	○
수급자	원칙적으로 요건 충족	–	○
위탁아동	원칙적으로 요건 충족	–	○

③ 소득요건

소득요건은 배우자 및 부양가족이 기본공제대상자에 해당하기 위해서는 연간 소득금액의 합계액 기준으로 100만 원 이하여야 한다.

㉮ 연간소득금액 개념

배우자나 부양가족이 해당 연도에 소득이 없는 경우에는 간단하지만, 일부 소득이 발생하는 경우 배우자나 부양가족을 공제받을 수 있는지 여부를 알기 위해서는 연간소득금액 개념을 정확히 알고 있어야 한다.

〈연간소득금액에 포함되는 소득〉

해당 연도 발생 소득				
과세제외소득	비과세소득	분리과세	종합소득 과세소득	분류과세 소득
소득세법에서 소득으로 규정하지 아니한 소득	소득세법에 의한 소득에 해당하나 비과세하는 소득	원천징수에 의해 세금납부가 종료되는 소득	비과세소득 및 분리과세를 제외한 소득	퇴직소득 양도소득
장기보험의 보험차익, 과세 제외되는 연금소득 등	주택의 임대소득 등	일용근로소득, 2천만 원 이하의 금융소득 등	근로소득, 사업소득 등	
연간소득금액 산출시 제외			연간 소득금액에 포함되는 소득	

〈사례〉

일용근로소득만 있는 경우 해당 일용근로소득은 연간소득금액 계산 시 제외되어 연간 소득금액은 없는 것으로 본다.

<연간 소득금액의 계산>

| 연간소득금액의 합계액 | = | 종합소득금액 | + | 양도소득금액 | + | 퇴직소득금액 |

㉯ 종합소득금액

이자소득	배당소득	사업소득	근로소득	연금소득	기타소득
총 수입금액	총 수입금액	총 수입금액	총 급여	총 연금액	총 수입금액
‖	‖	(−)	(−)	(−)	(−)
소득금액	소득금액	필요경비	근로소득공제	연금소득공제	필요경비

종합소득금액

<사례>

2013년 근로소득이 550만 원(비과세소득 50만 원 포함)만 있는 경우 종합소득금액은 100만 원*이다.

* 근로소득금액 100만 원=총급여액 500만 원(=550만 원−50만 원)−근로소득금액 400만 원(=500만 원×80%)

㉰ 양도소득금액

양도소득은 토지 또는 건물, 주권상장법인이 아닌 법인의 주식 등을 양도함에 따라 발생한 소득으로 양도소득금액은 다음의 산식에 의해 계산한다.

　양도가액

－　필요경비　　　　　⇨ 취득가액, 자본적 지출액, 양도비 등

＝　양도차익

－　장기보유특별공제　　⇨ 토지, 건물 등에 양도 시 적용

＝　**양도소득금액**

〈사례〉

비상장주식을 2천만 원에 취득하여 3천만 원에 처분한 경우 양도소득금액은 9,955,000원*이다.

* 양도소득금액 9,955,000원＝양도가액 30,000,000원－필요경비 20,0450,000원
  (취득가액 20,000,000원＋증권거래세 45,000원)

㉣ 퇴직소득금액

퇴직소득금액	＝	퇴직금	－	비과세소득

〈사례〉

맞벌이 배우자가 올해 9월 퇴직한 경우 1월부터 9월까지 받는 급여가 2,500만 원(비과세 150만 원 포함)이고 퇴직금이 2,000만 원인 경우 배우자의 연간소득금액의 합계액*은 3,322.5만 원이다.

* 연간소득금액의 합계액 ＝ 근로소득금액 ＋ 퇴직소득금액
  3,322.5만 원 ＝ 1,322,5만 원 ＋ 2,000만 원
  근로소득금액 1,322.5만 원 ＝ 총급여액(2,500만 원－150만 원) － 근로소득공제
  (1,027.5만 원)

<연말정산 시 부양가족에 대한 연간소득금액의 합계액 검토 시 유의사항>

ㅇ 연말정산 시 근로자가 부양가족에 대한 연간소득금액의 합계액을 대부분 알 수 있으나 해당 부양가족이 해당 연도에 사업을 개시한 경우에는 해당 부양가족에 대한 연간소득금액의 합계액을 정확히 알 수 없는 경우가 있다. 차근차근 확인해 보자.

- 해당 부양가족이 근로소득 등 연말정산 대상 소득이 있는 경우
연말정산대상 소득(근로소득, 국민연금 등 공적연금소득, 보험모집에 따른 사업소득)의 경우 근로자가 근로소득 연말정산을 위해 소득공제신고서를 회사에 제출하는 시기(다음 연도 1월, 2월)까지 원천징수 영수증을 통해 확인 가능

-해당 부양가족이 기타소득 등 원천징수 대상 소득이 있는 경우
기타소득 등 원천징수 대상 소득의 경우 해당 소득을 지급하는 자가 발행한 원천징수 영수증으로 확인 가능

-해당 부양가족이 사업을 하는 경우
사업소득의 경우 근로자의 연말정산 시기보다 늦은 다음 연도 5월에 종합소득 확정신고를 하기 때문에 소득금액을 정확히 산출하기는 어려우나 직전 연도 사업 실적이 종합소득 확정신고를 한 경우 가까운 세무서나 홈택스를 통해 전년도의 '소득금액 증명원'을 발급받아 사업현황 등을 고려하면 해당 연도의 사업소득금액이 100만 원을 초과하였는지 여부를 가늠할 수 있다.

* 부양가족의 연간소득금액의 합계액 정확히 알 수 없어, 연말정산 시 해당 부양가족을 위해 지출액에 대한 특별공제 및 인적공제를 공제받지 못한 경우 해당 부양가족이 종합소득 확정신고를 하는 다음 연도 5월에 소득금액을 확인하여 근로자는 종합소득 확정신고 또는 경정청구를 통해 인적공제 및 특별공제를 추가로 공제받을 수 있다.

㉻ 나이 요건

기본공제 대상에 해당하는지 여부의 판정은 해당 연도의 종료일 현재의 상황에 따르나 기본공제 대상 여부를 판단함에 있어 나이가 정해진 경우에는 이에 불구하고 해당 연도 중에 해당 나이에 해당되는 날이 있는 경우에는 공제 대상자로 본다.

〈사례〉 직계존속(1953년 11월 9일생)

<table>
<tr><td>2013</td><td></td><td></td><td>만 60세 초과</td><td></td></tr>
<tr><td>1/1</td><td></td><td>11/9</td><td>12/31</td><td></td></tr>
</table>

해당 연도에 만 60세에 해당되는 날이 있으므로

기본공제 나이요건 충족

〈적용기준〉

구 분	소득세법에 따른 장애인	그 밖의 경우	
		기 준	2013년 귀속 적용 대상
직계존속	나이 요건 제한을 받지 아니함	남녀 모두 만 60세 이상	1953.12.31 이전 출생
직계비속		만 20세 이하	1993.1.1 이후 발생
형제자매		남녀 모두 만 60세 이상 또는 만 20세 이하	1953.12.31 이전 출생 또는 1993.1.1 이후 발생

㉼ 기본공제 요건 적용 특례

해당 연도 종료일 전에 사망한 사람 또는 장애가 치유된 사람에 대해서는 사망일 전날 또는 치유일 전날의 상황에 따르므로 해당 연도 중에 사망한 사람에 대해서도 기본공제 요건을 충족한 경우 기본공제를 적용할 수 있다.

〈기본공제와 추가공제, 다자녀추가공제, 특별공제 관계〉

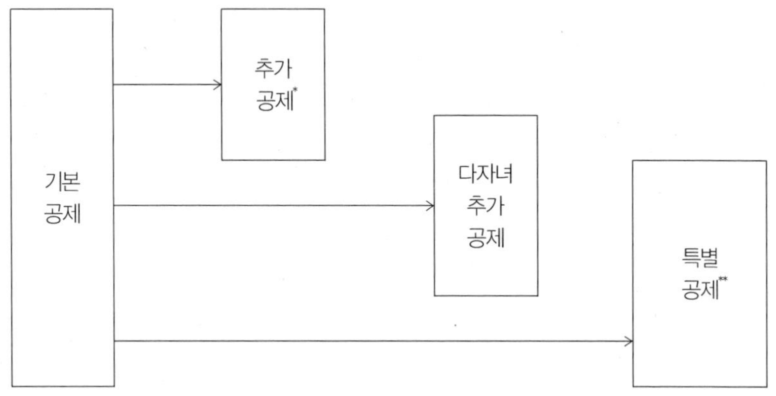

* 추가공제 중 자녀양육비의 경우 해당 자녀에 기본공제를 하지 아니한 다른 근로자가 자녀양육비추가공제 적용 가능(다만, 2 이상의 사람이 중복으로 받을 수 없음)
** 의료비 및 교육비공제의 경우 기본공제 요건을 일부 갖추지 못한 경우 해당 부양가족을 위해 지출한 비용에 대해 공제 허용

나. 추가공제

기본공제대상이 되는 사람이 추가공제 요건을 충족하는 경우 기본공제 외에 해당 추가공제에 해당하는 금액을 공제받을 수 있다.

① 추가공제 종류별 요건(2013년 기준)

종 류	요 건	공제금액	비 고
경로우대자	70세 이상인 사람 (1943.12.31 이전 출생)	1명당 연 100만 원	기본공제대상자에 한정
장애인	소득세법에 따른 장애인	1명당 연 200만 원	기본공제대상자에 한정
부녀자	다음 중 어느 하나에 속하는 여성근로자 -배우자 있는 경우 -배우자가 없는 경우 　•세대주 & 부양가족 有	연 50만 원	근로자 본인에 한정
6세 이하	6세 이하 -직계비속 -입양자 -위탁아동	1명당 연 100만 원	다른 기본공제대상자도 공제 가능 (다만, 중복적용 불가능)
출생 · 입양	-해당 연도에 출생한 직계비속 -해당 연도에 입양신고 한 입양자	1명당 연 200만 원	기본공제대상자에 한정
한부모 가족	- 해당 거주자가 배우자가 없는 사 람으로서 기본공제대상자인 직계 비속 또는 입양자가 있는 경우	연 100만 원	부녀자추가공제와 중복 시 한부모가족추가공제 선택

② 소득세법에 따른 장애인

장애인 추가공제는 해당 근로자에게 세금 혜택을 주기 위한 것으로 장애인 추가공제 적용 대상 장애인의 범위는 소득세법에서 규정하고 있고 해당 장애인임을 증명하는 방법 및 입증하는 서류 등은 소득세법에서 규정하는 방법 및 증명서류 등에 따라야 함을 유의해야 한다.

㉮ 장애인의 범위

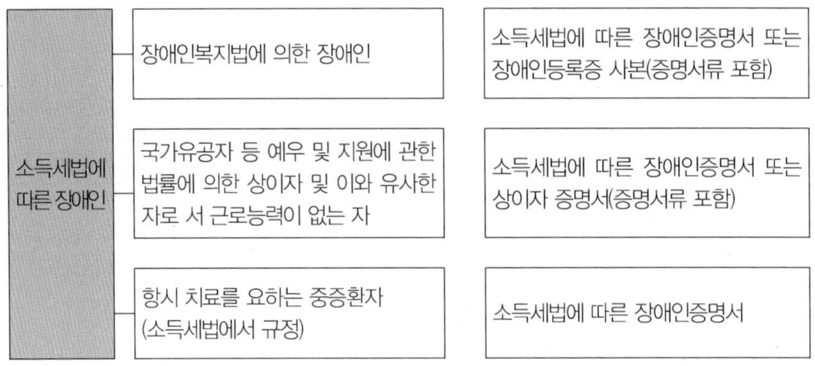

㉯ 상이자 및 이와 유사한 자로서 근로능력이 없는 자

국가유공자 등 예우 및 지원에 관한 법률 시행령 별표 3에 규정한 상이

등급 구분표에 게기하는 상이자와 같은 정도의 신체장애가 있는 자를

말한다.

㉰ 항시 치료를 요하는 중증환자의 범위

㉱ 장애인증명서

장애인 증명서는 소득세법 시행규칙 제38호 서식으로 장애인증명서를 의

료기관에서 발급받는 때에는 담당의사나 진단이 가능한 의사를 경유하

여야 하고 발행자란의 기재는 의료기관명과 직인 및 경유한 의사가 서명

또는 날인하여야 한다.

㉮ 장애인 추가공제 관련 주요 Q&A

- 장애진단서가 장애인추가공제를 받기 위한 증명서류에 해당하는지?

  ⇨ 장애진단서는 장애인 여부를 판단하기 위한 진단서로 장애인을 입증하는 서류에 해당하지 않으며 '항시치료를 요하는 중증환자'에 해당하여 장애인공제를 받고자 할 때에는 장애인증명서를 제출하여야 하는 것임.

- 항시 치료를 요하는 환자라도 의료기관의 장애인증명서 발급을 받지 아니한 상황에서는 장애인 공제를 적용받을 수 없음.

- 장기간 치료를 요하고 취학 또는 취업이 곤란한 상태에 있는 중증환자인 암환자는 소득세법에 따른 장애인에 해당되는 것이며, 당해 장애인이 장애인추가공제를 받고자 할 때에는 의료기관이 발행하는 장애인증명서(소득세법 시행규칙 별지 제38호 서식)를 제출하여야 하는 것임.

③ 추가공제 적용방법

추가공제의 경우 각각 추가공제 요건을 적용하므로 다른 추가공제 요건을 충족하면 해당금액을 추가로 공제받을 수 있다.

〈사례 1〉 만 71세 직계존속이 소득세법에 따른 장애인에 해당하는 경우

구분	기본공제	추가공제						공제금액 합계
		경로우대자	장애인	부녀자	6세 이하	출생·입양	한부모 가족	
적용	○	○	○	×	×	×	×	
금액	1,500,000	1,000,000	2,000,000	–	–	–	–	4,500,000

〈사례 2〉 올해 출생한 자녀

구분	기본공제	추가공제						공제금액 합계
		경로우대자	장애인	부녀자	6세 이하	출생·입양	한부모 가족	
적용	×	×	×	×	○	○	×	
금액	1,500,000	–	–	–	1,000,000	2,000,000	–	4,500,000

〈사례 3〉

미혼인 여성근로자(만 30세)가 세대주에 해당하고, 55세 어머니(소득세법에 따른 장애인에 해당하지 아니함)를 부양하는 경우

구분	기본공제	추가공제						공제금액 합계
		경로우대자	장애인	부녀자	6세 이하	출생·입양	한부모 가족	
적용	○	×	×	×	×	×	×	
금액	1,500,000	–	–	–	–	–	–	1,500,000

* 배우자가 없는 여성 근로자가 부녀자공제를 받기 위해서는 근로자 본인이 세대주이고 기본공제대상자인 부양가족을 부양하여야 하나, 사례의 경우 근로자가 부양하는 55세 어머니는 나이 요건을 충족하지 못해 기본공제대상자에 해당하지 아니하여 부녀자 공제를 받을 수 없음

〈사례 4〉 자녀양육비 추가공제 적용방법

－6세 이하 직계비속 등에 대해 기본공제를 받는 근로자가 해당 자녀에 대한 자녀양육비 추가공제를 받는 경우 : 공제 가능

－맞벌이 부부의 경우 6세 이하 자녀에 대한 자녀양육비 추가공제 방법

공제 형태		결과	
배우자(A)　　　　　　배우자(B) (기본공제)⇧, (추가공제)⬆ 6세 이하 직계비속, 입양자, 위탁아동	⇨	기본공제 한 근로자가 추가공제 가능 (A : ○, B : ×)	○

공제 형태		결과	
배우자(A)　　　　　　배우자(B) (기본공제)⇧　　　　　(추가공제)⬆ 6세 이하 직계비속, 입양자, 위탁아동	⇨	부양하는 근로자가 추가공제 가능 (A : ×, B : ○)	○
배우자(A)　　　　　　배우자(B) (기본공제)⇧　(추가공제)⬆　(추가공제)⬆ 6세 이하 직계비속, 입양자, 위탁아동		2 이상의 근로자가 중복으로 공제	×

다. 다자녀추가공제

－공제대상자: 근로소득 또는 사업소득이 있는 거주자
 * 일용근로자는 제외
－공제 요건: 기본공제대상에 해당하는 자녀 2명 이상

① 공제대상자

㉮ 근로소득이 있는 거주자

분리과세만 있는 사람에 대해서는 해당 소득에 대한 세금 계산 시 인적

공제를 적용하지 아니하므로 일용근로자의 경우 일용근로소득을 지급받

을 때 다음과 같이 원천징수 방식에 의해 세금을 납부하고 추가 정산을

하지 아니하므로 다자녀 추가공제를 적용받을 수 없다.

ㅇ 일용근로 소득에 대한 원천징수 방법

	일용근로소득	
－	(일용)근로소득공제	1일 10만 원
=	일용 근로소득금액	원천징수세율은 6% 적용
×	원천징수세율	
=	산출세액	
－	(일용)근로소득세액공제	산출세액의 55%
=	원천징수세액	

㉯ 사업소득이 있는 거주자

사업소득이 있는 경우 연말정산 또는 종합소득 확정신고에 의해 세금을

납부할 때 다자녀추가공제 요건을 갖춘 경우에는 다자녀추가공제를 적

용받을 수 있다.

② 공제 요건

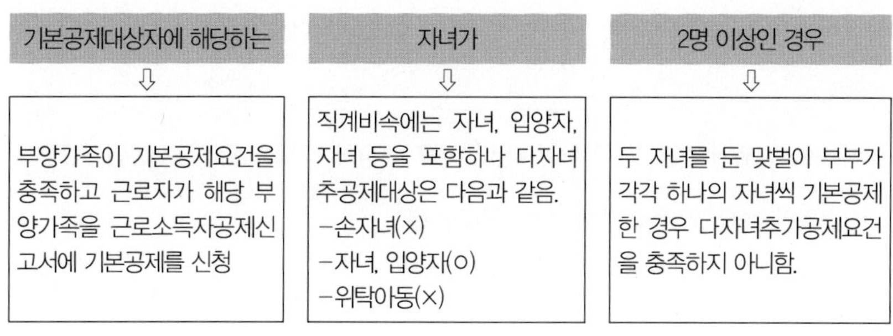

〈사례〉 다자녀추가공제 사례

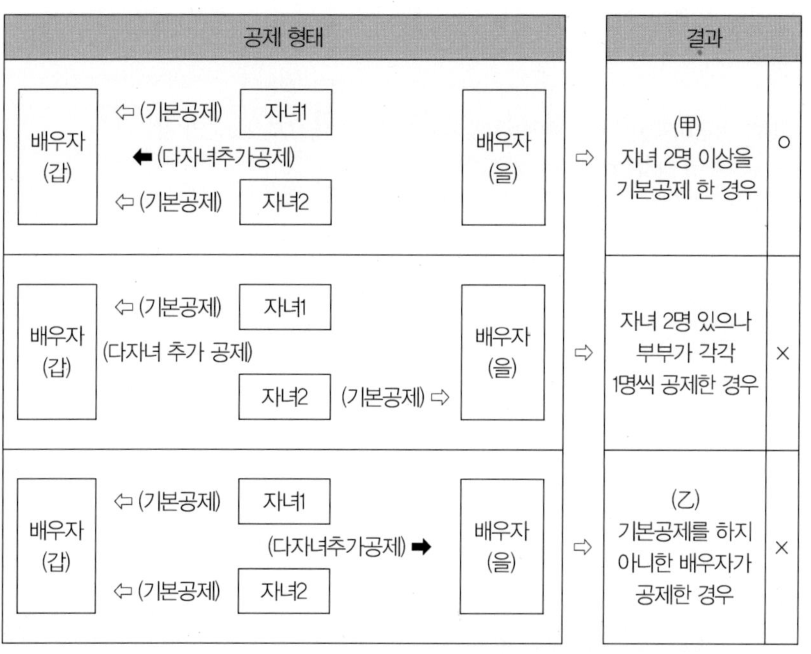

③ 공제금액

　㉮ 기본공제대상자에 해당하는 자녀가 2명인 경우 ⇨ 연 100만 원

　㉯ 기본공제대상자에 해당하는 자녀가 2명을 초과하는 경우 ⇨ 100만
원+(2명을 초과하는 자녀 수)×200만 원

〈사례〉

기본공제대상자에 해당하는 자녀가 4명인 경우 다자녀추가공제금액은 500만 원*이다.

* 500만 원 =100만 원+(4명−2명)×200만 원

라. 인적공제 합계액 한도 금액

인적공제의 합계액이 종합소득금액을 초과하는 경우 그 초과하는 공제액은 없는 것으로 한다.

〈사례〉 총급여액이 7백만 원인 근로자가 기본공제 대상자가 2명인 경우

총급여액		7,000,000	
− 근로소득공제	−	5,000,000	
= 근로소득금액 ⇨	=	2,000,000	
− 인적공제	−	3,000,000→2,000,000	* 150만 원×2명
		=0	

4

의료비 공제
좀 쉽게 설명해 줄 수 없는지?

✓**알기 쉬운 세금절약 비법**

근로자의 혜택! 의료비 공제

○ 공제대상 의료비

− 근로소득이 있는 거주자가 그 거주자와 기본공제대상 가족을 위해 해당 과세
기간에 의료비를 지출한 경우의 의료비를 말한다.

○ 의료비 공제금액 계산

− 공제문턱(총급여의 3%)이 존재하여 공제대상 의료비 지출액 중 공제문턱을 초
과한 금액에 한해 의료비 공제 가능

가. 의료비공제 특징

① 의료비 지출자

의료비는 근로자 및 성실사업자에 한해 공제가 가능하므로 의료비 지출자가 엄격히 제한되고 있다. 따라서 의료비 공제를 받고자 하는 사람이 지출한 의료비에 한해 의료비 공제가 가능하다.

따라서 다음의 사례와 같이 본인이 지출하지 않은 의료비는 공제대상에 해당하지 아니한다.

㉮ 고운맘 카드를 이용한 임신·출산 진료비 지원 금액

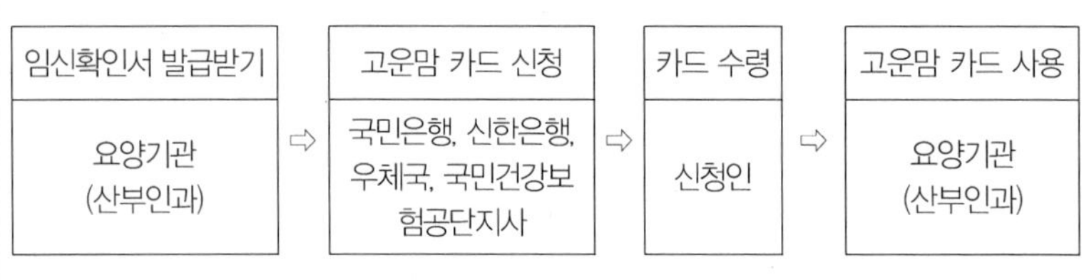

<고운맘 카드>

출산 의욕 고취 및 건강한 태아의 분만과 산모의 건강관리를 위해 임산부의 본인부담금을 경감하기 위해 도입
-임신과 출산에 관한 진료비를 고운맘 카드를 이용하여 지원
-고운맘 카드 발급 대상자 : 임신확인서에 의해 임신이 확인된 건강보험가입자 또는 피부양자 중 임신·출산지원 신청자
-고운맘 카드 신청 및 이용

-지원금액 : 임신 1회당 50만 원(쌍둥이 70만 원)

㉯ 의료비급여 수급권자가 국민건강보험공단으로부터 지급받는 건강생활
   유지비

㉰ 근로자가 가입한 상해보험 등에 의하여 보험회사로부터 수령한 보험금
   으로 지급한 의료비

㉱ 사내근로복지기금으로부터 지급받는 의료비

② 근로기간에 지출한 의료비만 공제 가능

　성실사업자를 제외하고 의료비는 근로자에 한해서만 공제가 가능하므로 근로기간에 지출하는 의료비는 의료비 공제가 가능하나 퇴직 후 또는 취업 전에 지출한 의료비는 공제대상에 해당하지 아니한다.

〈사례〉 교사로 임용되기 전에 지급한 의료비는 공제대상에 해당하지 아니함.

③ 국외에 소재하는 병원 등에 지출한 의료비는 공제대상에 해당하지 아니한다.

〈사례〉 외국에 소재한 병원 등은 의료법 제3조에 규정하는 의료기관에 해당하지 아니함.

④ 의료비 지출 대상자가 특정되어 있음

　의료비 공제가 가능한 의료비 지출 대상자는 근로자와 공제대상 부양가족이나 의료비 공제 성격상 다음과 같이 다르게 규정하고 있다.

구분	내 용				
	구분	기본공제대상		의료비공제대상	
		소득요건 충족 여부	나이요건 충족 여부	소득요건 충족 여부	나이요건 충족 여부
공제대상 부양가족	근로자 본인	×	×	×	×
	배우자	○	×	×	×
	직계존속	○	○*	×	×
	직계비속	○	○*	×	×
	형제자매	○	○*	×	×
	수급자	○	○*	×	×
	위탁아동	○	○*	×	위탁아동은 다른 법 에서 규정
	* 소득세법에 따른 장애인은 연령요건을 충족할 필요는 없음				
근로자의 부양가족이 동시에 다른 근로자의 부양가족에 해당하는 경우	〈사례〉 한집에 살고 있는 근로자인 형제가 어머님을 모시고 있고 형제가 어머님을 위해 의료비를 지출한 경우 ⇨ 근로자의 부양가족이 동시에 다른 근로자의 부양가족에 해당되는 경우로서 근로소득자공제신고서에 기재된 바에 따라 그중 1인의 공제대상 부양가족으로 하며, 근로소득자공제신고서에 기재한 근로자가 의료비 공제대상이며, 이 경우 해당 근로자가 지출한 의료비에 한해 소득공제가 가능함				
맞벌이 배우자를 위해 지출한 의료비	근로소득이 있는 맞벌이부부의 경우 배우자를 위해 지출한 의료비는 의료비공제를 적용받을 수 있음				
맞벌이 부부의 자녀 의료비	〈사례〉 맞벌이 부부인 근로자가 자녀를 위해 의료비를 지급하는 경우 ⇨ 근로자의 부양가족이 동시에 다른 근로자의 부양가족에 해당되는 경우에 해당되며, 기본공제 요건을 충족한 자녀의 경우 해당 자녀에 기본공제를 받지 아니한 근로자(배우자)는 그 자녀에 대한 의료비공제를 받을 수 없음				
나이 초과로 기본 공제대상이 아닌 부양가족의 의료비를 2인 이상의 근로자가 각각 지출한 경우	〈사례〉 맞벌이 부부가 만 23세 대학생 자녀를 위해 의료비를 각각 반반씩 지출한 경우 ⇨ 맞벌이부부 모두가 공제받을 수는 없으며, 해당 자녀에 대해 의료비공제 등을 받기 위해 근로소득자공제신고서에 기재한 근로자(또는 배우자) 본인이 해당 자녀를 위해 지출한 의료비에 한해 공제 가능				

⑤ 공제 가능한 의료비

공제대상 의료비	주요 질문 내용
진찰·치료·질병 예방을 위하여 의료법 제3조에 따른 의료기관에 지급한 비용	−국외 의료기관은 의료법 제3조에 해당하지 아니함. −의료기관의 진단서 발급비용은 의료비공제대상에 해당하지 아니함. −산후조리원은 의료법에 따른 허가되는 업소가 아니므로 산후조리원을 운영하는 의료기관에 산후조리를 위해 지출한 비용은 공제대상에 해당하지 아니함. −미용·성형수술을 위한 비용은 2010년부터 의료비공제대상에 해당하지 아니함.
치료·요양을 위하여 「약사법」 제2조의 규정에 의한 의약품 구입 비용	−의약품에는 한약을 포함. −건강증진을 위한 의약품(보약 등)은 2010년부터 의료비 공제대상에 해당하지 아니함.
장애인보장구를 직접 구입 또는 임차하기 위해 지출한 비용	−장애인보장구는 의수족 등으로 조세특례제한법 제105조의 규정에 따른 장애인보장구를 말함.
의료기기를 직접 구입 또는 임차하기 위하여 지출한 비용	−의사·치과의사·한의사 등의 처방에 따른 것에 한함. −의료기기는 의료기기법 제2조 제1항에 따른 의료기기를 말함. −의안은 '장애의 보정'에 사용하는 제품으로 의료기기에 해당하며 근로소득이 있는 거주자가 해당 연도에 지출한 비용 중 의사의 처방에 따라 의료기기를 직접 구입 또는 임차하기 위하여 지출한 비용은 의료비 공제대상에 해당함.
시력보정용 안경 또는 콘택트렌즈 구입을 위해 지출한 비용	−선글라스, 스포츠용 고글은 의료비공제대상에 해당하지 아니함. −시력보정용으로 사용하는 안경의 안경테 구입비용은 소득공제 대상 의료비에 포함.
보청기 구입을 위하여 지출한 비용	− 사용자 성명을 판매자가 확인한 영수증 필요
노인장기요양보장법 제40조 제1항에 따라 실제 지출한 본인일부부담금	−재가 및 시설 급여에 대한 수급자 부담 비용 • 재가급여 : 해당 장기요양급여비용의 15% • 시설급여 : 해당 장기요양급여비용의 20%

㉮ 의료비 공제대상에서 제외되는 사례

− 간병인에게 지급한 비용

- 응급환자 이송업체 소속 구급차 이용료

- 의료용품점에서 구입한 온열치료기 구입비용

나. 의료비 공제금액 계산

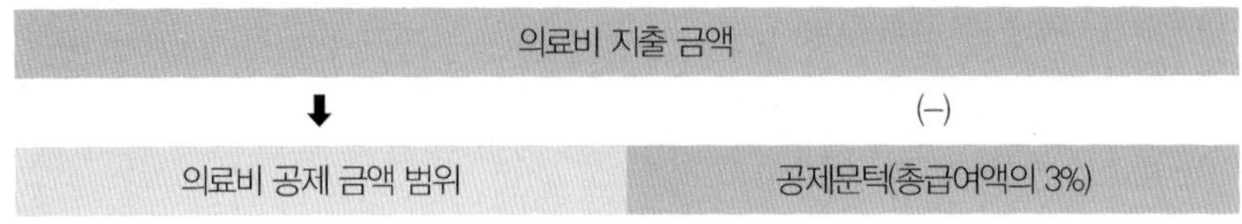

〈1단계〉 의료비 지출금액이 공제문턱을 초과하였는지 확인 ⇨ Yes(2단계로 이동)

의료비공제금액 범위	=	의료비 지출금액	−	공제문턱(총급여액의 3%)

* 연간 의료비 지출액이 공제문턱에 미달하는 경우 의료비 공제금액은 없다. 설령 그 의료비 지출액이 근로자 본인을 위해 지출한 경우에도 동일하다.

〈사례〉

비과세 소득을 제외한 총급여액이 4,000만 원인 근로자가 1년간 지출한 의료비를 120만 원인 경우 의료비공제금액은 0원이다.

의료비공제금액 범위	=	의료비 지출금액	−	공제문턱(총급여액의 3%)
0원		120만 원		120만 원(=4천만 원×3%)

<2단계> 의료비 지출금액 끼리끼리 헤쳐 모여라!

의료비 지출금액을 지출대상자를 기준으로 구분하여 두 그룹으로 나눈다.

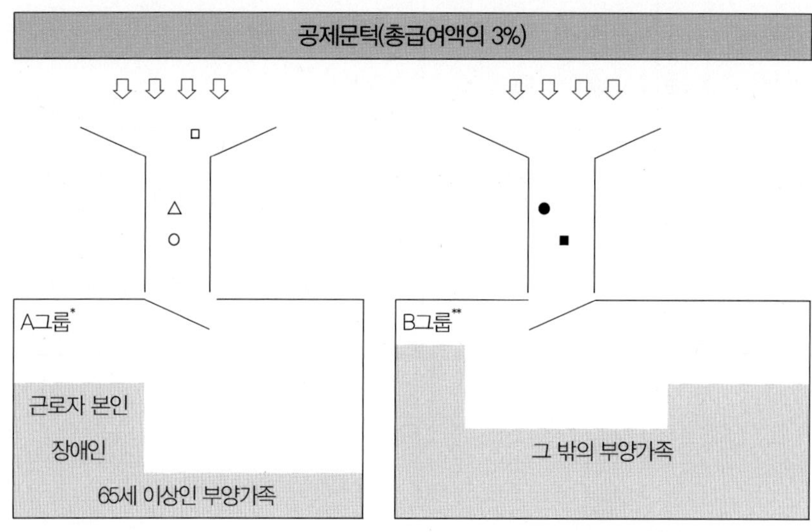

* A그룹: 근로자 본인, 장애인, 65세 이상인 부양가족을 위해 지출한 의료비 합계액

** B그룹: A그룹에 해당하는 부양가족을 제외한 그 밖의 부양가족을 위해 지출한 의료비 합계액

<3단계> 공제금액을 계산하라!

– B그룹 의료비 지출금액 ≥ 공제문턱인 경우 의료비 공제금액 계산

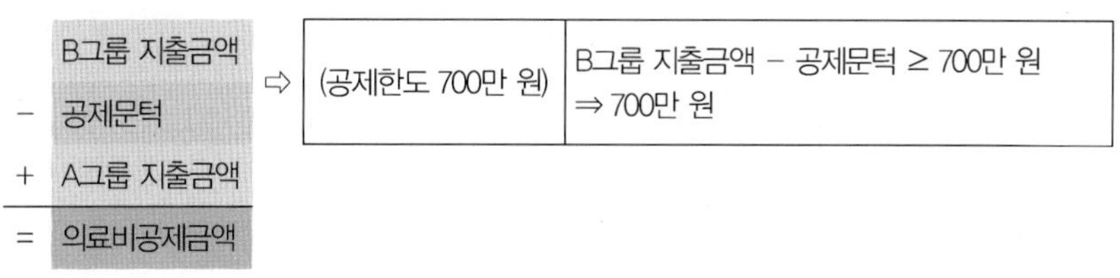

〈사례〉 총급여액이 5천만 원인 근로자가 의료비를 다음과 같이 지출

구분	A그룹 지출금액	B그룹 지출금액	의료비 지출액합계	공제문턱	공제금액			
㉮	10,000,000원	2,000,000원	12,000,000원	1,500,000원 (총급여액 ×3%) ⇨		2,000,000원		
					−	1,500,000원		
					+	10,000,000원		
					=	10,500,000원		
㉯	2,000,000원	10,000,000원	12,000,000원	1,500,000원 ⇨	10,000,000원 − 1,500,000원 ⇨	8,500,000원 7,000,000원		
					+	2,000,000원		
					=	9,000,000원		

– B그룹 의료비 지출금액<공제문턱인 경우 의료비 공제금액 계산

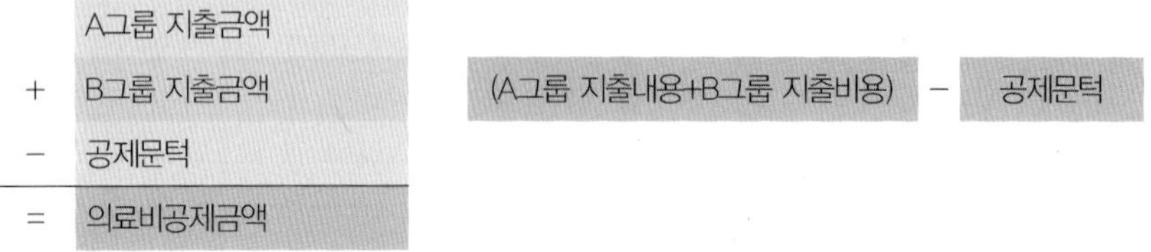

〈사례〉 총급여액이 5천만 원인 근로자가 의료비를 다음과 같이 지출

A그룹 지출금액	B그룹 지출금액	의료비 지출액합계	공제문턱	공제금액	
10,000,000원	1,000,000원	11,000,000원	1,500,000원 ⇨		1,000,000원
				+	10,000,000원
				−	1,500,000원
				=	9,500,000원

5

알고 나면 든든한 **교육비 공제**

✓**알기 쉬운 세금절약 비법**

30~40대 근로자의 걱정을 덜어주는 교육비 공제

> ○ 근로소득이 있는 거주자에 한해 그 거주자와 부양가족을 위해 지출한 교육비는 교육비 공제가 가능하다.
>
> − 교육기관 또는 부양가족에 따라 교육비 한도 차등 적용
>
>   * 부양가족별로 교육비 공제금액에 대해 한도 적용
>
> − 국외에서 지출한 교육비도 공제 가능

가. 교육비 공제 특징

① 근로기간에 지출한 비용에 한해 공제 가능

교육비 공제는 근로소득자에 한정하여 공제가 가능하므로, 취업 전, 퇴직 후에 지출한 교육비는 공제대상에 해당하지 아니한다.

〈사례〉

－구조조정으로 퇴직 후 지원받은 전직지원비 또는 학자금은 근로소득에 특별공제를 적용받을 수 없음

－근로자가 입사 전에 본인이 지출한 국외교육비 공제대상에 해당하지 아니함.

② 지출한 연도의 근로소득 연말정산 시 공제 가능

교육비 공제는 교육비를 지출한 연도의 근로소득에 대한 연말정산 시 소득공제를 받을 수 있다. 다만, 피교육자의 신분 변동으로 교육비 공제한도 금액이 달라지는 경우에는 그 예외를 허용하고 있다.

〈사례〉

－근로자가 2013.8.4일에 대학원 입학금과 2013.8.25~2014.9.1. 기간 동안에 해당하는 수업료를 지출하고 2013.8.7일 퇴사한 경우

⇒ 근로기간 동안에 지출한 비용으로 지출한 연도에 해당하는 2013년 귀속 근로소득 연말정산 시 교육비 공제 가능

－2014년 입학하는 고등학교의 교육비를 2013년도에 지급한 경우

근로소득이 있는 거주자가 중학생인 기본공제대상자를 위하여 지급한 교육비(고등

학교 진학을 위해 지급한 교육비 포함)가 있는 경우, 해당 교육비는 이를 지급한 연도의 근로소득금액에서 공제하는 것임.

*** 중·고등학생의 교육비 한도는 동일함.**

－근로소득자 본인의 대학원 교육비는 교육비공제대상에 포함되는 것이며, 대학원에 입학하기 전에 납부한 교육비는 입학하여 대학원생이 된 연도에 공제

*** 고등학생 교육비 공제한도와 대학생 교육비 공제한도는 다름**

－고등학교 재학 중에 특차모집에 합격하여 납부한 대학 등록금

　⇒ 대학생이 된 연도의 교육비공제대상에 해당

③ 교육비 공제가 가능한 교육비 지출 대상자가 특정되어 있음

교육비 공제가 가능한 교육비 지출 대상자는 근로자와 공제대상 부양가족이나 교육비 공제 성격상 다음과 같이 기본공제 요건과 다르게 규정하고 있다.

구분	내 용				
	구분	기본공제대상		교육비공제대상	
		소득요건 충족 여부	나이요건 충족 여부	소득요건 충족 여부	나이요건 충족 여부
공제대상 부양가족	근로자 본인	×	×	×	×
	배우자	○	×	○	×
	직계존속	○	○*	○	×
	직계비속	○	○*	○	×
	형제자매	○	○*	○	×
	수급자	○	○*	○	×
	위탁아동	○	○*	○	위탁아동은 다른 법에서 규정
* 소득세법에 따른 장애인은 연령요건을 충족할 필요는 없음					

맞벌이 배우자를 위해 지출한 교육비	근로소득이 있는 맞벌이부부의 경우 배우자를 위해 지출한 교육비는 해당 배우자의 연간 소득금액의 합계액이 100만 원 이하인 경우에는 교육비 공제 가능(다만, 해당 배우자의 연간 소득금액의 합계액이 100만 원을 초과한 경우 교육비 공제 불가능)
맞벌이 부부의 자녀 교육비	〈사례〉 맞벌이 부부인 근로자가 자녀를 위해 교육비를 지급한 경우 ⇒ 근로자의 부양가족인 동시에 다른 근로자의 부양가족에 해당되는 경우에 해당되며, 기본공제 요건을 충족한 자녀의 경우 해당 자녀에 기본공제를 받지 아니한 근로자(배우자)는 그 자녀를 위해 지출한 교육비에 대해 공제를 받을 수 없음
나이 초과로 기본 공제대상이 아닌 부양가족의 교육비를 2인 이상의 근로자가 각각 지출한 경우	〈사례〉 맞벌이 부부가 만 23세 대학생 자녀의 교육비를 각각 반반씩 지출한 경우 ⇒ 맞벌이부부 모두가 공제받을 수는 없으며, 해당 자녀에 대해 교육비공제 등을 받기 위해 근로소득자공제신고서에 기재한 근로자(또는 배우자) 본인이 해당 자녀를 위해 지출한 교육비에 한해 공제 가능

나. 교육비 공제 대상

다음과 같이 부양가족에 따라 교육비 공제대상 교육기관이 특정되어 있다.

구 분	근로자 본인	배우자	직계 존속	직계비속·입양자	형제 자매	수급자	위탁 아동
유치원, 초등학교, 중학교, 대학교, 특별법에 따른 학교	○	○	×	○	○	×	○
전공대학, 원격대학, 학위취득과정	○	○	×	○	○	×	○
국외교육기관	○	○	×	○	○	×	○
보육시설, 학원 등	×	×	×	○	○	×	○
직업능력개발훈련시설	○	×	×	×	×	×	×
시간제과정	○	×	×	×	×	×	×
대학원	○	×	×	×	×	×	×
장애인재활교육(소득세법에 따른 장애인에 한함)	○	○	○	○	○	○	○

* 학습지, 과외는 교육비공제대상에 해당하지 아니함.

〈사례〉

학원, 체육시설 및 대학원의 경우 교육비 공제가 가능한 지출 대상자는 다음과 같다.

구 분		초등학교 취학 전 아동	초등학생	중·고등학생	대학생	근로자 본인
학원·체육시설	⇨	○	×	×	×	×
대학원	⇨	×	×	×	×	○

① 교육비공제대상에 포함되는 비용

구 분	공제대상 교육비에 포함되는 비용	
유치원	종일반 운영비, 급식비, 방과후 과정 등 수업료	
초등학생	학교급식비, 교과서대금, 방과후학교 수업료	
중·고등학생	학급급식비, 교과서대금, 방과후학교 수업료 (교재구입비 제외), 교복구입비용(1명당 연 50만 원 한도)	+ 수업료·입학금 및 그 밖의 공과금
대학생	계절학기 수업료	

② 국외교육비 공제대상

교육비 공제 대상 교육기관은 우리나라 유치원, 초등학교, 중학교, 고등학교, 대학교에 해당하는 학교로 보육시설, 외국대학의 예비 교육과정*은 이에 해당하지 아니함.

* 예비 교육과정: 정규 교육과정이 아닌 해당 대학의 편·입학을 위해 설치된 교육과정

〈국외교육비 공제 요건〉

근로자 구분	공제 요건
국내 근무	해당 과세기간 종료일 현재 대한민국 국적을 가진 거주자가 다음의 어느 하나에 해당하는 학생을 위해 지출한 교육비에 한함. * 초등학교 취학전 아동, 초등학생 및 중학생 −국외유학에 관한 규정 제5조에 따른 자비유학자격을 갖춘 경우 　• 유학을 떠날 당시 국내중학교 졸업 이상의 학력 −국외유학에 관한 규정 제15조에 따라 유학을 하는 자로 부양의무자와 국외에서 동거한 기간이 1년 이상
국외 근무	별도 요건 없음

③ 학원 및 체육시설에 지출하는 수강료에 대한 교육비 공제 요건

　㉮ 초등학교 취학 전 아동을 위해 지출하여야 함

　㉯ 월단위로 실시하는 교습과정으로 1주 1회 이상 실시하는 과정만 해당

④ 장애인 특수교육비

　㉮ 지출 대상자: 기본공재대상자인 장애인으로 소득의 제한(연간 소득금액

　　100만 원 이하)을 받지 아니함.

　㉯ 교육기관

　− 사회복지사업법에 따른 사회복지시설(이와 유사한 시설로서 외국에 있

　　는 시설 포함)

　− 민법에 따라 설립된 비영리법인으로서 보건복지부장관이 장애인재활교

　　육을 실시하는 기관으로 인정한 법인(이와 유사한 법인으로 외국에 있

는 법인 포함)

- 장애인의 기능향상과 행동발달을 위한 발달재활서비스를 제공하는 발
  달재활서비스 제공기관(장애아동복지지원법 제21조 제3항에 따라 지방
  자치단체가 지정)

다. 교육비 공제금액 계산

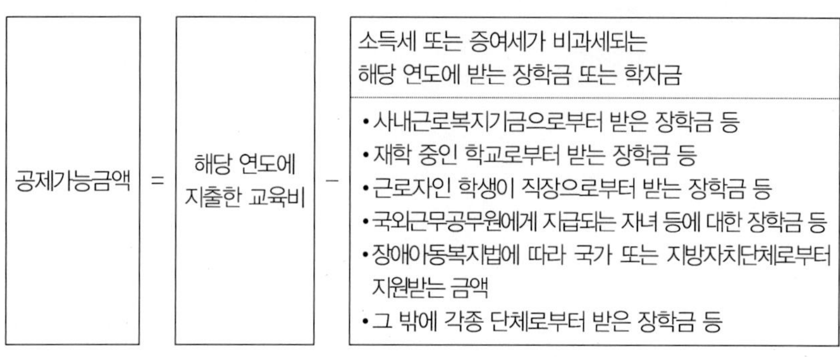

〈사례〉 근로자 본인을 위해 지출한 직업능력개발훈련을 위해 지급한 수강료

라. 교육비 공제 한도

구분	교육비 공제 한도
초등학교 취학 전 아동	1인당 연 300만 원
초등학생	1인당 연 300만 원
중학생	1인당 연 300만 원
고등학생	1인당 연 300만 원
대학생	1인당 연 900만 원
근로자본인	공제 한도 제한 없음
장애인재활교육비	공제 한도 제한 없음

〈사례〉

- 국외에 유학 중인 고등학생을 위해 지출한 교육비의 경우 1명당 최대공제 금액은 300만 원이고, 대학생을 위해 지출한 교육비의 경우 1명당 최대공제 금액은 900만 원이다.

- 동일 연도 중 고등학생에서 대학생이 된 경우 교육비공제 한도 적용

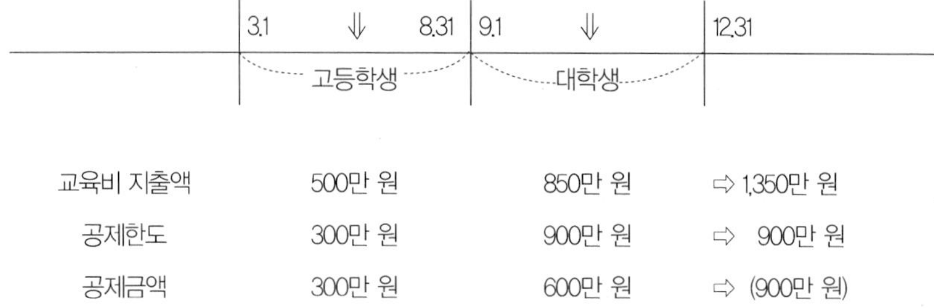

마. 주요 질문 사례

① 사립학교가 해당 대학에 재학 중인 교직원 자녀에게 학비를 면제하는 경우

㉮ 그 면제받은 금액은 해당 교직원의 근로소득 범위에 포함

㉯ 공제대상 교육비 납입금액은 해당 면제금액이 포함된 금액으로 함

② 근로자가 회사로부터 지급받는 고등학생 자녀의 학자보조금

㉮ 해당 학자보조금은 근로자의 근로소득의 범위에 포함

㉯ 납부한 교육비는 연말정산 시 교육비 공제대상에 포함

③ 비과세학자금의 교육비 공제 여부

㉮ 비과세 학자금 개념

해당 근로자가 종사하는 사업체의 업무와 관련 있는 교육·훈련을 위하여 사업체의 규칙 등에 의하여 정해진 지급기준에 따라 받는 학자금으로서 교육·훈련 기간이 6월 이상인 경우 교육·훈련 후 해당 교육기간을 초과하여 근무하지 아니할 때에는 지급받은 금액을 반납할 것을 조건으로 하는 경우에는 해당 학자금은 비과세소득에 해당됨.

㉯ 교육비 공제 여부

해당 비과세학자금으로 납부한 교육비는 교육비 공제대상에 해당하지 아니함.

6

주택자금 소득공제

✓ **알기 쉬운 세금절약 비법**

근로자의 주거안정지원을 위해 월세, 전세, 주택구입까지 체계적으로 지원하는 소득공제

○ 근로자의 주거안정을 위해 소득세법에서는 주택의 전세, 월세 및 구입비용에 대해 소득공제 규정을 두고 있다.

– 월세 주택에 기거하는 경우: 월세 소득공제 또는 신용카드 사용액 공제 가능

– 주택 임차자금 대출 시: 전세자금 원리금 상환액에 대한 소득공제 가능

– 주택 구입 시 차입금: 이자상환액 소득공제 가능

〈최근 세법 개정 내용〉

※ 주택임차자금 차입금의 원리금 상환액 및 월세액 소득공제 대상에 주거용 오피스텔이 포함(2013.7월 소득세법 개정)

〈주거안정 지원을 위한 소득공제〉

구분	주택 임대		주택 취득
	월세 ⇩	전세 자금 ⇩	취득 시 차입 ⇩
서민 근로자	월세 지출액에 대한 소득공제	전세자금을 개인 및 금융기관에서 차입한 경우 차입금 원리금 상환액공제	국민주택 취득 시 차입한 금액에 대한 이자상환액에 대해 소득공제
그 밖의 근로자	월세 지출액 현금영수증 발급에 따른 신용카드 사용액 공제	전세자금을 금융기관에서 차입한 경우 차입금 원리금 상환액 공제	

가. 월세 지출액에 대한 소득공제

해당 연도 종료일 현재 주택을 소유하지 아니한 세대의 세대주로서 근로소득이 있는 거주자가 국민주택규모의 주택을 임차하기 위하여 다음에 해당하는 요건을 갖추고 월세액을 지급하는 경우 해당 월세액에 대해서 연말정산 시 소득공제를 받을 수 있다.

근로자 조건		월세액(사글세액 포함) 조건
해당 연도의 총급여액이 5천만 원 이하	+	−월세액 외에 보증 등을 지급한 경우 임대차계약증서에 확정일자를 받을 것 −임대차계약서의 주소지와 주민등록표 등본의 주소지가 같을 것

① 세대 개념

거주자와 그 배우자, 거주자와 같은 주소 또는 거소에서 생계를 같이하는 거주자와 그 배우자의 직계존비속(그 배우자를 포함) 및 형제자매를 모두 포함한다.

이 경우 거주자와 그 배우자는 생계를 달리하더라도 동일한 세대로 본다.

② 국민주택규모의 주택

주택법에 따른 국민주택규모의 주택으로 주거의 용도로만 쓰이는 면적(이하 '주거전용면적'이라 한다)이 1호(戸) 또는 1세대당 85제곱미터 이하인 주택을 말한다. 다만, 「수도권정비계획법」 제2조 제1호에 따른 수도권(서울특별시, 인천광역시, 경기도)을 제외한 도시지역*이 아닌 읍 또는 면 지역은 1호 또는 1세대당 주거전용면적이 100제곱미터 이하인 주택을 말한다.

* 국토의 계획 및 이용에 관한 법률에 따른 도시지역
  인구와 산업이 밀집되어 있거나 밀집이 예상되어 그 지역에 대하여 체계적인 개발·정비·관리·보전 등이 필요한 지역(다가구주택의 경우 국민주택규모의 주택 판정 시 가구당 전용면적을 기준으로 한다)

③ 공제금액

공제가능금액	=	연간 월세지출액	×	50%

④ 공제한도

월세액에 대한 소득공제는 연 300만 원을 초과할 수 없다. 이 경우, 주택마련저축에 따른 소득공제 또는 주택임차차입금 원리금상환액공제가 있는 이와 합하여 연 300만 원을 초과할 수 없다.

나. 월세지출액 현금영수증 발급

근로소득자가 주택임차와 관련하여 월세액을 지출하는 경우 국세청에 신고하면 현금영수증을 발급받을 수 있으며, 이와 관련된 신용카드 사용금액 소득공제 혜택을 받을 수 있다.

① 현금거래 확인신청 신고대상

대한주택공사, SH공사, 인천, 경기, 부산, 광주 도시공사, 전북개발공사, (주)부영은 주택 월세에 대하여 현금영수증을 발급하고 있으므로 현금거래 확인신청 신고대상에 해당되지 아니한다.

② 신청방법

근로자는 다음에 해당하는 방법 중 편리한 방법을 선택하여 현금영수증을 발급받을 수 있다.

㉮ 현금영수증 홈페이지(www.taxsave.go.kr)에서 현금거래 확인신청 신고서 작성 후 임대차계약서를 스캔·첨부하여 인터넷으로 제출
- 이용 경로 : 현금영수증 홈페이지(www.taxsave.go.kr) ⇨ 부가서비스 ⇨ 현금영수증 발급거부/주택월세 신고
㉯ 현금거래 확인신청 신고서 작성·출력 후 임대차계약서 사본을 첨부하여 가까운 세무서에 방문하거나 우편으로 제출

③ 현금영수증 발급과 관련 소득공제

　㉮ 신청일로부터 3년 전부터 임대차계약서에 기재된 월세기간 만료일까지
　　의 월세액에 대해 현금영수증 발급

　㉯ 현금영수증 발급된 금액은 신용카드 사용금액 소득공제 대상에 포함

〈신용카드 사용금액 공제 개요〉

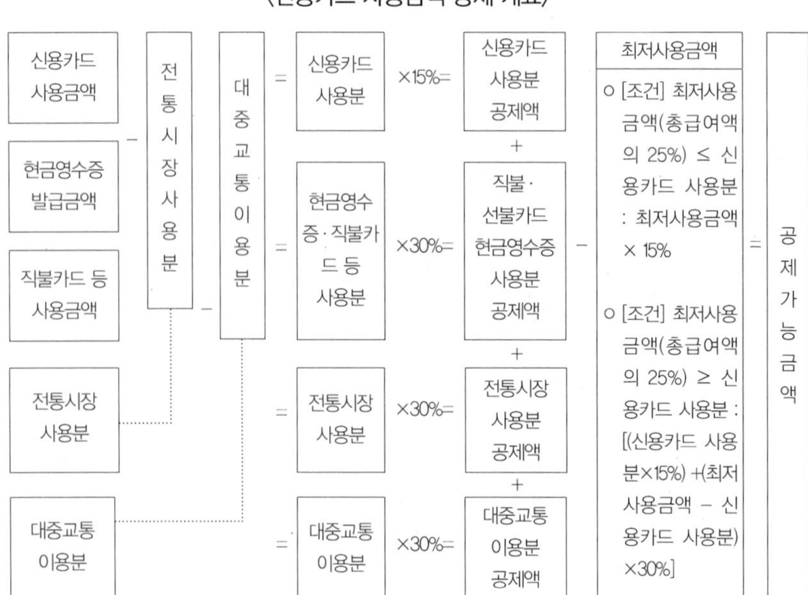

④ 주요 질문 사항 정리

　㉮ 현금영수증 발급은 임대차계약서상 임차인 명의로 발급됨.

　㉯ 임대인의 사업자 등록 여부와 관계없이 월세에 대한 현금영수증 발급
　　신청이 가능

　㉰ 현금영수증 발급 신청 시 임대인의 동의는 필요 없음.

㈔ 최초 신고 후 월세지급일에 국세청에서 현금영수증을 발급하며, 현금영수증 발급내역은 현금영수증홈페이지(www.taxsave.go.kr)에서 조회 가능

㈕ 최초 신고 후 임대차계약서의 계약기간 동안 월세지급일에 국세청에서 현금영수증을 발급하여 임대계약서의 임대기간 동안은 별도 신고할 필요 없으며, 임대계약이 연장 등으로 변경된 경우에는 신고를 하여야 함.

<월세 지급에 따른 소득공제와 현금영수증 발급 비교>

구분		월세소득공제	현금영수증 발급
근로자	총급여액	해당 연도 총급여액 5천만 원 이하	별도 규정 없음
	부양가족	배우자 또는 기본공제대상자 부양가족 有	별도 규정 없음
	무주택	요건 충족	별도 규정 없음
	세대주	요건 충족	별도 규정 없음
주택	국민주택규모	요건 충복	별도 규정 없음
월세	대상금액	해당 연도 월세액	신청서 제출 이후 해당 연도 월세액
	공제요건	보증금이 있는 경우 확정일자 주민등록상 주소지와 임대차계약서의 주소지 동일	별도 규정 없음
	중복공제	–	월세소득공제를 받는 경우 신용카드 공제 배제

다. 주택임차차입금 원리금 상환액공제

① 대출기관으로부터 차입한 경우

㉮ 공제대상자

다음에 해당하는 사람이 국민주택규모의 주택을 임차하기 위해 대출기관에서 차입한 경우를 말한다.

㉯ 차입금 요건

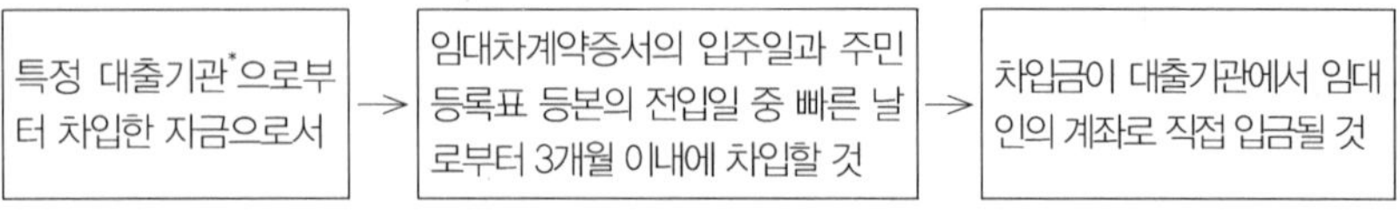

* 특정 대출기관은 책자 부록 참조

㉰ 공제금액

㉹ 공제한도

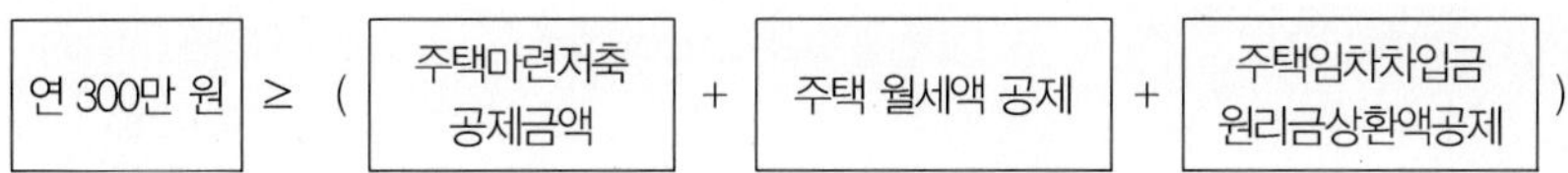

② 대출기관이 아닌 개인으로부터 차입한 경우

㉮ 공제대상자

다음에 해당하는 사람이 국민주택규모의 주택을 임차하기 위해 대부업

등의 등록 및 금융이용자 보호에 관한 법률에 따른 대부업 등을 경영하

지 아니하는 거주자로부터 차입한 경우를 말한다.

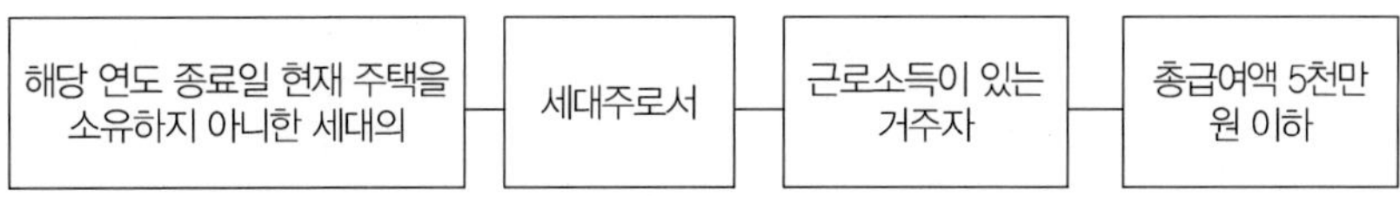

㉯ 차입금 요건

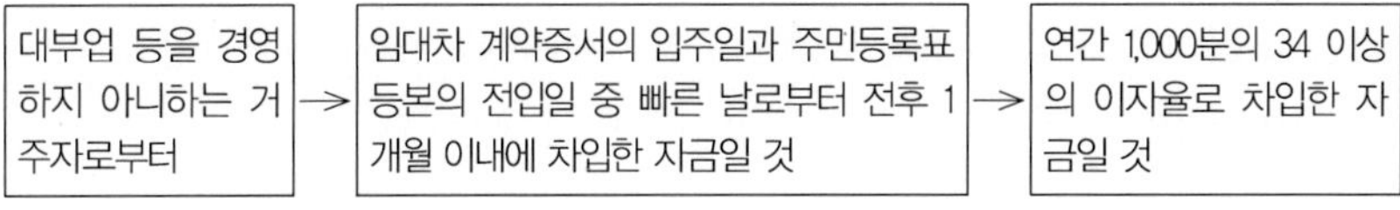

ⓒ 공제금액

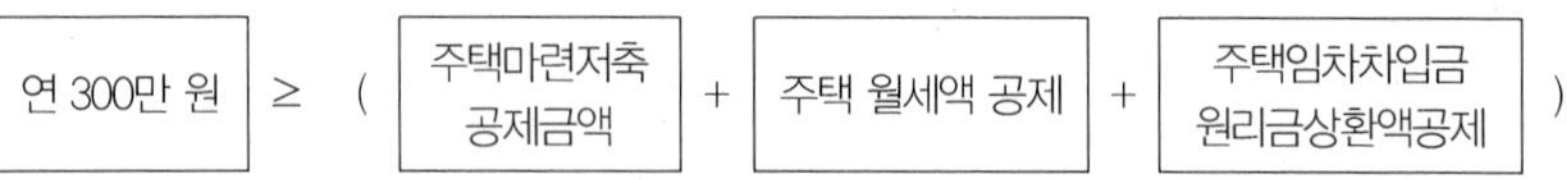

ⓓ 공제한도

연 300만 원 ≥ (주택마련저축 공제금액 + 주택 월세액 공제 + 주택임차차입금 원리금상환액공제)

라. 장기주택저당차입금 이자상환액공제

① 세대주가 주택을 취득하는 경우

㉮ 공제대상자

다음에 해당하는 사람이 국민주택규모의 주택을 취득하기 위해 금융회사 등 또는 주택법에 따른 국민주택기금으로부터 차입한 경우를 말한다.

* 세대주 여부의 판정은 과세기간 종료일 현재의 상황에 따른다.

㉯ 주택요건

④ 장기주택저당차입금 요건

취득한 주택에 저당권을 설정하고 금융기관 등으로부터 차입한 차입금은 다음의 요건을 갖추어야 한다.

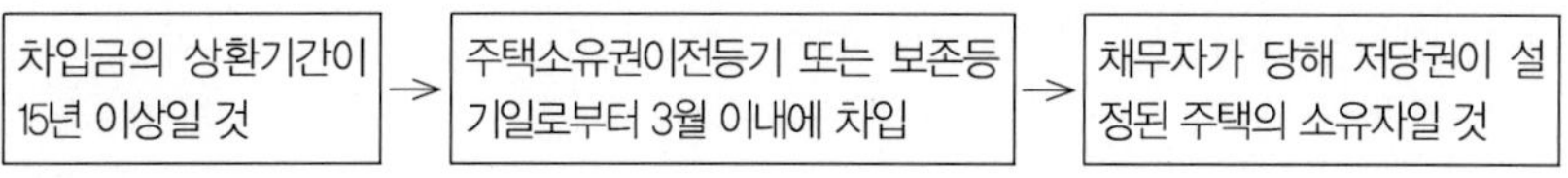

㉹ 거주요건

세대주에 대해서는 실제 거주 여부에 관계없이 적용한다.

② 세대원이 주택을 취득하는 경우

㉮ 공제대상자

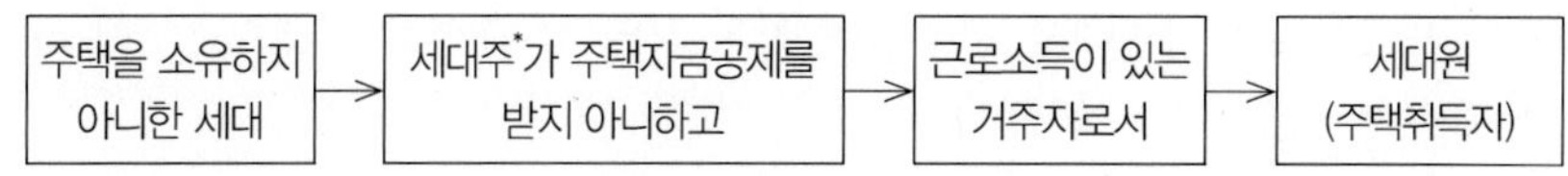

* 세대주 여부의 판정은 과세기간 종료일 현재의 상황에 따른다.

㉯ 주택요건

㉓ 장기주택저당차입금 요건

취득한 주택에 저당권을 설정하고 금융기관 등으로부터 차입한 차입금
은 다음의 요건을 갖추어야 한다.

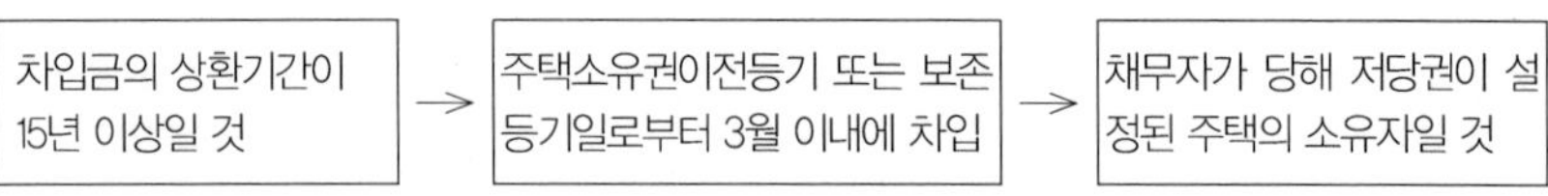

㉔ 거주요건

세대주가 아닌 거주자에 대해서는 실제 거주하는 경우에만 적용이 가능하다.

③ 예외적으로 장기주택저당차입금으로 보는 경우

다음에 해당하는 경우에는 장기주택저당차입금 요건을 모두 갖추지 아니
한 경우에도 예외적으로 장기주택저당차입금으로 보고 있다.

㉮ 양도소득세 감면대상 신축주택 최초 취득 시 금융회사 등으로부터 차
    입한 차입금

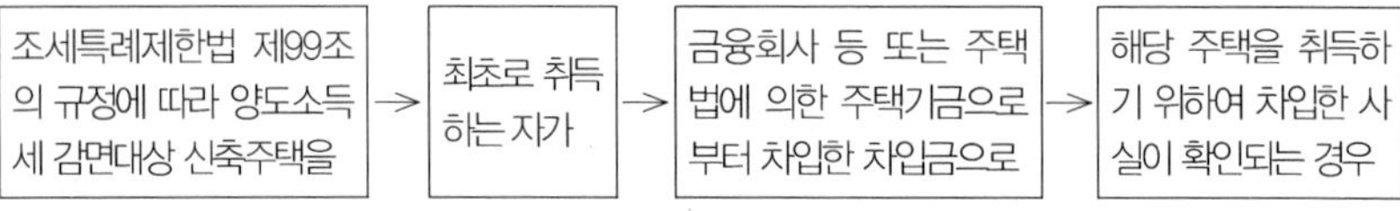

㉯ 장기주택저당차입금의 차입자가 다른 장기주택저당차입금으로 이전하는 경우

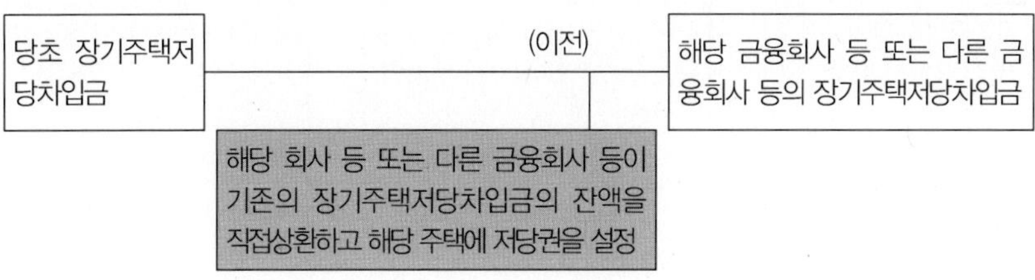

  - 차입금의 상환기간이 15년 이상 조건을 충족하여야 함.
  - 상환기간 계산

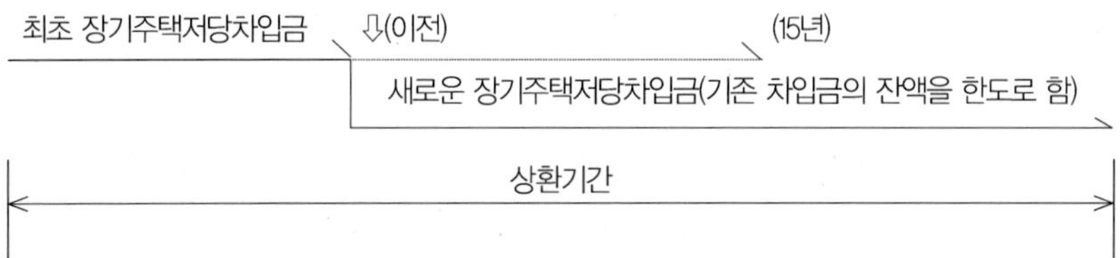

㉰ 주택양수자가 금융회사 등 또는 국민주택기금으로부터 주택양도자의 주택을 담보로 차입금의 상환기간이 15년 이상인 차입금을 차입한 후 즉시 소유권을 주택양수자에게로 이전하는 경우

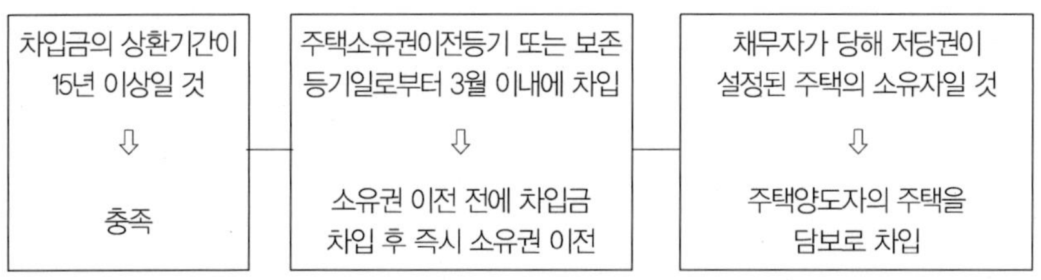

㉣ 다음에 해당하는 차입금의 차입자가 그 상환기간을 15년 이상으로 연
장하거나 신규 차입금으로 기존의 차입금을 상환하는 경우

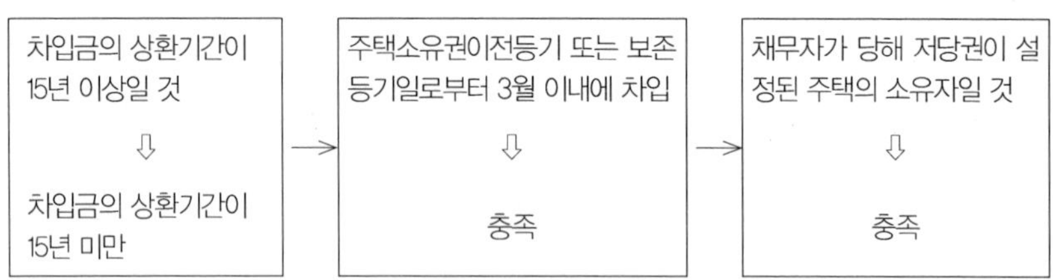

−기존 차입금의 상환기간을 연장하는 경우

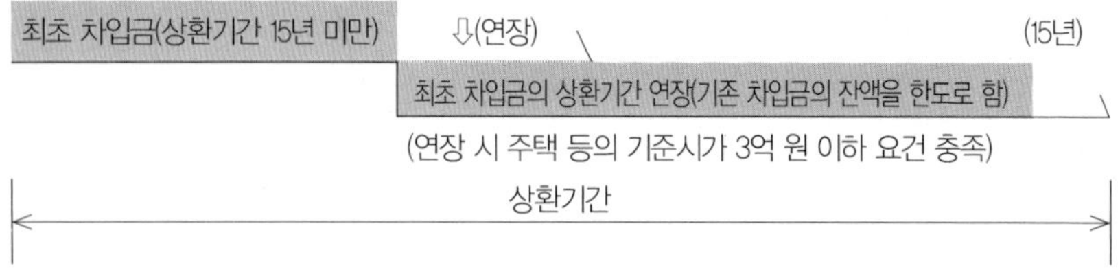

−신규 차입금으로 기존의 차입금을 상환하는 경우

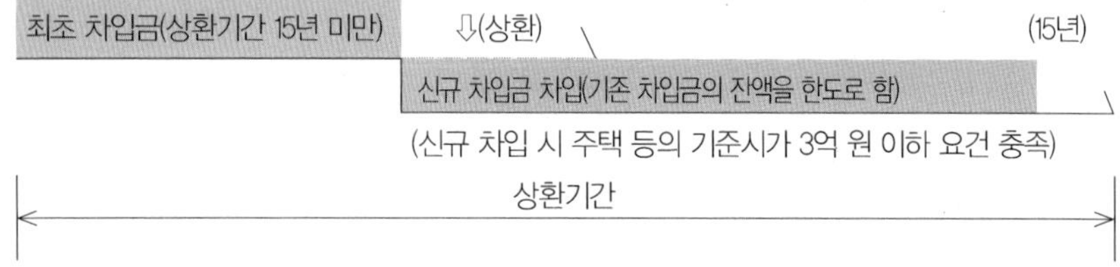

㉮ 조세특례제한법 제98조의 3에 따른 양도소득세 과세특례대상 주택을 2009.2.12~2010.2.11까지의 기준 중에 최초로 취득하는 경우

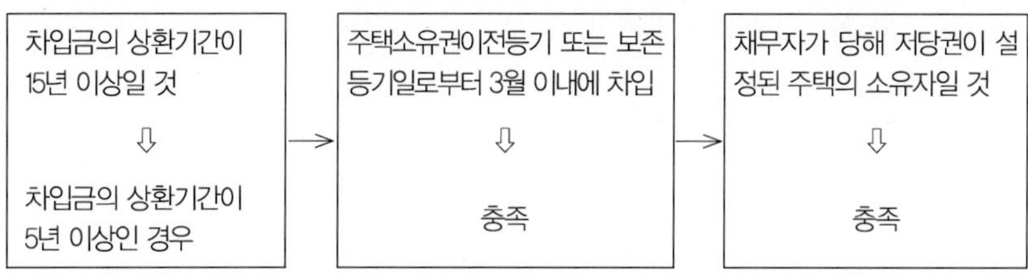

㉯ 해당 주택의 전소유자가 당해 주택에 저당권을 설정하고 차입한 장기주택저당차입금에 대한 채무를 해당 주택의 양수인이 주택취득과 함께 인수한 경우

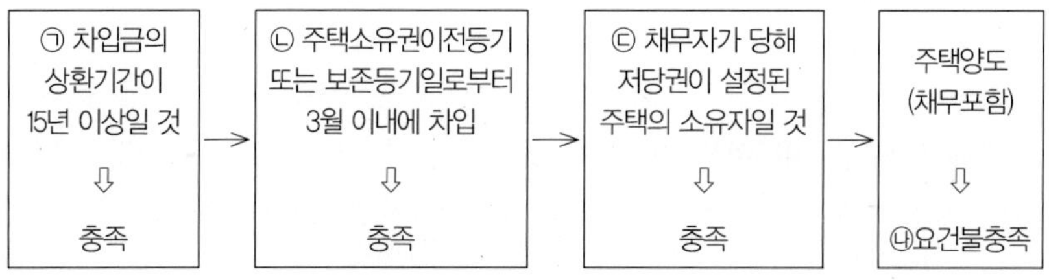

④ 공제배제 요건

세대 구성원이 보유한 주택을 포함하여 과세기간 종료일 현재 2주택 이상을 보유하거나 해당 과세기간에 2주택 이상을 보유한 기간이 3개월을 초과한 경우에는 공제를 적용하지 아니한다.

〈사례〉

구주택을 처분하지 아니한 상태에서 신주택을 취득한 경우 신주택의 경우 주택 취득 당시 무주택세대 요건에 해당하지 아니하여 장기주택저당차입금 이자상환액공제 대상에 해당하지 아니함

⑤ 주택분양권을 취득하는 경우

㉮ 공제대상자: 무주택자인 세대주

㉯ 주택분양권 범위

주택법에 따른 사업계획의 승인을 받아 건설되는 국민주택규모의 주택(주택법에 따른 주택조합 및 도시 및 주거환경정비법에 따른 정비사업조합의 조합원이 취득하는 주택 또는 그 조합을 취득하는 주택을 포함)을 취득할 수 있는 권리로서 다음에 해당하는 가격이 3억 원 이하인 권리

구분		가격
주택분양권		분양가격
조합원 입주권	청산금을 납부한 경우	기존건물과 그 부수토지의 평가액+납부한 청산금
	청산금을 지급받은 경우	기존건물과 그 부수토지의 평가액−지급받은 청산금

㉰ 차입금

– 주택분양권을 취득하고 그 주택을 취득하기 위하여 그 주택의 완공 시 장기주택저당차입금으로 전환할 것을 조건으로 금융회사 등 또는 주택법에 따른 국민주택기금으로부터 차입한 경우

– 주택분양권을 취득하고 그 주택을 취득하기 위하여 금융회사 등으로부터 차입하고, 그 주택을 완공 전에 해당 차입금의 차입조건을 그 주택 완공 시 장기주택저당차입금으로 전환할 것을 조건으로 변경하는 경우

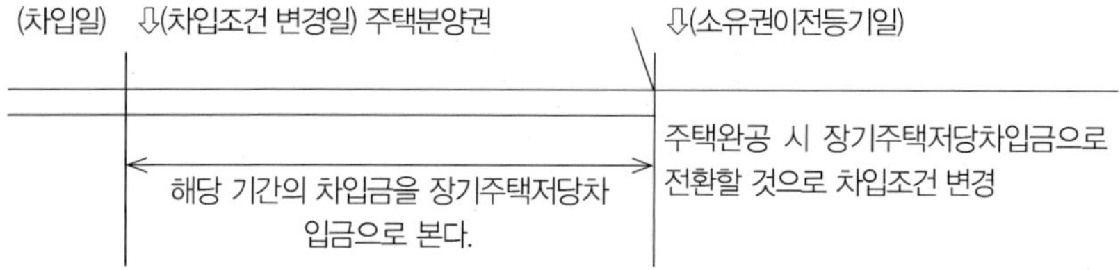

㉺ 공제 적용배제

거주자가 분양권을 둘 이상 보유하게 된 경우에는 그 보유기간이 속하는 과세기간에는 해당 차입금을 장기주택저당차입금으로 보지 아니한다.

⑥ 공제금액 및 공제한도

㉮ 이자상환액에 대해 공제하되 장기주택저당차입금의 이자상환액 공제는 다음에 해당하는 공제한도를 적용받는다.

㉯ 2011.12.31 이전 차입분
– 차입금의 상환기간이 15~29년 경우

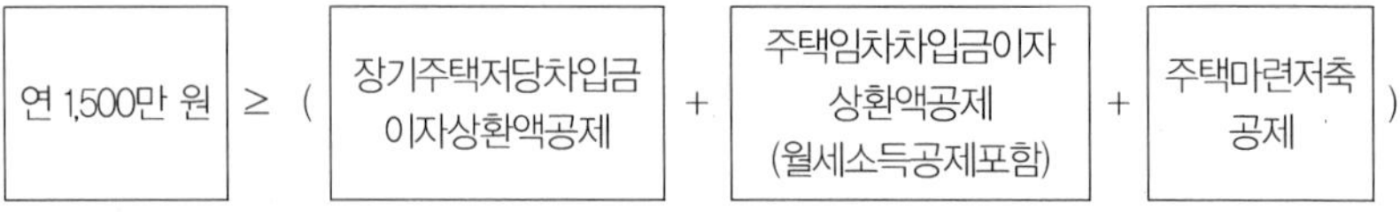

– 차입금의 상환기간이 30년 이상인 경우

㉯ 2012.1.1. 이후 최초로 차입하거나 차입금의 상환기간을 연장하여 지급
하는 분

– 장기주택저당차입금의 이자를 고정금리방식으로 지급하거나 비거치식
분할상환방식으로 지급하는 경우

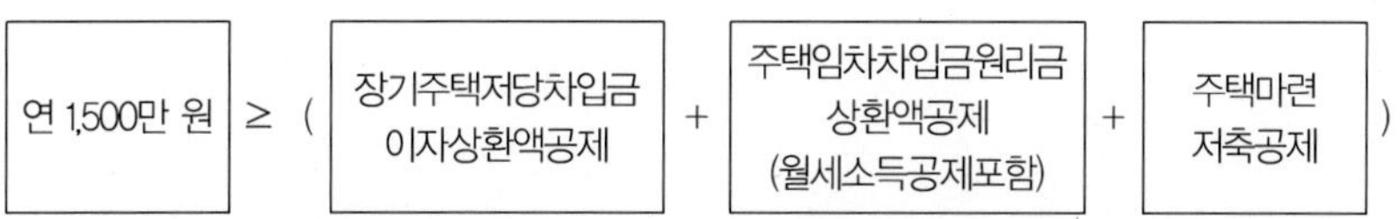

* 고정금리방식 : 차입금의 100분의 70 이상의 금액에 상당하는 분에 대한 이자를 상환기
간 동안 고정금리(5년 이상의 기간 단위로 금리를 변경하는 경우를 포함)로 지급
* 비거치식 분할상환방식 : 차입일이 속하는 과세기간의 다음 과세기간부터 차입금 상환기
간의 말일이 속하는 과세기간까지 매년 다음 계산식에 따른 금액 이상의 차입금을 상환하
는 경우를 말한다. 이 경우 상환기간 연수 중 1년 미만의 기간은 1년으로 본다.
(계산식) 차입금의 100분의 70/ 상환기간 연수

– 장기주택저당차입금의 이자를 그 외 방식으로 지급하는 경우

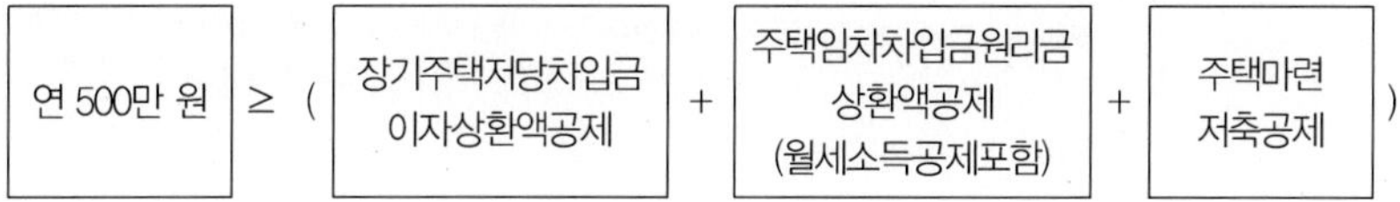

7

기부금 소득공제

✓ **알기 쉬운 세금절약 비법**

이웃사랑 실천과 소득공제를 한꺼번에

○ 기부금 공제금액

– 기부금액과 공제한도 중 적은 금액을 공제금액으로 한다.

  예) 지정기부금 단체에 기부한 금액 2백만 원이고, 해당 근로자의 지정기부금 공제

     한도가 180만 원이면 지정기부금공제금액은 180만 원이고, 공제받지 못한 20만

     원은 향후 5년간 이월하여 공제 가능

– 기부금 유형은 정치자금, 법정, 특례, 우리사주조합, 지정기부금으로 구분되며,

  그 유형에 따라 기부금 공제대상 부양가족, 공제한도 및 이월공제기간이 달리

  취급한다.

가. 정치자금기부금

① 공제 개요

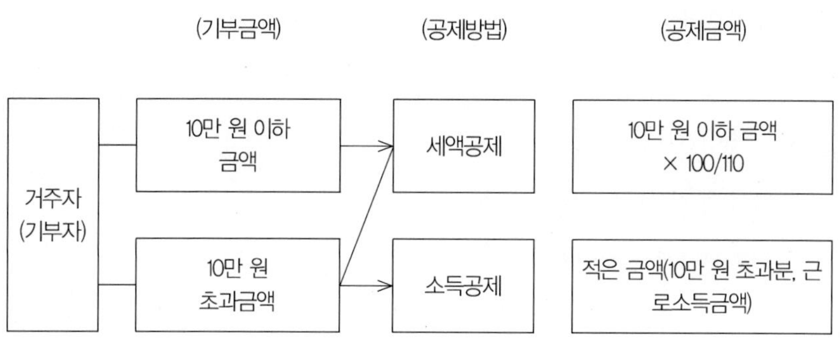

② 특징

㉮ 정치자금기부금은 근로자 등 소득자 본인이 지출한 경우에만 공제대상에 해당하며, 기부금액이 기부금공제한도를 초과한 경우에는 이월공제를 허용하지 않음에 유의

㉯ 기부금영수증 : 정치자금법에 따른 별도 영수증을 사용

㉰ 기부처 : 정당, 후원회, 선거관리위원회

〈사례〉

정치자금기부금으로 50만 원을 기부한 경우 세액공제금액은 90,909원*, 기부금소득공제금액은 40만 원**이다.

* 90,909원=100,000원×100/110
** 400,000원=기부금액 500,000원−세액공제대상 100,000원

나. 법정기부금

① 법정기부금은 거주자가 공익성이 강한 기부금단체로서 소득세법에서 구체
   적으로 열거하고 있는 단체에 기부한 기부금으로 근로소득금액의 범위 내
   에서 기부금공제가 가능하다.

② 주요 법정기부금 대상
   - 국가나 지방자치단체에 무상으로 기증
   - 국방헌금과 위문금품
   - 천재지변이나 특별재난지역으로 선포된 경우 그 선포의 사유가 된 재난
     으로 생긴 이재민을 위한 구호금품의 가액
   - 특별재난지역을 복구하기 위한 자원봉사
   - 학교 등에 시설비, 교육비, 장학금 또는 연구비로 지출하는 기부금
   - 사회복지업, 그 밖의 사회복지활동의 지원에 필요한 재원을 모집·배분
     하는 것을 주된 목적으로 비영리법인으로서 일정한 요건을 갖춘 법인에
     지출하는 기부금
   - 다음의 어느 하나에 해당하는 기관으로서 해당 법인의 설립목적, 수입금
     액 등이 일정한 요건을 갖춘 기관에 지출하는 기부금
   · 공공기관의 운영에 관한 법률 제4조에 따른 공공기관(공기업은 제외)
   · 법률에 따라 직접 설립된 기관

③ 공제대상

소득자 본인, 기본공제대상 부양가족이 법정기부금단체에 지출한 기부금
에 대해서 종합소득이 있는 소득자가 기부금공제를 받을 수 있다.

공제 가능 기부금	=	소득자 본인이 지출한 기부금	+	기본공제대상자 부양가족이 지출한 기부금

④ 특별재난지역을 복구하기 위한 자원봉사 가액 산출

기부금액	=	자원봉사가액	+	당해 자원봉사용역에 부수되어 발생하는 유류비·재료비 등 직접비용(⇨ 제공할 당시의 시가 또는 장부가액)

지방자치단체장 또는 자원봉사센터장이 확인한 특별재난지역 자원봉사용
역 등에 대한 기부금 확인서의 자원봉사시간에 대한 기부금액은 다음과 같이
산출한다.

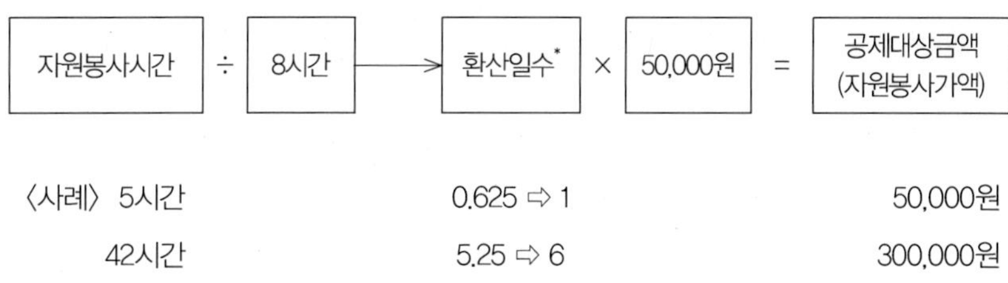

* 환산일수 계산 시 소수점 이하 부분은 1일로 계산함

⑤ 공제금액 및 공제한도

  법정기부금 합계액과 공제한도 중 적은 금액을 공제금액으로 한다.

| 공제한도 | = | 근로소득금액(= 총급여액 − 근로소득공제) | × | 100% |

〈사례〉

총급여액이 3천만 원인 근로자가 기본공제 대상 부양가족이 지출한 법정기부금 합계

액이 250만 원인 경우 법정기부금에 대한 공제금액은 250만 원*이다.

* 적은 금액{법정기부금 지출금액 250만 원, 법정기부금공제한도 1,875만 원[=(총급여액
  3천만 원−근로소득공제 1,125만 원)×100%]}

⑥ 기부금영수증

  법정기부금의 경우 기부금영수증에 '유형'란에 '법정', '코드'란에 '10'으로 기

재되어 있다.

⑦ 법정기부금 중 공제한도를 초과한 경우

  해당 연도에 공제한도를 초과하여 공제받지 못한 법정기부금은 3년간 이

월하여 공제받을 수 있다.

다. 특례기부금(2011. 6. 30 이전 지출분에만 적용)

① 특례기부금은 거주자가 공익성이 강한 기부금단체로서 조세특례제한법에

  서 구체적으로 열거하고 있는 단체에 기부한 기부금으로 근로소득금액에

서 정치자금기부금 및 법정기부금 공제 금액을 차감한 금액의 50% 범위
내에서 기부금공제가 가능하다.

② 주요 특례기부금 종류

㉮ 독립기념관에 지출하는 기부금

㉯ 한국교육방송공사에 지출하는 기부금

㉰ 한국국제교류재단에 지출하는 기부금

㉱ 국민신탁법인에 지출하는 기부금 등

③ 공제대상

소득자 본인, 기본공제대상 부양가족이 특례기부금단체에 지출한 기부금
에 대해서 종합소득이 있는 소득자가 기부금공제를 받을 수 있다.

$$\boxed{\text{공제 가능 기부금}} = \boxed{\text{소득자 본인이 지출한 기부금}} + \boxed{\text{기본공제대상 부양가족이 지출한 기부금}}$$

④ 공제금액 및 공제한도

특례기부금 합계액과 공제한도 중 적은 금액을 공제금액으로 한다.

$$\boxed{\text{공제한도}} = \left(\boxed{\substack{\text{근로소득금액} \\ (=\text{총급여액}-\text{근로소득공제})}} - \boxed{\substack{\text{정치자금기부금 및} \\ \text{법정기부금 공제금액}}} \right) \times \boxed{50\%}$$

<사례>

총급여액이 3천만 원인 근로자가 기본공제 대상 부양가족이 지출한 법정기부금 합계액이 250만 원, 특례기부금의 합계액이 300만 원인 경우 특례기부금에 대한 공제금액은 300만 원*이다.

* 적은 금액{특례기부금 지출금액 300만 원, 특례기부금공제한도 812.5만 원[=(근로소득금액 1,875만 원−법정기부금 공제금액 250만 원)×50%]}

⑤ 기부금영수증

　㉮ 특례기부금의 경우 기부금영수증에 '유형'란에 '조특법 73', '코드'란에 '30'으로 기재되어 있다.

　㉯ 특례기부금 중 공익법인신탁기부금의 경우 기부금영수증에 '유형'란에 '조특법 73 ① 11', '코드'란에 '31'로 기재되어 있다.

⑥ 특례기부금 중 공제한도를 초과한 경우

　해당 연도에 공제한도를 초과하여 공제받지 못한 특례기부금은 2년간 이월하여 공제받을 수 있다.

라. 우리사주조합 기부금

① 우리사주조합기부금*은 우리사주조합원이 아닌 거주자가 우리사주조합에 기부한 기부금으로 근로소득금액에서 정치자금기부금소득공제, 법정기부금 및 특례기부금 공제 금액을 차감한 금액의 30% 범위 내에서 기부금 공제가 가능하다.

* 우리사주조합기부금은 우리사주조합원이 아닌 소득자 본인이 지출한 경우에만 공제대상에 해당하며, 기부금액이 기부금공제한도를 초과한 경우에는 이월공제를 허용하지 않음에 유의해야 한다.

② 공제금액 및 공제한도

우리사주조합 기부금과 공제한도 중 적은 금액을 공제금액으로 한다.

$$\boxed{공제한도} = \left(\boxed{\begin{array}{c}근로소득금액\\(=총급여액-근로소득공제)\end{array}} - \boxed{\begin{array}{c}정치자금기부금 및\\법정기부금 공제금액\end{array}} \right) \times \boxed{30\%}$$

③ 기부금영수증

  우리사주조합 기부금의 경우 기부금영수증에 '유형'란에 '우리사주', '코드'란에 '42'로 기재되어 있다.

마. 지정기부금

① 지정기부금은 사회복지·문화·예술·교육·종교·자선 등을 고려하여 소득세법에서 정하고 있는 기부금단체에 거주자가 근로소득금액에서 정치자금기부금소득공제, 법정기부금, 특례기부금 및 우리사주조합기부금 공제 금액을 차감한 금액의 30% 범위 내에서 기부금공제가 가능하다.

② 주요 지정기부금 대상
  −노동조합에 가입한 사람이 납부한 회비
  −교원단체에 가입한 사람이 납부한 회비

- 공무원 직장협의회에 가입한 사람이 납부한 회비

- 기부금대상민간단체에 지출하는 기부금

• 비영리민간단체 지원법에 따라 등록된 단체 중 행정안전부장관의 추천을 받아 기획재정부장관이 지정한 단체(반기별로 지정)

• 지정일이 속하는 과세기간의 1월 1일부터 5년간 지출하는 기부금만 해당

- 사회복지법인

- 정부로부터 허가 또는 인가를 받은 학술연구단체·장학단체

- 종교의 보급, 그 밖에 교화를 목적으로 민법 제32조에 따라 문화체육관광부장관 또는 지방자치단체의 장의 허가를 받아 설립한 비영리법인(그 소속단체를 포함)

- 의료법에 따른 의료법인

- 민법 제32조에 따라 주무관청의 허가를 받아 설립된 비영리법인 중 주무관청의 추천을 받아 기획재정부장관이 지정한 법인

- 학교의 장이 추천하는 개인에게 교육비·연구비 또는 장학금으로 지출하는 기부금

- 불우이웃을 돕기 위하여 지출하는 기부금

- 무료 또는 실비로 이용할 수 있는 법정 시설에 기부하는 금품의 가액 아동복지시설, 노인복지시설

③ 공제대상

소득자 본인, 기본공제대상 부양가족이 지정기부금단체에 지출한 기부금에 대해서 종합소득이 있는 소득자가 기부금공제를 받을 수 있다.

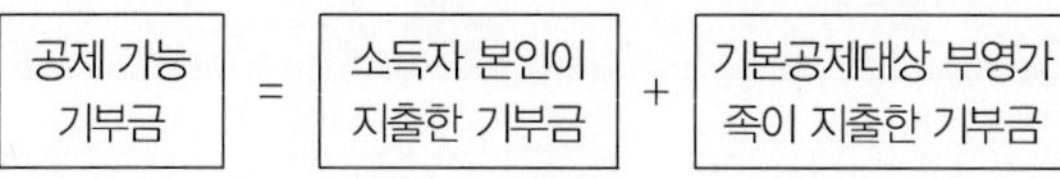

④ 공제금액 및 공제한도

지정기부금 합계액과 공제한도 중 적은 금액을 공제금액으로 한다.

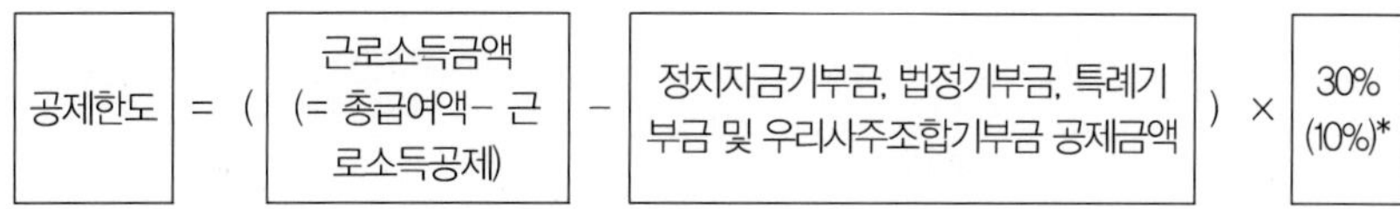

* 종교단체에 지출한 지정기부금은 공제한도 계산 시 10% 적용

〈사례〉

총급여액이 3천만 원인 근로자가 기본공제 대상 부양가족이 지출한 법정기부금 합계액이 250만 원, 특례기부금의 합계액이 300만 원 및 지정기부금 합계액이 200만 원인 경우 지정기부금에 대한 공제금액은 다음과 같다.

− 지정기부금 합계액 200만 원 중 종교단체 기부금액이 없는 경우 지정기부금 공제금액은 200만 원*이다.

  * 적은 금액{지정기부금 지출금액 200만 원, 지정기부금 공제한도 397.5만 원[=(근로소득금액 1,875만 원−법정기부금 공제금액 250만 원−특례기부금 공제금액 300만 원)×30%]}

− 지정기부금 합계액 200만 원 중 종교단체 기부금액이 150만 원인 경우 지정기부금 공제금액은 182.5만 원이다.

구분		계산 내역
적은 금액 182.5만 원	기부금액	200만 원
	공제한도	[((근로소득금액 1,875만 원−법정기부금 공제금액 250만 원 −특례기부금 공제금액 300만 원) ×10%+min(265만 원*, 종교단체 외 지정기부금 50만 원)] =132.5만 원+50만 원=182.5만 원 * (근로소득금액 1,875만 원−법정기부금 공제금액 250만 원 　　−특례기부금 공제금액 300만 원)×20%

− 지정기부금 합계액 200만 원 중 종교단체 기부금액이 200만 원인 경우 지정기부금 공제금액은 132.5만 원이다.

구분		계산 내역
적은 금액 132.5만 원	기부금액	200만 원
	공제한도	[((근로소득금액 1,875만 원−법정기부금 공제금액 250만 원 −특례기부금 공제금액 300만 원)×10% +min(265만 원*, 종교단체 외 지정기부금 0원)] =132.5만 원+0만 원=132.5만 원 * (근로소득금액 1,875만 원−법정기부금 공제금액 250만 원 　　−특례기부금 공제금액 300만 원)×20%

* 지정기부금 중 종교단체 기부금만 있는 경우에는 기부금공제한도는 다음과 같이 적용한다.
132.5만 원 = (근로소득금액 1,875만 원−법정기부금 공제금액 250만 원−특례기부금 공제금액 300만 원)×10%

⑤ 기부금영수증

㉮ 지정기부금(종교단체 기부금 제외)의 경우 기부금영수증에 '유형'란에 '지정', '코드'란에 '40'으로 기재되어 있다.

㉯ 지정기부금(종교단체 기부금)의 경우 기부금영수증에 '유형'란에 '종교단체', '코드'란에 '41'로 기재되어 있다.

⑥ 지정기부금 중 공제한도를 초과한 경우

해당 연도에 공제한도를 초과하여 공제받지 못한 지정기부금은 향후 5년간

이월하여 공제받을 수 있다.

○ 이월공제

해당 과세연도에 공제한도를 초과하여 공제받지 못한 공제액이 있는 경우 그 다음 해부터 일정기간 동안 과세연도까지 이월하여 공제받는 경우를 말한다.

8

신용카드 등 **사용금액 소득공제**

✓**알기 쉬운 세금절약 비법**

신용카드, 현금영수증 이용으로 플러스 알파

○ 소득공제 대상 신용카드 등 사용금액 등이란?

– 신용카드 사용금액, 현금영수증 발급금액, 직불카드 사용금액 등을 합계한 금액을 말한다.

○ 공제문턱(=최저사용금액)

– 신용카드 사용금액 등의 합계액 전부에 대해 공제하는 것이 아니라 일정금액을 초과한 경우에만 소득공제가 가능하다.

○ 공제금액

– 신용카드 등 사용금액 중 공제문턱을 초과한 금액에 공제비율을 곱하여 공제가능 금액을 계산하고 공제한도와 비교하여 적은 금액을 공제금액으로 한다.

가. 신용카드 등 사용금액 소득공제 개요

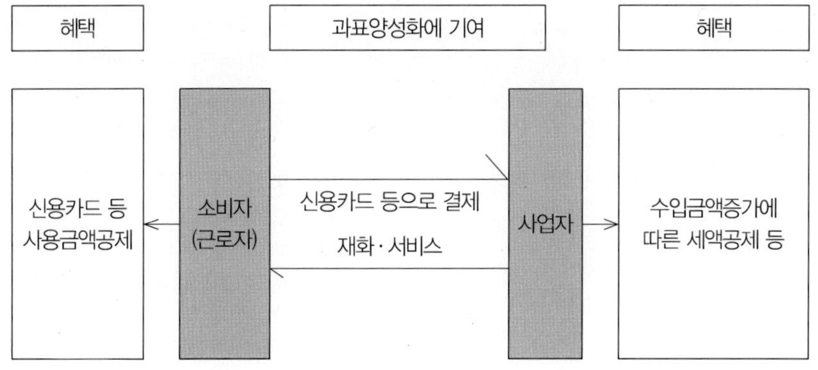

나. 신용카드 등 사용금액

신용카드 등 사용금액 = 신용카드 사용분 + 현금영수증·직불카드 사용분 + 전통시장 사용분 + 대중교통 이용분

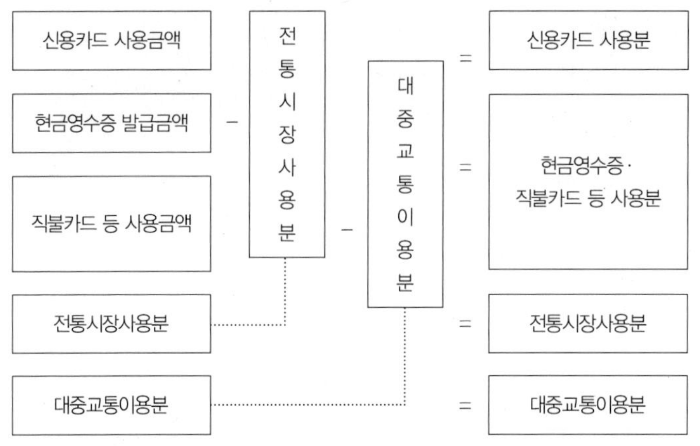

① 거주자인 근로자의 신용카드 사용금액에 포함할 수 있는 부양가족의 신용
카드 등 사용금액 범위

<table>
<tr><td rowspan="3">신용카드 등
사용금액</td><td colspan="2">거주자인 근로자 본인</td><td rowspan="3">⇐</td><td>신용카드
사용금액</td></tr>
<tr><td>거주자의 배우자</td><td rowspan="2">(조건)
다른 거주자의 기본공제를 적용받지 아니하고, 연간 소득금액의 합계액이 100만 원 이하인 경우</td><td>현금영수증
발급금액</td></tr>
<tr><td>거주자와 생계를 같이하는 다음의 부양가족
－직계존비속
－배우자의 직계존비속
－민법 또는 입양특례법에 따라 입양한 양자 및 사실상 입양상태에 있는 사람</td><td>전통시장사용분
대중교통이용분
직불카드 등</td></tr>
</table>

* 근로자가 부양하고 있는 형제자매의 신용카드 등 사용금액은 공제대상 신용카드 등 사용금액에 해당하지 아니함

〈사례〉

근로자의 배우자가 해당 연도 중에 퇴직한 경우 기본공제 및 배우자의 신용카드 사용액에 대한 연말정산 시 처리방법은?

구분	배우자에 대한 기본공제	배우자의 신용카드 사용액
배우자의 연간 소득금액이 100만 원 이하인 경우	기본공제 가능	근로자의 신용카드 사용금액에 포함 가능
배우자의 연간 소득금액이 100만 원 초과인 경우	기본공제 불가능	근로자의 신용카드 사용금액에 포함할 수 없음

② 신용카드 등 사용금액에서 제외되는 사용액

신용카드 등 사용금액	=	신용카드 사용금액 현금영수증 기재금액 전통시장 사용분 대중교통 이용분 직불카드 등	−	① 사업소득과 관련된 비용 또는 법인의 비용에 해당하는 경우 ② 물품의 판매 또는 용역의 제공을 가장하는 등 비정상적인 사용행위에 해당하는 경우 ③ 자동차를 구입하는 경우 ④ 국민건강보험법 등에 따라 부담하는 보험료 ⑤ 국민연금법에 의한 연금보험료 ⑥ 보험계약의 보험료 또는 공제료 ⑦ 유치원, 학교(대학원 포함), 보육시설에 납부하는 수업료·입학금·보육비용 기타 공납금 ⑧ 국세·지방세·전기료·수도료·전화료(정보사용료·인터넷이용료 등 포함)·아파트관리비·텔레비전시청료(종합유선방송의 이용료 포함) 및 도로통행료 ⑨ 상품권 등 유가증권 구입비 ⑩ 리스료(자동차대여사업의 자동차대여료 포함) ⑪ 지방세법에 의하여 취득세 또는 등록세가 부과되는 재산의 구입비용 ⑫ 국가·지방자치단체 또는 지방자치단체조합에 지급하는 사용료 수수료 등의 대가 (다만, 의료법에 의한 의료기관 및 보건소에 지급하는 경우는 제외) ⑬ 차입금 이자상환액, 증권거래수수료 등 금융·보험용역과 관련한 지급액, 수수료, 보증료 및 이와 비슷한 대가 ⑭ 정당, 후원회 및 각급 선거관리위원회에 신용카드 등으로 결제하여 기부하는 정치자금(기부금 세액공제 및 소득공제를 받는 경우에 한함) ⑮ 월세액 소득공제를 받은 월세액

다. 공제문턱(최저사용금액)

신용카드 사용금액 등의 전부에 대해 공제하는 것이 아니라 일정금액(=공제문턱)을 초과한 경우에만 소득공제가 가능하다.

$$\boxed{\text{최저사용금액 초과금액}} = \boxed{\text{신용카드 등 사용금액}} - \boxed{\text{공제문턱(총급여액의 25\%)}}$$

〈사례〉

구분	총급여액	신용카드 등 사용금액	공제문턱 (총급여액의 25%)	최저사용금액 초과금액
사례 A	4,000만 원	1,000만 원	1,000만 원	0원
사례 B	4,000만 원	1,500만 원	1,000만 원	500만 원
사례 C	4,000만 원	2,500만 원	1,000만 원	1,500만 원

라. 공제 가능 금액

신용카드 등 사용금액 중 공제문턱을 초과한 금액에 해당공제비율을 곱하여 공제가능금액을 계산한다.

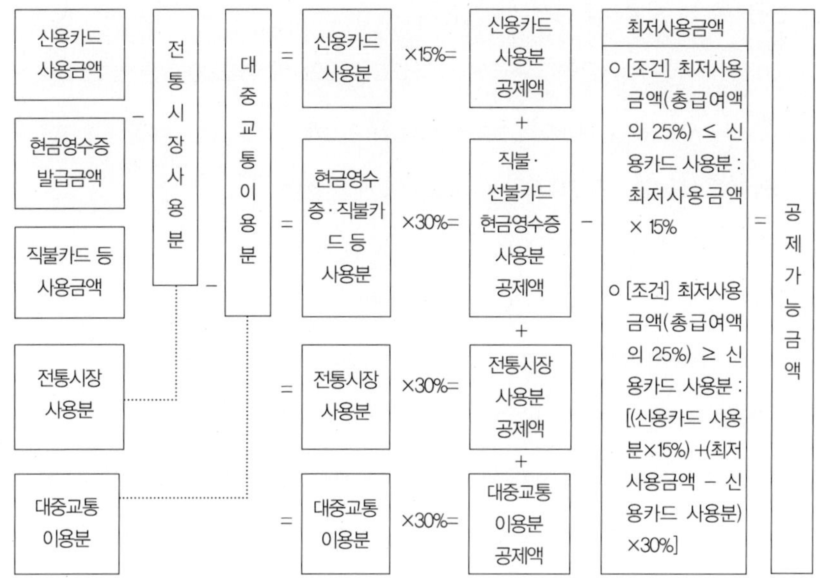

마. 공제금액

공제한도 = 적은 금액(총급여액의 20%, 300만 원)

공제금액 = 적은 금액[공제 가능 금액, 공제한도] + 전통시장추가공제금액(100만 원 한도) + 대중교통추가공제금액(100만 원)

〈사례〉 다음에 해당하는 경우 신용카드 등 사용금액 소득공제금액은?

- 총급여액 4,000만 원

- 신용카드 등 사용금액 2,000만 원

구 분	신용카드	직불카드	현금영수증	전통시장
사용금액	8,000,000	5,000,000	3,000,000	4,000,000

○ 신용카드 등 사용금액 공제금액 계산

– 공제문턱(= 최저사용금액) : 총급여액의 25%(1,000만 원 = 4,000만 원 × 25%)

– 신용카드 사용분 : 1,200,00원 = 8,000,000원 × 15%

– 직불카드 사용분 : 1,500,000원 = 5,000,000원 × 30%

– 현금영수증 사용분 : 900,000원 = 3,000,000 × 30%

– 전통시장 사용분 : 1,200,000원 = 4,000,000원 × 30%

– 최저사용금액에 해당하는 금액을 사용분으로 환산

　신용카드 사용금액 〈 최저사용금액 이므로

　(신용카드 사용금액 8,000,000원 × 15%) + (최저사용금액 10,000,000원 – 신용카

　드 사용금액 8,000,000원) × 30% = 1,200,000원 + 600,000원 = 1,800,000원

– 공제가능금액 3,000,000원

　= 사용분 합계 4,800,000원 – 최저사용금액에 해당하는 금액 1,800,000원

– 공제한도 3,000,000원

　= 적은 금액(총급여액 40,000,000원 × 20%, 3,000,000원)

– 공제금액 3,000,000원

　= 적은 금액(공제한도 3,000,000원, 공제가능금액 3,000,000원)

<참고> 현금영수증 가입 및 발급하기

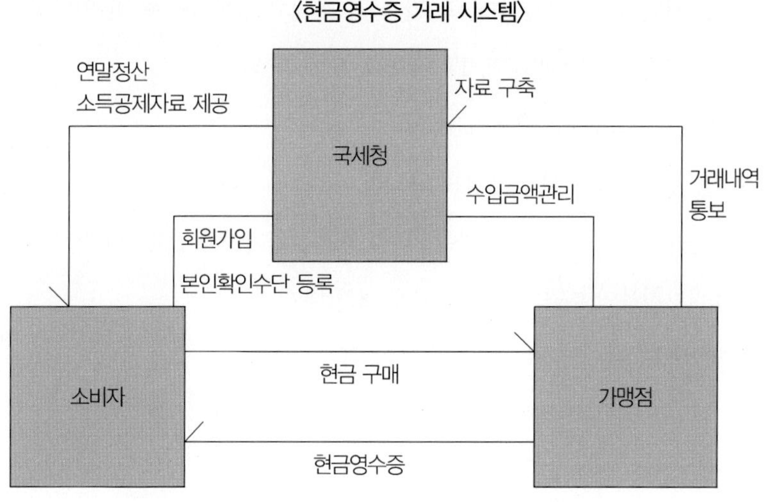

- 현금영수증 회원 가입 방법

현금영수증(www.hometax.go.kr) ⇒ '회원 가입' 메뉴 클릭 ⇒ 이용자

구분(소비자) 선택 ⇒ 기본정보 입력 후 확인 클릭 ⇒ 현금영수증 발급

요청 시 사용하는 핸드폰 번호, 카드번호 등을 입력 후 확인 클릭

바. 주요 질문 사항

① 현금영수증 발급 방법

물건 또는 서비스 구입 대가로 현금 지급 시 거래자의 휴대폰 번호 등에 의

한 현금영수증 발급 요청한다. 다만, 현금을 지급하더라도 과표양성화와 무

관한 다음의 경우에는 현금영수증 발급대상에 해당하지 아니한다.

- 의료보험, 고용보험, 국민연금 보험료 및 각종 보험료

- 유치원, 학교(대학원 포함) 및 보육시설의 수업료 등 공납금

- 국세, 지방세, 전기료, 수도료, 가스료, 전화료(정보사용료 및 인터넷이
  용료 포함), 아파트관리비, TV 시청료, 도로통행료

- 상품권 등 유가증권 구입비, 리스료

- 취득·등록세 과세대상 재산의 구입비

- 국가·지방자치단체가 제공하는 재화·용역(부가가치세 면제)에 대한 대가

- 금융·보험용역(부가가치세 면제)에 대한 대가

- 복권, 우표, 수입인지·수입증지 구입비용

② 과거 현금결제분에 대한 소급 발급 가능 여부

현금으로 구매대금을 지불할 때 현금영수증을 요구하여야 하나, 미처 요구하지 못한 경우에는 증빙을 갖추어 3년 이내에 세무서로 신고하면 소득공제 대상 현금영수증으로 인정받을 수 있다.

③ 현금영수증 홈페이지에서 사용내역이 조회하지 않은 경우

㉮ 발급받은 영수증에 '현금(소득공제)' 또는 '현금(지출증빙)'이라고 기재되어 있지 아니하면 현금영수증이 아님

㉯ 현금영수증 발급받을 때 휴대전화 번호 등이 현금영수증 홈페이지에 등록되지 아니한 경우에도 이런 일이 발생할 수 있으며, 이런 경우 현금영수증 홈페이지 '카드·휴대전화 번호 변경' 메뉴를 이용하여 휴대전화 번호, 카드 번호 등을 홈페이지에 등록하면 등록일 다음 날부터 사용내역을 확인할 수 있음

④ 현금 거래 후 현금영수증을 요청하지 않았는데 가맹점에서 자진 발급한 현
  금영수증(010-000-****)을 보관하고 있는 경우 본인의 현금영수증으로
  전환하는 방법
  ⇒ 현금영수증홈페이지 화면에서 '자진발급분 사용자 등록'을 클릭 ⇒ 현
    금영수증에 표기된 가맹점 사업자번호, 금액, 승인번호, 거래일자를 입
    력하면 본인의 현금영수증으로 전환이 가능하다.

⑤ 소득공제 신청방법
  홈페이지에서 현금영수증 연간 사용금액(공제대상 가족 사용분도 각각 조
회하여 포함)을 확인하여 '신용카드 등 사용금액 신청서'에 금액 기재하여 회
사에 제출하여야 한다.

〈선불형 교통카드 사용액 소득공제 챙기기〉
−선불형 교통카드 사용금액에 대한 소득공제를 받기 위해서는 선불형 교통카드 홈
  페이지에서 사용자등록을 하여야 한다.
−사용자 등록이 된 카드의 경우 카드사 홈페이지나 연말정산간소화 서비스 홈페이지
  (www.yesone.go.kr)에서 조회가 가능하다.

〈선불형 교통카드 홈페이지〉

구 분	홈페이지
한국스마트카드(T-money)	www.t-money.co.kr
카드넷(대경카드)	www.kardnet.com
myb카드	www.mybi.co.kr
부산하나로카드	www.busanhanaro.com

9

연말정산간소화 서비스
제대로 이용하기

✓알기 쉬운 세금절약 비법

○ 연말정산간소화 서비스(www.yesone.go.kr)

연말정산 소득공제에 필요한 영수증을 국세청이 수집하여 인터넷에서 근로자가

조회 및 출력할 수 있도록 한 서비스이다.

○ 이용 시 공인인증서 필요

연말정산 연말정산간소화 서비스에서 본인에 해당하는 소득공제 영수증을 조회

및 출력하기 위해서는 공인인증서 필요

○ 제공되는 소득공제 항목

- 근로자퇴직급여 보장법 또는 과학기술인공제회법에 따라 근로자가 부담하는

  부담금

- 보험료

- 의료비(병의원, 약국에 지출한 의료비에 한정)

- 교육비(학교에 지출한 교육비, 직업능력개발훈련시설에 한정)

- 주택임차차입금 원리금 상환액, 장기주택저당차입금 이자상환액

- 개인연금저축, 연금저축, 공제부금, 청약저축, 주택청약종합저축, 장기주식형
  저축

- 신용카드 등 사용금액

- 기부금

○ 연말정산간소화 서비스에서 조회 및 출력된 자료 이용방법

홈페이지에서 조회한 자료금액이 정확한 경우 이를 출력하여 회사에 제출

가. 연말정산간소화 서비스 구조

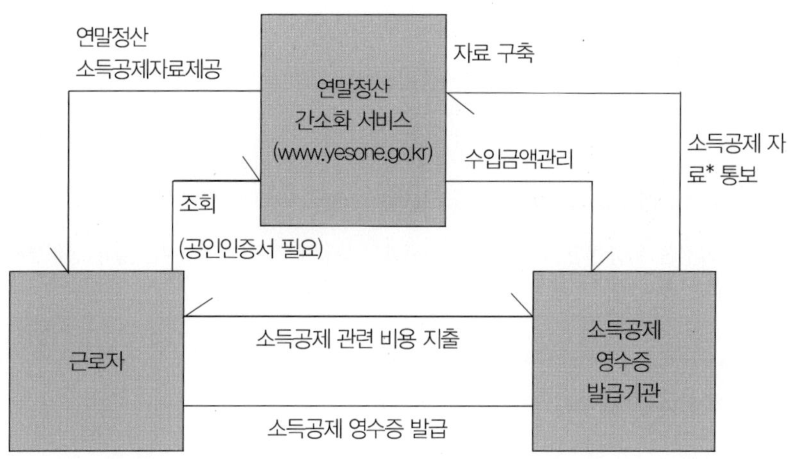

* 다음에 해당하는 소득공제 항목만 제공되므로, 해당하지 아니한 경우에는 소득공제 영수
증 발급기관으로부터 소득공제 영수증을 발급받아야 한다.
－근로자퇴직급여 보장법 또는 과학기술인공제회법에 따라 근로자가 부담하는 부담금
－보험료
－의료비(병의원, 약국에 지출한 의료비에 한정)

─교육비(학교에 지출한 교육비, 직업능력개발훈련시설에 한정)
─주택임차자금 차입금 원리금 상환액, 장기주택저당차입금 이자상환액
─개인연금저축, 연금저축, 공제부금, 청약저축, 주택청약종합저축, 장기주식형 저축
─신용카드 등 사용금액(학원지로납부 금액 제외)
─기부금(기부금단체에서 국세청에 자료를 제출하는 경우에만 제공)

연말정산간소화 서비스는 소득공제 자료 조회 및 출력기능만 제공하므로 근로자가 연말정산 간소화 서비스에서 조회하는 경우 그 자료가 자동적으로 연말정산에 사용되는 것이 아니므로 필요한 자료를 출력하여 회사에 제출하여야 한다.

나. 연말정산 간소화 서비스 조회 가능 범위

연말정산 간소화 서비스에서는 로그인 시 공인인증서에 의해 본인 여부를 확인하고 로그인한 사람에 해당하는 자료만 보여 주는 것이 원칙이나 연말정산 업무 편의를 위해 근로자가 해당 가족의 사전동의를 얻은 경우에는 부양가족의 소득공제 자료를 조회할 수 있다.

* 다만, 근로자는 미성년(만 20세 미만) 자녀의 소득공제 자료에 대해서는 별도 동의절차 없이 조회할 수 있다.

〈참고〉 부양가족 사전동의 절차
 ─ 연말정산간소화 서비스 홈페이지를 통한 인터넷 동의 신청
   근로자가 소득공제를 조회할 수 있도록 사전동의를 하고자 하는 부양가족이 연말정산 간소화 서비스 홈페이지에 접속하여 이동전화, 신용카

드 및 팩스를 활용하여 인터넷으로 동의 신청

– 세무서 방문으로 동의 신청

근로자가 소득공제를 조회할 수 있도록 사전동의를 하고자 하는 부양

가족이 신분증을 지참하여 가까운 세무서에 '소득공제자료제공 동의 신

청서'를 작성하여 제출

  * 신분증: 주민등록증, 운전면허증, 여권, 외국인등록증. 다만, 근로자와 부양가족이
    동일한 주소에서 거주하지 않은 경우에는 근로자와 해당 부양가족의 관계가 표시된
    가족관계부를 제출하여야 함

다. 연말정산간소화 서비스에서 확인한 소득공제 자료 활용방법

홈페이지에서 확인한 자료 금액이 정확한 경우에는 이를 출력하여 회사에

제출하고, 실제 금액과 다른 경우에는 해당 소득공제 영수증 발급기관으로부

터 해당 소득공제 영수증을 발급받아 회사에 제출한다.

* 주택자금공제 및 주택마련저축 자료 이용 시 유의사항
 연말정산간소화 서비스는 소득공제영수증 발급기관이 제출한 자료를 제공하므로, 근로자
가 주택자금소득공제 또는 주택마련저축 소득공제를 받기 위해서는 무주택 세대주 등 다
른 공제 요건을 충족하였는지 스스로 검토하여야 한다.

제9장
노후생활에 뒷받침이 되는 퇴직소득

1

퇴직소득 범위

✓ 알기 쉬운 세금절약 비법

○ 퇴직소득

퇴직소득은 퇴직함으로써 받는 소득 중 일시금으로 해당 연도의 종합소득에 합산하지 아니하고 해당 연도에 발생한 퇴직소득만을 별도 과세하고 있다.

가. 퇴직소득 종류

퇴직소득은 해당 과세기간에 발생한 다음의 소득으로 한다.

① 공적연금 관련법에 따라 받는 일시금

공적연금 관련법
「국민연금법」, 「공무원연금법」, 「군인연금법」, 「사립학교교직원연금법」, 「별정우체국법」 또는 「국민연금과 직역연금의 연계에 관한 법률」

공적연금 관련법에 따라 받는 일시금은 다음의 금액 중 적은 금액으로 한다. 이 경우 퇴직소득은 2002년 1월 1일 이후에 납입된 연금 기여금 및 사용자부담금을 기초로 하거나 2002년 1월 1일 이후 근로의 제공을 기초로 하여 받은 일시금으로 한다.

㉮ 과세기준일 이후 납입한 기여금 또는 개인부담금(사용자부담분을 포함)의 누계액과 이에 대한 이자 및 가산이자

㉯ 실제 지급받은 일시금에서 과세기준일(2002년 1월 1일) 이전에 납입한 기여금 또는 개인부담금을 뺀 금액

이 경우 퇴직소득 지급액에 과세제외기여금등이 포함되어 경우에는 과세대상 퇴직소득은 과세제외기여금등을 뺀 금액으로 한다.

- 과세기준일(2002년 1월 1일) 이후에 법 제51조의3에 따른 연금보험료공제를 받지 않고 납입한 기여금 또는 개인부담금(소득세법 시행령 제201조의10에 따라 확인되는 금액만 해당하며, 이하 "과세제외기여금등")이 있는 경우에는 과세기준금액에서 과세제외기여금등을 뺀 금액을 공적연금소득으로 한다. 이 경우 과세제외기여금등이 해당 과세기간의 과세기준금액을 초과하는 경우 그 초과하는 금액은 그 다음 과세기간부터 과세기준금액에서 뺀다.
- 소득세법 제22조제1항제1호에 따른 일시금(퇴직소득세가 과세되었거나 비과세 소득인 경우만 해당한다)을 반납하고 연금으로 수령하는 경우 반납한 일시금은 과세제외기여금등으로 본다.

② 사용자 부담금을 기초로 하여 현실적인 퇴직을 원인으로 지급받는 소득

③ 그 밖에 ① 및 ②와 유사한 소득으로서 다음에 해당하는 소득

㉮ 소득세법 제22조제1항제1호(공적연금 관련법에 따라 받는 일시금)의 소득을 지급하는 자가 퇴직소득의 일부 또는 전부를 지연하여 지급하면서 지연지급에 대한 이자를 함께 지급하는 경우 해당 이자

㉯「과학기술인공제회법」제16조제1항제3호에 따라 지급받는 과학기술발전장려금

㉰「건설근로자의 고용개선 등에 관한 법률」제14조에 따라 지급받는 퇴직공제금

나. 퇴직소득금액

퇴직소득금액은 가. 퇴직소득 종류에서 열거한 소득의 금액의 합계액(비과세소득의 금액 제외)으로 한다.

퇴직소득금액 = 퇴직소득 합계액 − 비과세소득

다. 임원의 퇴직소득금액 계산

공적연금 관련법에 따라 받는 일시금을 제외하고는 임원의 퇴직소득금액은 다음과 같이 계산한다.

〈1단계〉 임원의 퇴직소득금액에서 2011년 12월 31일에 퇴직하였다고 가정할 때 지급받을 퇴직소득금액이 있는 경우에는 그 금액을 뺀 금액 산출

〈2단계〉 한도 계산

$$\text{퇴직한 날로부터 소급하여 3년(근무기간이 3년 미만인 경우 해당 근무기간)동안 지급받은 총급여의 연평균환산액} \times \frac{1}{10} \times \frac{\text{2012년 1월 1일 이후의 근무기간}}{12} \times 3$$

* 근무기간은 개월 수로 계산하며, 1개월 미만의 기간이 있는 경우에는 이를 1개월로 본다.

〈3단계〉 소득구분

− 한도 내 금액은 퇴직소득

− 한도 초과금액은 근로소득

가. 법인의 회장, 사장, 부사장, 이사장, 대표이사, 전무이사 및 상무이사 등 이사회의 구성원 전원
　　과 청산인
나. 합명회사, 합자회사 및 유한회사의 업무집행사원 또는 이사
다. 유한책임회사의 업무집행자
라. 감사
마. 그 밖에 가부터 라까지의 규정에 준하는 직무에 종사하는 자

라. 퇴직판정의 특례

사용자 부담금을 기초로 하여 현실적인 퇴직을 원인으로 지급받는 소득을 퇴직소득를 적용할 때 다음의 어느 하나에 해당하는 사유가 발생하였으나 퇴직급여를 실제로 받지 아니한 경우는 퇴직으로 보지 아니할 수 있다.

① 종업원이 임원이 된 경우
② 합병·분할 등 조직변경, 사업양도 또는 직·간접으로 출자관계에 있는 법인으로의 전출이 이루어진 경우
③ 법인의 상근임원이 비상근임원이 된 경우

마. 퇴직소득 중간지급

계속근로기간 중에 다음의 어느 하나에 해당하는 사유로 퇴직급여를 미리 지급받은 경우(임원인 근로소득자 포함)에는 그 지급받은 날에 퇴직한 것으로 본다.

① 「근로자퇴직급여 보장법 시행령」 제3조제1항 각 호의 어느 하나에 해당하

는 경우

「근로자퇴직급여 보장법 시행령」 제3조제1항 각 호(퇴직금의 중간정산 사유)
– 무주택자인 근로자가 본인 명의로 주택을 구입하는 경우
– 무주택자인 근로자가 주거를 목적으로 「민법」 제303조에 따른 전세금 또는 「주택임대차보호법」 제3조의2에 따른 보증금을 부담하는 경우 이 경우 근로자가 하나의 사업 또는 사업장(이하 "사업"이라 한다)에 근로하는 동안 1회로 한정한다.
– 근로자, 근로자의 배우자 또는 「소득세법」 제50조제1항에 따른 근로자 또는 근로자의 배우자와 생계를 같이하는 부양가족이 질병 또는 부상으로 6개월 이상 요양을 하는 경우
– 퇴직금 중간정산을 신청하는 날부터 역산하여 5년 이내에 근로자가 「채무자 회생 및 파산에 관한 법률」에 따라 파산선고를 받은 경우
– 퇴직금 중간정산을 신청하는 날부터 역산하여 5년 이내에 근로자가 「채무자 회생 및 파산에 관한 법률」에 따라 개인회생절차개시 결정을 받은 경우
– 「고용보험법 시행령」 제28조제1항제1호부터 제3호까지의 규정에 따른 임금피크제를 실시하여 임금이 줄어드는 경우
– 그 밖에 천재지변 등으로 피해를 입는 등 고용노동부장관이 정하여 고시하는 사유와 요건에 해당하는 경우

② 법인의 임원이 향후 퇴직급여를 지급받지 아니하는 조건으로 급여를 연봉

제로 전환하는 경우

③ 「근로자퇴직급여 보장법」 제38조에 따라 퇴직연금제도가 폐지되는 경우

2

퇴직연금제도

가. 도입 배경

① 도산 등에 따른 퇴직금 수령 권리 보호 미흡

저출산 고령화 사회 진입에 따라 은퇴 이후의 경제적인 안정이 더욱 중요시 되고 있는 반면 기존의 퇴직금 제도는 기업이 갑자기 도산하는 경우에는 퇴직금을 전액 지급받지 못하고 체불되는 사례가 빈번하였다.

② 노동시장 환경 변화에 따른 퇴직금 지급방법 변경

IMF 이후 노동시장의 환경 변화로 잦은 이직과 근무 실적에 따라 급여를 지급받는 연봉제가 확산되고 정기적으로 퇴직금 중간정산을 실시하는 기업이 많아지면서, 퇴직금이 노후를 위해 적립되지 못하고 이직 및 중간정산 등에 의해 소액으로 지급받게 되는 경우, 근로자 입장에서도 새로운 직장을 찾는 기간 동안 생활자금으로 사용되었다.

나. 퇴직연금제도

2005.12.1일부터 시행된 우리나라의 퇴직연금제도는 기업이 사내에 적립하던 퇴직금제도를 대체하여, 금융기관에 매년 퇴직금 해당금액을 적립하여 근로자가 퇴직할 때 연금 또는 일시금으로 지급받아 노후설계가 가능한 제도이다.

① 퇴직금 수령할 수 있도록 근로자 보호 강화

종 류	확정기여형 퇴직연금	확정급여형 퇴직연금
퇴직금 수령 권리 보호	전액 사외적립 되어 근로자의 퇴직금 수령이 보장됨	종전의 퇴직금의 제도보다 근로자가 퇴직금 수령할 수 있도록 개선

② 안정적인 노후생활자금 보장

직장이동에 따른 부작용을 최소화하기 위해 직장을 이동하더라도 퇴직금을 은퇴할 때까지 관리하고 운용할 수 있도록 개인퇴직계좌*를 마련하여 직장을 이동할 때마다 퇴직금을 써버리지 말고 세금혜택을 받아 가면서 개인퇴직계좌에 적립하였다가 55세 이후에 연금 또는 일시금으로 수령 가능

* 개인퇴직계좌
  개인퇴직계좌에 퇴직금을 불입하면 퇴직소득세를 내지 않으며, 55세 이후 실제 연금 등을 수령할 때 연금소득세 등을 부담하는 과세이연 장치를 말한다.

③ 세금절약 혜택

확정기여형 퇴직연금의 경우 근로자가 추가로 납부하는 납입금에 대해서 연금저축과 합산하여 400만 원까지 소득공제 가능

다. 관련 연금 비교 분석

구 분	목 적	특 징
국민연금	기초생활 보장	−소득이 있는 의무적으로 가입 −국가에서 운영
퇴직연금	안정적인 생활	−근로소득이 있는 경우 가입 −회사나 근로자가 자산운영
개인연금저축 및 연금저축	여유 있는 생활	−개인이 자유롭게 선택하여 가입 −금융기관에서 운영

라. 퇴직연금의 종류

구 분	확정기여형	확정급여형
운영방식	퇴직연금 적립금의 운용방식을 근로자 개인의 선호를 반영하여 결정	퇴직연금 적립금의 운용방식을 사용자가 결정
퇴직급여	사용자가 매년 납부한 퇴직부담금에 운영수익을 더하여 결정	퇴직 전 평균임금에 근로 연수를 곱하여 결정
근로자 부담	가능	불가능

마. 퇴직연금 과세방법

구 분	연금으로 수령하는 경우	일시금으로 수령하는 경우
과세방법	연금소득으로 과세	퇴직소득으로 과세

바. 과세이연 방법

1) 2013.2.14 이전

거주자가 퇴직으로 인하여 지급받는 퇴직급여액(명예퇴직수당과 단체퇴직보험금을 포함한다)의 100분의 80에 해당하는 금액 이상을 퇴직한 날부터 60일 이내에 「근로자퇴직급여 보장법」에 따른 확정기여형 퇴직연금 또는 개인퇴직계좌로 이체 또는 입금하는 경우 당해 퇴직급여액은 실제로 지급받기 전까지 퇴직소득으로 보지 아니한다.

2) 2013.2.15 이후

거주자의 퇴직소득이 다음의 어느 하나에 해당하는 경우에는 해당 퇴직소득에 대한 소득세를 연금외수령하기 전까지 원천징수하지 아니한다. 이 경우 소득세가 이미 원천징수된 경우 해당 거주자는 원천징수세액에 대한 환급을 신청할 수 있다.

① 퇴직일 현재 연금계좌에 있거나 연금계좌로 지급되는 경우
② 지급받은 날부터 60일 이내에 연금계좌에 입금되는 경우

가) 연금계좌

퇴직연금계좌란 퇴직연금을 지급받기 위하여 가입하여 설정하는 다음의 어느 하나에 해당하는 계좌를 말한다.

- 「근로자퇴직급여 보장법」 제2조제9호의 확정기여형퇴직연금제도에 따라 설정하는 계좌

- 「근로자퇴직급여 보장법」 제2조제10호의 개인형퇴직연금제도에 따라 설

정하는 계좌

– 「과학기술인공제회법」 제16조제1항에 따른 퇴직연금급여를 지급받기 위

하여 설정하는 계좌

나) 이연퇴직소득세액

원천징수하지 아니하거나 환급하는 퇴직소득세("이연퇴직소득세")는 다음
의 계산식(환급하는 경우의 퇴직소득금액은 이미 원천징수한 세액을 뺀 금액
으로 한다)에 따라 계산한 금액으로 한다.

$$\text{퇴직소득} \\ \text{산출세액} \times \frac{\text{소득세법 제146조 제2항 각 호에 해당하는 금액("이연퇴직소득")}}{\text{퇴직소득금액}}$$

이연퇴직소득을 연금외수령하는 경우 원천징수의무자는 다음의 계산식에
따라 계산한 이연퇴직소득세를 원천징수하여야 한다.

$$\text{연금외수령당시} \\ \text{이연퇴직소득세} \times \frac{\text{연금외수령한 이연퇴직소득}}{\text{연금외수령 당시 이연퇴직소득}}$$

*** 연금외수령 당시 이연퇴직소득세**

해당 연금외수령 전까지의 이연퇴직소득세 누계액에서 인출한 이연퇴직소
득의 누계액("인출퇴직소득누계액")에 대한 세액을 뺀 금액을 말하며, 인출퇴
직소득누계액에 대한 세액은 다음의 계산식에 따라 계산한 금액으로 한다.

$$\text{이연퇴직소득세} \atop \text{누계액} \times \frac{\text{인출퇴직소득누계액}}{\text{이연퇴직소득누계액}}$$

다) 원천징수영수증 발급

이연퇴직소득을 지급하는 원천징수의무자는 이연퇴직소득 지급일이 속하는 달의 다음 달 말일까지 원천징수영수증을 연금외수령한 사람에게 발급하여야 한다.

라) 환급절차

① 과세이연계좌신고서 제출(환급신청자 → 원천징수의무자)

소득세법 제146조제2항 각 호 외의 부분 후단에 따라 환급을 신청하려는 사람("환급신청자")은 과세이연계좌신고서를 원천징수의무자에게 제출하여야 한다.

② 원천징수의무자의 환급금액 지급

환급신청을 받은 원천징수의무자는 이연퇴직소득세액 계산 내역을 규정한 소득세법 시행령 제202조의2제1항의 계산식에 따라 계산한 세액을 환급할 세액으로 하되, 환급할 소득세가 환급하는 달에 원천징수하여 납부할 소득세를 초과하는 경우에는 다음 달 이후에 원천징수하여 납부할 소득세에서 조정하여 환급한다.

다만, 원천징수의무자가 원천징수세액 환급신청서를 원천징수관할세무서장에게 제출하는 경우에는 원천징수관할세무서장이 그 초과액을 환급한다.

③ 환급세액 지급방법

②에 따라 환급되는 세액은 과세이연계좌신고서에 있는 연금계좌에 이체 또는 입금하는 방법으로 환급하며, 해당 환급세액은 이연퇴직소득에 포함한다.

다만, 원천징수의무자의 폐업 등으로 환급신청자가 과세이연계좌신고서를 원천징수관할세무서장에게 제출한 경우에는 원천징수 관할세무서장이 해당 환급세액을 환급신청자에게 직접 환급할 수 있다.

④ 연금계좌취급자 통보

소득세법 제146조제2항에 따라 퇴직소득세를 원천징수하지 않거나 환급한 경우 원천징수의무자는 소득세법 제164조에 따른 지급명세서를 연금계좌취급자에게 즉시 통보하여야 한다.

3

퇴직소득에 따른 세금계산

가. 퇴직소득 계산기본모형

(2012.12.31 이전 퇴직소득 계산)

퇴직급여액

− 퇴직급여의 40%

	근속 연수	공제금액
− 근속연수에 따른 공제	5년 이하	30만 원×근속 연수
	5년 초과 10년 이하	150만 원+50만 원×(근속 연수−5년)
	10년 초과 20년 이하	400만 원+80만 원×(근속 연수−10년)
	20년 초과	1,200만 원+120만 원×(근속 연수−20년)

= 퇴직소득 과세표준

÷ 근속연수

= 연평균 퇴직소득 과세표준

	과세표준	세율	(누진공제액)
× 기본세율	1,200만 원 이하	× 6% –	–
	1,200만 원~4,600만 원 이하	× 15% –	108만 원
	4,600만 원~8,800만 원 이하	× 24% –	522만 원
	8,800만 원~3억 원 이하	× 35% –	1,490만 원
= 연평균 산출세액	3억 원 초과	× 38% –	2,390만 원

× 근속연수

= 퇴직소득 산출세액

〈사례〉

20년간 근무하고 퇴직금을 1억 5천만 원 수령한 경우 퇴직소득세액은 423만 원이다.

	퇴직급여액		150,000,000원
−	퇴직급여의 40%	−	60,000,000원
−	근속연수에 따른 공제	−	12,000,000원 * 400만 원+80만 원×(20년−10년)
=	퇴직소득 과세표준	=	78,000,000원
÷	근속연수	÷	20년
=	연평균 퇴직소득 과세표준	=	3,900,000원
×	기본세율	×	6%
=	연평균 산출세액	=	234,000원
×	근속연수	×	20년
=	퇴직소득 산출세액	=	4,680,000원

나. 퇴직소득공제

퇴직소득 과세표준 = 퇴직소득금액 − 퇴직소득공제*(정률공제 + 근속연

수공제)

* 해당 과세기간의 퇴직소득금액이 공제금액에 미달하는 경우 그 퇴직소득금액을 공제액으로 한다.

1) 정률공제

퇴직소득금액의 40%에 해당하는 금액

2) 근속연수공제

근속연수	공제액
5년 이하	30만 원 × 근속연수
5년 초과 10년 이하	150만 원 + 50만 원 × (근속연수 − 5년)
10년 초과 20년 이하	400만 원 + 80만 원 × (근속연수 − 10년)
20년 초과	1천200만 원 + 120만 원 × (근속연수 − 20년)

3) 근속연수의 계산

① 개 념

소득세법 제48조제1항제2호(근속연수공제) 및 소득세법 제55조제2항(퇴직소득 산출세액 계산)을 적용할 때 근속연수는 근로를 제공하기 시작한 날 또는 퇴직소득중간지급일의 다음 날부터 퇴직한 날까지로 한다.

다만, 퇴직급여를 산정할 때 근로기간에 포함되지 아니한 기간은 근속연수에서 제외한다.

② 근속연수공제시 이용하는 근속연수

다음에 따른 연수를 말한다. 이 경우 납입연수 또는 재직기간이 1년 미만인 경우에는 1년으로 본다.

구 분	근속연수
㉑ 「국민연금법」에 의하여 지급받는 일시금	연금보험료 총불입월수를 12로 나누어 계산한 불입연수
㉮ 「공무원연금법」·「군인연금법」·「사립학교교직원연금법」 또는 「별정우체국법」에 의하여 지급받는 일시금	각 해당 법률의 퇴직급여산정에 적용되는 재직기간
㉯ 소득세법 제22조제1항제1호의 퇴직소득 중 「공무원연금법」·「군인연금법」·「사립학교교직원연금법」 또는 「별정우체국법」에 따른 일시금 및 소득세법 제22조제1항제2호(사용자부담금을 기초로 하여 현실적인 퇴직을 원인으로 지급받는 소득)의 퇴직소득을 함께 지급받는 경우	각 해당 법률의 퇴직급여산정에 적용되는 재직기간과 실제 재직기간중 긴 기간
㉰ ㉮ 및 ㉯에도 불구하고 소득세법 시행령 제40조제3항에 따라 일시금을 반납하고 재직기간을 합산한 후 지급받는 일시금의 경우	재임용일 또는 재가입일 이후의 재직기간
㉱ 소득세법 시행령 제42조의2제2항제3호에 따른 퇴직공제금(「건설근로자의 고용개선 등에 관한 법률」 제14조에 따라 지급받는 퇴직공제금)	「건설근로자의 고용개선 등에 관한 법률」 제14조제4항에 따라 계산된 공제부금의 납부월수를 12로 나누어 계산한 불입연수

다. 퇴직소득 산출세액 계산

거주자의 퇴직소득에 대한 소득세는 다음의 순서에 따라 계산한 금액("퇴직소득 산출세액"이라 한다)으로 한다(2013.1.1. 이후 퇴사하는 경우부터 적용).

〈1단계〉 ① 연평균 과세표준 = 해당 과세기간의 퇴직소득과세표준을 근속

　　　　 연수로 나눈 금액

〈2단계〉 ② = ①에 해당하는 금액 × 5× 기본세율

〈3단계〉 ③ = (② / 5) × 근속연수

부록

1. 금융실명거래 및 비밀보장에 관한 법률
제2조 제1호에서 규정하는 주요 금융기관("금융회사")

가. 「은행법」에 따른 은행

나. 「중소기업은행법」에 따른 중소기업은행

다. 「한국산업은행법」에 따른 한국산업은행

라. 「한국수출입은행법」에 따른 한국수출입은행

마. 「한국은행법」에 따른 한국은행

바. 「자본시장과 금융투자업에 관한 법률」에 따른 투자매매업자·투자중개업자·집합투자업자·신탁업자·증권금융회사·종합금융회사 및 명의개서대행회사

사. 「상호저축은행법」에 따른 상호저축은행 및 상호저축은행중앙회

아. 「농업협동조합법」에 따른 조합과 그 중앙회 및 농협은행

자. 「수산업협동조합법」에 따른 조합 및 중앙회

차. 「신용협동조합법」에 따른 신용협동조합 및 신용협동조합중앙회

카. 「새마을금고법」에 따른 금고 및 중앙회

타. 「보험업법」에 따른 보험회사

파. 「우체국예금·보험에 관한 법률」에 따른 체신관서

2. 주택임차차입금 대출기관

가. 한국은행·한국산업은행·한국수출입은행·중소기업은행 및 「은행법」에
　　따른 은행

나. 「상호저축은행법」에 따른 상호저축은행과 그 중앙회

다. 「농업협동조합법」에 따른 농업협동조합과 그 중앙회

라. 「수산업협동조합법」에 따른 수산업협동조합과 그 중앙회

마. 「신용협동조합법」에 따른 신용협동조합과 그 중앙회

바. 「새마을금고법」에 따른 금고와 그 연합회

사. 「보험업법」에 따른 보험회사

아. 「우체국예금·보험에 관한 법률」에 따른 체신관서

자. 「주택법」에 따른 국민주택기금

차. 「한국주택금융공사법」에 따른 한국주택금융공사

카. 「여신전문금융업법」에 따른 여신전문금융회사

3. 2012~2013년 귀속 근로소득 연말정산 세액 계산 비교

구분	2012년 귀속		2013년 귀속	
연간근로소득	근로를 제공하고 받는 대가(비과세 소득을 포함하되, 일용근로소득은 제외)			
비과세소득	실비변상적 소득, 국외근로소득 등			
총급여액	연간 근로소득 − 비과세소득			

근로소득공제

총급여액 (2012년)	공제액 (2012년)	총급여액 (2013년)	공제액 (2013년)
500만 원 이하	80%	500만 원 이하	80%
500만 원 초과 1,500만 원 이하	400만 원 + 500만 원 초과금액의 50%	500만 원 초과 1,500만 원 이하	400만 원 + 500만 원 초과금액의 50%
1,500만 원 초과 3,000만 원 이하	900만 원 + 1,500만 원 초과금액의 15%	1,500만 원 초과 3,000만 원 이하	900만 원 + 1,500만 원 초과금액의 15%
3,000만 원 초과 4,500만 원 이하	1,125만 원 + 3,000만 원 초과금액의 10%	3,000만 원 초과 4,500만 원 이하	1,125만 원 + 3,000만 원 초과금액의 10%
4,500만 원 초과	1,275만 원 + 4,500만 원 초과금액의 5%	4,500만 원 초과	1,275만 원 + 4,500만 원 초과금액의 5%

기본공제

1인당 150만 원(장애인 나이제한 없음)

기본공제 (2012년 귀속)

	부양가족	직계존속	직계비속	형제자매	위탁아동	수급자
나이요건	나이요건	60세 이상	20세 이하	20세 이하, 60세 이상	18세 미만	제한 없음

기본공제 (2013년 귀속)

	부양가족	직계존속	직계비속	형제자매	위탁아동	수급자
나이요건	나이요건	60세 이상	20세 이하	20세 이하, 60세이상	18세 미만	제한 없음

추가공제 (2012년 귀속)

요건	경로우대(70세 이상)	장애인(소득세법)	자녀양육비(6세 이하)	여성근로자(부양/기혼)	출생·입양
공제금액	100만 원	200만 원	100만 원	50만 원	200만 원

추가공제 (2013년 귀속)

요건	경로우대(70세 이상)	장애인(소득세법)	자녀양육비(6세이하)	여성근로자(부양/기혼)	출생·입양	한부모가족
공제금액	100만 원	200만 원	100만 원	50만 원	200만 원	100만 원

다자녀 추가공제

2012년 귀속	2013년 귀속
− 기본공제 자녀 2명 : 연 100만 원 − 기본공제 자녀 3명 이상 : 100만 원 + (2명초과인원) × 200만 원	− 기본공제 자녀 2명 : 연 100만 원 − 기본공제 자녀 3명 이상 : 100만 원 + (2명초과인원) × 200만 원

		항목	내용	항목	내용
연금보험료		국민연금	근로자가 부담하는 연금보험료 전액공제	국민연금	근로자가 부담하는 연금보험료 전액공제
		기타연금보험료공제(직역연금)	공무원연금법 등 직역연금법에 따라 근로자가 부담하는 기여금 또는 부담금 전액공제(공무원연금, 군인연금, 사립학교교직원연금, 별정우체국연금)	기타연금보험료공제(직역연금)	공무원연금법 등 직역연금법에 따라 근로자가 부담하는 기여금 또는 부담금 전액공제(공무원연금, 군인연금, 사립학교교직원연금, 별정우체국연금)
		퇴직연금	근로자퇴직급여보장법 또는 과학기술인공제회법에 따라 근로자가 부담하는 부담금(연금저축소득공제와 합하여 연 400만 원 한도 적용)	연금계좌소득공제	다음에 해당하는 공제 및 저축 불입금(연 400만 원 한도) – 과학기술인공제 – 근로자퇴직급여보장법에 따른 퇴직연금 – 연금저축
특별공제	보험료	국민건강	전액공제(노인장기요양보험료 포함)	국민건강	전액공제(노인장기요양보험료 포함)
		고용보험	전액공제	고용보험	전액공제
		보장성보험	연 100만 원 한도 내 공제	보장성보험	연 100만 원 한도 내 공제
		장애인전용	연 100만 원 한도 내 공제	장애인전용	연 100만 원 한도 내 공제
	의료비	최저사용금액	총급여액 × 3%	최저사용금액	총급여액 × 3%
		본인 등	본인, 장애인·65세 이상 부양가족을 위해 지출한 의료비 – 의료비 전체 지출액이 최저사용금액을 초과하는 경우 한도 없이 소득공제	본인 등	본인, 장애인·65세 이상 부양가족을 위해 지출한 의료비 – 의료비 전체 지출액이 최저사용금액을 초과하는 경우 한도 없이 소득공제
		그 외	공제한도 : 연 700만 원	그 외	공제한도 : 연 700만 원
	교육비	취학전 아동	1인당 연 300만 원	취학전 아동	1인당 연 300만 원
		초·중·고	1인당 연 300만 원	초·중·고	1인당 연 300만 원
		대학생	1명당 연 900만 원	대학생	1명당 연 900만 원
		본인	전액 공제	본인	전액 공제
		장애인 재활	전액 공제	장애인 재활	전액 공제
	주택자금	임차차입금	원리금 상환액 × 40% – 대출기관으로부터 차입한 경우 (요건) 총급여액, 이자율 요건 없음 – 私人으로부터 차입한 경우 (요건) 총급여액 5천만 원 이하, 이자율 1,000분의 40 이상 충족	임차차입금	원리금 상환액 × 40% – 대출기관으로부터 차입한 경우 (요건) 총급여액, 이자율 요건 없음 – 私人으로부터 차입한 경우 (요건) 총급여액 5천만 원 이하, 이자율 1,000분의 34 이상 충족

		월세액	월세액 × 40% (요건) 총급여액 5천만 원 이상		월세액	월세액 × 50% (요건) 총급여액 5천만 원 이상	
특 별 공 제	주 택 자 금	장기주택 저당차입금	이자상환액 100% 공제 – 2011.12.31.이전 차입금 ·상환기간 15~29년 : 연 1,000만 원 한도 ·상환기간 30년 이상 : 연 1,500만 원 한도 – 2012.1.1. 이후 이후 최초로 차입하거나 차입금의 상환기간을 연장하여 지급하는 분 ·이자를 고정금리방식으로 지급하거나 비거치식 분할상환방식으로 지급하는 경우 : 연 1,500만 원 한도 ·이자를 그 외 방식으로 지급하는 경우 : 연 500만 원 한도		장기주택 저당차입금	이자상환액 100% 공제 – 2011.12.31.이전 차입금 ·상환기간 15~29년 : 연 1,000만 원 한도 ·상환기간 30년 이상 : 연 1,500만 원 한도 – 2012.1.1. 이후 이후 최초로 차입하거나 차입금의 상환기간을 연장하여 지급하는 분 ·이자를 고정금리방식으로 지급하거나 비거치식 분할상환방식으로 지급하는 경우 : 연 1,500만 원 한도 ·이자를 그 외 방식으로 지급하는 경우 : 연 500만 원 한도	
		한도	– 주택임차차입금 원금상환액공제 + 월세액공제 + 주택마련저축 공제 ≤ 300만 원 – 주택임차차입금 원금상환액공제 + 월세액공제 + 주택마련저축 공제 + 장기주택저당차입금 이자상환액공제 ≤ 500만 원(1,000만 원, 1,500만 원)		한도	– 주택임차차입금 원금상환액공제 + 월세액공제 + 주택마련저축 공제 ≤ 300만 원 – 주택임차차입금 원금상환액공제 + 월세액공제 + 주택마련저축 공제 + 장기주택저당차입금 이자상환액공제 ≤ 500만 원(1,000만 원, 1,500만 원)	
	기 부 금	구 분	공제한도	이월기간	구 분	공제한도	이월기간
		㉮ 정치자금	근로소득금액	없음	㉮정치자금	근로소득금액	없음
		㉯ 법정기부금	근로소득금액	3년	㉯법정기부금	근로소득금액	3년
		㉰ 우리사주	(근로소득금액 – ㉮·㉯ 공제금액) ×30%	없음	㉰우리사주	(근로소득금액 – ㉮·㉯ 공제금액) ×30%	없음
		㉱ 지정기부금	(근로소득금액 – ㉮·㉯·㉰공제금액) ×30%(종교단체 10%)	5년	㉱지정기부금	(근로소득금액 – ㉮·㉯·㉰공제금액) ×30%(종교단체 10%)	5년
표준 공제			특별공제를 신청하지 아니하거나 특별공제 신청금액이 100만 원 미만인 경우 100만 원 공제				

구분		개정 전	개정 후
	개인 연금	2000.12.31. 이전 가입만 해당 공제금액 : 작은 금액(연간 납입액 × 40%, 72만 원)	2000.12.31. 이전 가입만 해당 공제금액 : 작은 금액(연간 납입액 × 40%, 72만 원)
	연금 저축	2001.1.1. 이후 가입만 해당 공제금액 : 작은 금액(연간 납입액, 연 300만 원) 퇴직연금 소득공제금액과 합하여 연 300만 원 초 과할 수 없음	항목 삭제 (연금보험료 공제 중 연금계좌에 포함)
	소기업· 소상공 인공제	소기업·소상공인 공제에 가입하여 납부하는 공제 부금에 대해 소득공제 공제금액 : 작은 금액 (연 300만 원, 납입금액)	소기업·소상공인 공제에 가입하여 납부하는 공제부금에 대 해 소득공제 공제금액 : 작은 금액 (연 300만 원, 납입금액)

그
밖
의
 	
소
득
 	
공
제
	주택
	마련
		(공제대상 저축) 장기주택마련저축*, 청약저축, 주
		택청약종합저축, 근로자주택마련저축
		(공제금액) 저축납입액 × 40%
		(공제한도) 연 300만 원 한도
		주택임차차입금 원금상환액공제 +월세액공제 +
		주택마련저축 공제 ≤ 300만 원
		* 장기주택마련저축의 경우 2009.12.31. 이전 가입
		  분에 대해 해당 과세기간 총급여액 8,800만 원
		  이하 요건 충족
			(공제대상 저축) 청약저축, 주택청약종합저축, 근로자주택마
			련저축
			(공제금액) 저축납입액 × 40%
			(공제한도) 연 300만 원 한도
			주택임차차입금 원금상환액공제 +월세액공제 + 주택마련
			저축 공제 ≤ 300만 원

	중소 기업 창업 투자	투자금액의 10%(④, ④의 경우 20%) ㉮ 중소기업창업투자조합 등에 투자하는 경우 ㉯ 벤처기업투자신탁의 수익증권에 투자하는 경우 ㉰ 개인투자조합을 통해 벤처기업에 투자하는 경우 ㉱ 벤처기업에 직접 투자하는 경우 (공제한도) 종합소득금액의 40%	투자금액의 10%(④, ④의 경우 30%) ㉮ 중소기업창업투자조합 등에 투자하는 경우 ㉯ 벤처기업투자신탁의 수익증권에 투자하는 경우 ㉰ 개인투자조합을 통해 벤처기업에 투자하는 경우 ㉱ 벤처기업에 직접 투자하는 경우 (공제한도) 종합소득금액의 40%
	신용 카드	(최저사용금액) 총급여액의 25% (공제금액) 최저사용금액을 초과한 금액에 대해 다 음과 같이 비율로 곱하여 계산 ㉮ 전통시장사용분 × 30% ㉯ 신용카드 사용분 × 20% ㉰ 학원지로 × 20% ㉱ 현금영수증 기재분 × 20% ㉲ 직불카드 등 사용분 × 30% (공제한도) 작은금액[총급여액 × 20%, 연 300만 원] + 전통시장 사용분 추가공제(100만 원까지)	(최저사용금액) 총급여액의 25% (공제금액) 최저사용금액을 초과한 금액에 대해 다음과 같이 비율로 곱하여 계산 ㉮ 전통시장사용분 × 30% ㉯ 신용카드 사용분 × 15% ㉰ 대중교통이용분 × 30% ㉱ 현금영수증 기재분 × 30% ㉲ 직불카드 등 사용분 × 30% (공제한도) 작은금액[총급여액 × 20%, 연 300만 원] + 전통 시장 사용분 추가공제(100만 원까지) + 대중교통 이용분 추 가공제(100만 원까지)
	우리 사주	우리사주조합원이 우리사주조합에 출연하는 경우 작은금액(출연금액, 연 400만 원)	우리사주조합원이 우리사주조합에 출연하는 경우 작은금액(출연금액, 연 400만 원)

구 분		개정 전	개정 후
장기 주식형		(불입금액) 분기당 300만 원 (공제금액) 연차별 불입금액 × 해당 비율 | 구 분	1년차	2년차	3년차
비 율	20%	10%	5%		(폐지) – 불입 연차초과로 공제 불가능
고용 유지		고용유지 중소기업에 재직 중 임금감소가 있는 근로자 적은 금액[1,000만 원, 임금 삭감액 × 50%]	고용유지 중소기업에 재직 중 임금감소가 있는 근로자 적은 금액[1,000만 원, 임금 삭감액 × 50%]
특별공제 종합 한도 초과액		(2013.1.1. 신설)	공제한도 : 2천5백만 원 특별공제와 그 밖의 소득공제 중 종합한도 적용대상 소득공제 금액 합계 = 2,500만 원
과세표준		근로소득금액 – 인적공제 – 연금보험료공제 – 특별공제 – 그밖의 소득공제	근로소득금액 – 인적공제 – 연금보험료공제 – 특별공제 – 그밖의 소득공제 + 특별공제 종합한도 초과액
기본세율		과세표준 구간 : 기본세율 1,200만 원 이하 : 6% 1,200만 원 초과 4,600만 원 이하 : 15% 4,600만 원 초과 8,800만 원 이하 : 24% 8,800만 원 초과 3억 원 이하 : 35% 3억 원 초과 : 38%	과세표준 구간 : 기본세율 1,200만 원 이하 : 6% 1,200만 원 초과 4,600만 원 이하 : 15% 4,600만 원 초과 8,800만 원 이하 : 24% 8,800만 원 초과 3억 원 이하 : 35% 3억 원 초과 : 38%
산출세액		과세표준 구간에 기본세율을 적용하여 계산	과세표준 구간에 기본세율을 적용하여 계산
세액 공제	근로 소득 세액 공제	산출세액이 50만 원 이하 : 산출세액 × 55% 산출세액이 50만 원을 초과하는 경우 : 275,000원 + 50만 원 초과금액 × 30% (공제한도) 50만 원	산출세액이 50만 원 이하 : 산출세액 × 55% 산출세액이 50만 원을 초과하는 경우 : 275,000원 + 50만 원 초과금액 × 30% (공제한도) 50만 원
	정치 자금	10만 원 이하 정치자금 기부금액 × 100/110	10만 원 이하 정치자금 기부금액 × 100/110
	납세 조합	납세조합에 의해 원천징수된 근로소득에 대한 종합소득 산출세액 × 10%	납세조합에 의해 원천징수된 근로소득에 대한 종합소득 산출세액 × 10%
	주택 차입금 이자	구) 조세감면규제법에 따른 주택자금차입금에 대해 해당연도 이자상환액 × 30% * 감면세액에 대해 농어촌특별세 추가 부담	구) 조세감면규제법에 따른 주택자금차입금에 대해 해당연도 이자상환액 × 30% * 감면세액에 대해 농어촌특별세 추가 부담

세액 공제	외국 납부	거주자의 종합소득에 포함된 국외원천소득에 대해 납부한 외국납부세액을 해당 연도 종합소득 산출세액에서 공제	거주자의 종합소득에 포함된 국외원천소득에 대해 납부한 외국납부세액을 해당 연도 종합소득 산출세액에서 공제
세액 감면	외국인 기술자	특정 외국인기술자가 국내에서 내국인에게 근로를 제공하고 받는 근로소득에 대해 소득세의 50% 감면	특정 외국인기술자가 국내에서 내국인에게 근로를 제공하고 받는 근로소득에 대해 소득세의 50% 감면
	중소 기업 취업 청년	청년이 중소기업체에 2012.1.1.~2013.12.31.에 취업하는 경우 해당 중소기업체로부터 받는 근로소득에 대해 3년동안 소득세 100% 감면	청년이 중소기업체에 2012.1.1.~2013.12.31.에 취업하는 경우 해당 중소기업체로부터 받는 근로소득에 대해 3년동안 소득세 100% 감면
	조세 조약	조세조약에 따라 교수 등에 대해 소득세 감면	조세조약에 따라 교수 등에 대해 소득세 감면
	해저 광물	해저조광권자의 대리인 또는 도급업자가 해저광물의 탐사 및 개발을 위하여 고용한 외국인 근로자 소득세 면제(법인세를 처음 납부하는 사업연도까지)	해저조광권자의 대리인 또는 도급업자가 해저광물의 탐사 및 개발을 위하여 고용한 외국인 근로자 소득세 면제(법인세를 처음 납부하는 사업연도까지)
결정세액		산출세액 − 세액공제 − 세액감면	산출세액 − 세액공제 − 세액감면
기납부 세액		다음에 해당하는 금액을 기납부세액을 한다. 주(현) 근무지의 원천징수세액 + 종(전) 근무지의 결정세액	다음에 해당하는 금액을 기납부세액을 한다. 주(현) 근무지의 원천징수세액 + 종(전) 근무지의 결정세액

차감
징수세액
		결정세액 − 기납부세액
		* 결정세액 〉 기납부세액 : 차액 추가 납부
		  결정세액 〈 기납부세액 : 차액 환급
			결정세액 − 기납부세액
			* 결정세액 〉 기납부세액 : 차액 추가 납부
			  결정세액 〈 기납부세액 : 차액 환급

4. 2010~2011년 귀속 근로소득 연말정산 세액 계산 비교

구 분	2010년 귀속	2011년 귀속
연간 근로소득	근로를 제공하고 받는 대가(비과세 소득 포함, 일용근로소득 제외)	
비과세소득	실비변상적 소득, 국외근로소득 등	
총급여액	연간 근로소득 – 비과세소득	

근로소득공제

총급여액	공제액	총급여액	공제액
500만 원 이하	80%	500만 원 이하	80%
500만 원 초과 1,500만 원 이하	400만 원 +500만 원 초과금액의 50%	500만 원 초과 1,500만 원 이하	400만 원 +500만 원 초과금액의 50%
1,500만 원 초과 3,000만 원 이하	900만 원 + 1,500만 원 초과금액의 15%	1,500만 원 초과 3,000만 원 이하	900만 원 + 1,500만 원 초과금액의 15%
3,000만 원 초과 4,500만 원 이하	1,125만 원 + 3,000만 원 초과금액의 10%	3,000만 원 초과 4,500만 원 이하	1,125만 원 + 3,000만 원 초과금액의 10%
4,500만 원 초과	1,275만 원 + 4,500만 원 초과금액의 5%	4,500만 원 초과	1,275만 원 + 4,500만 원 초과금액의 5%

인적공제

기본공제 : 1인당 150만 원 (장애인의 나이제한 없음)

	부양가족	직계존속	직계비속	형제자매	위탁아동	수급자
2010년 귀속 나이요건	나이요건	60세이상	20세이하	20세이하 60세이상	18세미만	제한없음
2011년 귀속 요건	나이요건	60세이상	20세이하	20세이하 60세이상	18세미만	제한없음

추가공제

	부양가족	직계존속	직계비속	형제자매	위탁아동	수급자
2010년 요건	요건	경로우대 (70세이상)	장애인 (소득세법)	자녀양육비 (6세이하)	여성근로자 (부양/기혼)	출생·입양
2010년 공제금액	공제금액	100만 원	200만 원	100만 원	50만 원	200만 원
2011년 요건	요건	경로우대 (70세이상)	장애인 (소득세법)	자녀양육비 (6세이하)	여성근로자 (부양/기혼)	출생·입양
2011년 공제금액	공제금액	100만 원	200만 원	100만 원	50만 원	200만 원

다자녀 추가공제

2010년 귀속	2011년 귀속
– 기본공제 자녀 2인 : 연 50만 원 – 기본공제 자녀 3명 이상 : 연 50만 원 + 2명 초과인원 × 100만 원	– 기본공제 자녀 2인 : 연 100만 원 – 기본공제 자녀 3명 이상 : 연 100만 원 + 2명 초과인원 × 200만 원

<table>
<tr><td rowspan="3">연
금
보
험
료</td><td>국민연금</td><td colspan="4">근로자가 부담하는 연금보험료 (전액공제)</td></tr>
<tr><td>직역연금</td><td colspan="4">공무원 연금법 등 직역연금에 근로자가 부담하는 기여금 또는 부담금(전액공제)</td></tr>
<tr><td>퇴직연금</td><td colspan="4">근로자퇴직급여 보장법 또는 과학기술인공제회법에 따라 근로자가 부담하는 부담금으로 연금소득공제와 합하여 연 300만 원('11년귀속부터는 연 400만 원) 한도</td></tr>
<tr><td rowspan="15">특
별
공
제</td><td rowspan="5">보
험
료</td><td>국민건강</td><td colspan="2">전액공제</td><td colspan="2">전액공제</td></tr>
<tr><td>고용보험</td><td colspan="2">전액공제</td><td colspan="2">전액공제</td></tr>
<tr><td>노인장기</td><td colspan="2">전액공제</td><td colspan="2">전액공제</td></tr>
<tr><td>보장성</td><td colspan="2">연 100만 원 한도</td><td colspan="2">연 100만 원 한도</td></tr>
<tr><td>장애인전용</td><td colspan="2">연 100만 원 한도</td><td colspan="2">연 100만 원 한도</td></tr>
<tr><td rowspan="3">의
료
비</td><td>공제문턱</td><td colspan="2">총급여의 3%</td><td colspan="2">총급여액의 3%</td></tr>
<tr><td>본인 등</td><td colspan="2">공제한도 없음(본인, 만 65세 이상, 장애인)</td><td colspan="2">공제한도 없음(본인, 만 65세 이상, 장애인)</td></tr>
<tr><td>그 외</td><td colspan="2">공제한도 : 연 700만 원</td><td colspan="2">공제한도 : 연 700만 원</td></tr>
<tr><td rowspan="5">교
육
비</td><td>취학전아동</td><td colspan="2">1인당 연 300만 원</td><td colspan="2">1인당 연 300만 원</td></tr>
<tr><td>초·중·고</td><td colspan="2">1인당 연 300만 원</td><td colspan="2">1인당 연 300만 원</td></tr>
<tr><td>대학생</td><td colspan="2">1인당 연 900만 원</td><td colspan="2">1인당 연 900만 원</td></tr>
<tr><td>본인</td><td colspan="2">전액 공제</td><td colspan="2">전액 공제</td></tr>
<tr><td>장애인재활</td><td colspan="2">전액 공제</td><td colspan="2">전액 공제</td></tr>
<tr><td rowspan="14">그
밖
의
소
득
공
제</td><td rowspan="3">주
택
자
금</td><td>임차차입금</td><td>임차차입금 원리금 × 40%</td><td rowspan="2">주택마련저축공제와 합하여 연 300만 원</td><td>임차차입금 원리금 × 40%</td><td rowspan="2">주택마련저축공제와 합하여 연 300만 원</td></tr>
<tr><td>월세액</td><td>월세액 × 40%
* 총급여액 3천만 원 이하 부양가족 有</td><td>월세액 × 40%
* 총급여액 3천만 원 이하 부양가족 有</td></tr>
<tr><td>장기주택저당
차입금</td><td colspan="2">– 이자상환액 공제
– 주택자금 + 주택마련저축공제 ≤ 1,000만 원
(단 상환기간 30년 이상인 1,500만 원 한도)</td><td colspan="2">– 이자상환액 공제
– 주택자금 + 주택마련저축공제 ≤ 1,000만 원
(단 상환기간 30년 이상인 1,500만 원 한도)</td></tr>
<tr><td rowspan="6">기
부
금</td><td>구 분</td><td>공제한도</td><td>이월기간</td><td>공제한도</td><td>이월기간</td></tr>
<tr><td>①정치자금</td><td>근로소득금액</td><td>없음</td><td>근로소득금액</td><td>없음</td></tr>
<tr><td>②법정</td><td>근로소득금액</td><td>1년</td><td>근로소득금액</td><td>1년</td></tr>
<tr><td>③특례</td><td>(근로소득금액 – ① – ②) × 50%</td><td>2년</td><td>(근로소득금액 – ① – ②) × 50%</td><td>2년</td></tr>
<tr><td>④우리사주</td><td>(근로소득금액 – ① – ② – ③) × 30%</td><td>없음</td><td>(근로소득금액 – ① – ② – ③) × 30%</td><td>없음</td></tr>
<tr><td>⑤지정</td><td>(근로소득금액 – ① – ② – ③ – ④) × 20%(종교단체 10%)</td><td>5년</td><td>(근로소득금액 – ① – ② – ③ – ④) × 30%(종교단체 10%)</td><td>5년</td></tr>
<tr><td colspan="2">표준공제</td><td colspan="4">특별공제를 신청하지 아니하거나 특별공제 신청금액이 100만 원 미만인 경우 100만 원 공제</td></tr>
</table>

구분		
그 밖 의 소 득 공 제	개인연금	2000.12.31 이전 가입 공제금액 min(연간 납입액 × 40%, 연 72만 원)	2000.12.31 이전 가입 공제금액 min(연간 납입액 × 40%, 연 72만 원)

<table>
<tr><th rowspan="10">그
밖
의
소
득
공
제</th><td>개인연금</td><td>2000.12.31 이전 가입
공제금액 min(연간 납입액 × 40%, 연 72만 원)</td><td>2000.12.31 이전 가입
공제금액 min(연간 납입액 × 40%, 연 72만 원)</td></tr>
<tr><td>연금저축</td><td>2001.1.1 이후 가입
공제금액 min(연간 납입액, 연 300만 원)
퇴직연금 소득공제금액과 합하여 연 300만 원을 초과할 수 없음</td><td>2001.1.1 이후 가입
공제금액 min(연간 납입액, 연 400만 원)
퇴직연금 소득공제금액과 합하여 연 300만 원을 초과할 수 없음</td></tr>
<tr><td>소기업·소상공인</td><td>공제금액 min(연 300만 원, 연간 납입액)</td><td>공제금액 min(연 300만 원, 연간 납입액)</td></tr>
<tr><td>주택마련</td><td>(저축)장기주택마련, 청약저축, 주택청약종합저축
(공제금액)저축 납입액의 40% 공제
(공제한도)월세액공제 + 주택임차차입금원리금상환액공제+ 주택마련저축공제 ≤ 300만 원
* 장기주택마련저축의 경우 2009.12.31 이전 가입분에 대해 2010년 귀속 총급여 8,800만 원 이하인 경우에만 공제가능</td><td>(저축)장기주택마련, 청약저축, 주택청약종합저축
(공제금액)저축 납입액의 40% 공제
(공제한도)월세액공제 + 주택임차차입금원리금상환액공제+ 주택마련저축공제 ≤ 300만 원
* 장기주택마련저축의 경우 2009.12.31 이전 가입분에 대해 2010년 귀속 총급여 8,800만 원 이하인 경우에만 공제가능</td></tr>
<tr><td>중소기업 창업투자</td><td>(공제금액) 출자 투자금액의 10%
(공제한도) 종합소득금액의 30%. 다만, 2008년 이전 투자분은 종합소득금액의 50%</td><td>(공제금액) 출자 투자금액의 10%
(공제한도) 종합소득금액의 30%. 다만, 2008년 이전 투자분은 종합소득금액의 50%</td></tr>
<tr><td>신용카드</td><td>(공제문턱) 총급여액의 25%
(공제비율) 공제문턱 초과금액 중 직불카드의 경우 25%, 그 외(신용카드 등) 20%
(공제한도) min(총급여액의 20%, 300만 원)</td><td>(공제문턱) 총급여액의 25%
(공제비율) 공제문턱 초과금액 중 직불카드의 경우 25%, 그 외(신용카드 등) 20%
(공제한도) min(총급여액의 20%, 300만 원)</td></tr>
<tr><td>우리사주</td><td>min(출연금액, 연 400만 원)</td><td>min(출연금액, 연 400만 원)</td></tr>
<tr><td>장기주식형</td><td>(불입금액) 분기당 300만 원
<table><tr><td>구분</td><td>1년차</td><td>2년차</td><td>3년차</td></tr><tr><td>공제비율</td><td>20%</td><td>10%</td><td>5%</td></tr></table></td><td>(불입금액) 분기당 300만 원
<table><tr><td>구분</td><td>1년차</td><td>2년차</td><td>3년차</td></tr><tr><td>공제비율</td><td>20%</td><td>10%</td><td>5%</td></tr></table></td></tr>
<tr><td>고용유지</td><td>min(1,000만 원, 임금삭감액의 50%)</td><td>min(1,000만 원, 임금삭감액의 50%)</td></tr>
</table>

과세표준	근로소득금액 − 인적공제 − 연금보험료공제 − 특별공제 − 그밖의 소득공제	

<table>
<tr><th rowspan="5">기본세율</th><td>과세표준 구간</td><td>기본세율</td><td>과세표준 구간</td><td>기본세율</td></tr>
<tr><td>1,200만 원 이하</td><td>6%</td><td>1,200만 원 이하</td><td>6%</td></tr>
<tr><td>1,200만 원 초과 4,600만 원 이하</td><td>15%</td><td>1,200만 원 초과 4,600만 원 이하</td><td>15%</td></tr>
<tr><td>4,600만 원 초과 8,800만 원 이하</td><td>24%</td><td>4,600만 원 초과 8,800만 원 이하</td><td>24%</td></tr>
<tr><td>8,800만 원 초과</td><td>35%</td><td>8,800만 원 초과</td><td>35%</td></tr>
</table>

산출세액	과세표준 구간에 해당되는 기본세율을 적용	과세표준구간에 해당되는 기본세율을 적용

세액공제 및 감면	근로소득 세액공제	산출세액 50만 원 이하 : 산출세액 × 55% 산출세액 50만 원 초과 : 275,000원 +50만 원 초과 산출세액의 30% (공제한도 50만 원)	산출세액 50만 원 이하 : 산출세액 × 55% 산출세액 50만 원 초과 : 275,000원 +50만 원 초과 산출세액의 30% (공제한도 50만 원)
	정치자금 기부금 세액공제	10만 원 이하 기부금액의 100/110	10만 원 이하 기부금액의 100/110
	납세조합 공제	납세조합에 의하여 원천징수된 근로소득에 대해 종합소득 산출세액의 10%	
	주택차입금이자 세액공제	구 조감법에 의해 주택자금차입금에 대해 해당연도 이자상환액의 30% * 농어촌특별세 추가 부담	
	외국납부 세액공제	거주자의 외국소득세액을 해당 연도의 종합소득산출세액에서 공제	
결정세액		산출세액 − 세액공제 − 세액감면	
기납부세액		주(현)근무지의 기납부세액 +종(전)근무지의 결정세액	
차감징수세액		결정세액 − 기납부세액 * 결정세액 〉 기납부세액 : 차액을 납부 　결정세액 〈 기납부세액 : 차액을 환급	

5. 생활세금 자기 진단 테스트

여러분이 세금절약 노하우에 대해 얼마나 알고 있는 지 스스로 점검하여 주시기 바랍니다.

1. 보험에는 저축성보험과 보장성보험으로 구분하며 2004.1.1 이후 가입한 저축성 보험은 보험기간이 (　)년 이상인 경우 이자소득에 대해 비과세 혜택을 받을 수 있다.

2. 확정기여형 퇴직연금은 근로소득자가 추가 적립할 수 있으며 근로소득자가 추가 불입한 금액에 대해서는 (　)만 원을 한도로 소득공제를 받을 수 있다.

3. 국민연금에 가입한 거주자는 불입금액에 대해 전액 공제받을 수 있으며 향후 연금수령시에는 (　)소득으로 과세되며, 일시금으로 수령 시 (　)소득으로 과세된다.

4. 개인연금저축은 2000년까지 가입이 가능한 상품으로 거주자가 불입하는 금액에 대해 소득공제를 받을 수 있으며 불입금액의 (　)%를 공제받을 수 있다.

5. 2001년부터 가입한 가능한 연금저축은 매년 (　　)만 원까지 공제가 되며, 연금저축 가입자가 계약기간 만료 전에 해지하는 경우 (　)소득으로 과세된다.

6. 주택청약이 가능한 입주자 저축에는 청약저축, 청약예금, 청약부금, (　　　　)저축이 있다.

7. 청약저축은 매월 10만 원까지 불입할 수 있으며, 무주택 세대주 요건 등을 갖춘 근로소득자의 경우 불입금액의 (　)%에 해당하는 금액에 대해 소득공제받을 수 있다.

8. 서민 재산형성을 위한 비과세 재형저축 가입자는 최초로 재형저축의 계약을 체결한 날로부터 7년이 도래하는 때에 해당 저축의 계약기간을 한 차례만 (　)년 이내의 범

위에서 추가로 연장할 수 있다.

9. (   )공제는 소기업과 소상공인이 폐업이나 노령 등의 생계위협으로부터 생활을
   안정을 기하고 사업개지의 기회를 제공받을 수 있도록 매월 일정부금을 납부하고 폐
   업 등 공제사유가 발생할 때 목돈을 지급한다.

10. 우리사주조합원이 자사주를 취득하기 위하여 우리사주조합에 출자하는 경우 출자
    하는 금액에 대해 (   )만 원까지 공제받을 수 있다.

11. 생계형저축은 퇴직금 또는 이자로 생활하는 60세 이상의 노인, 장애인 등이 가입할
    수 있는 비과세상품으로 저축원금은 (   )만 원까지 불입할 수 있다.

12. (   )저축은 농어민이 일정기간 저축을 한 후 현금으로 저축원금과 저축장려금
    을 지급받은 것을 목적으로 하며, 저축에서 발생한 이자는 비과세한다.

13. 예금으로 조달된 금액의 40% 이상을 녹색산업 관련 자산에 투자하는 (   )에 가
    입한 경우 예금에서 발생한 이자는 비과세한다.

14. 직장공제회 초과반환금은 (   )년 1월 1일 이후 직장공제회에 최초로 가입하여 불입
    한 금액에 대해 과세한다.

15. (   )는 특정지수 및 특정자산의 가격움직임과 수익률이 연동되도록 설계된 펀드로
    서 거래소에 상장되어 주식처럼 거래되는 펀드를 말한다.

16. 금융소득종합과세 대상소득은 개인별로 연간 금융소득을 합하여 (   )만 원을 초
    과되는 경우 다른 종합소득과 합산하여 과세하는 제도이다.

17. 매월 급여에 대한 원천징수는 (   )에 의한다. (   )는 월급여와 부
    양가족 인원을 기준으로 연말정산 시뮬레이션을 통해 산출한 결과표이다.

18. 근로자는 생계를 같이하는 부양가족이 기본공제 요건을 충족한 경우 해당 부양가
    족을 소득공제신고서에 기본공제대상자로 신고한 경우 부양가족 1인당 (   )만 원을
    공제받을 수 있다.

19. 기본공제 대상 자녀가 2명인 경우 다자녀추가공제로 (   )만 원을 공제받을 수
    있다.

20. 해당 연도의 총급여액이 (   )만 원 이하인 무주택 세대의 세대주인 근로자가 주택
    을 임차하여 월세를 지급하는 경우 월세액에 대해 소득공제를 받을 수 있다.

21. (   ) 서비스는 연말정산 소득공제에 필요한 영수증을 국세청이 수집하
    여 인터넷에서 근로자가 조회 및 출력할 수 있는 서비스이다.

22. 총급여액이 5,000만 원인 근로자가 신용카드 등 사용금액에 대해 소득공제를 받기
    위해서는 신용카드 등 사용금액이 (   )만 원을 초과하여 지출한 경우에만 공제가
    가능하다.

23. 무주택 세대의 근로자가 자신의 주택을 구입하면서 다음에 해당하는 요건을 충족
    한 차입금에 대해 이자를 상환하는 경우 이자상환액에 대해 최대 (   )만 원까지
    공제받을 수 있다.
    - 차입금의 상환기간이 (   )년 이상일 것
    - 주택소유권이전등기 또는 보존 등기일로부터 (   )월 이내에 차입
    - 채무자가 당해 저당권이 설정된 주택의 소유자 일것

24. 다음 중 교육비 공제대상이 아닌 것을 선택하세요

① 방과후학교 수업료, ② 초등학교 급식비, ③ 취학전아동의 학원비, ④ 고등학생 학
원비

25. 총급여액이 5,000만 원인 근로자가 의료비에 대해 소득공제를 받기 위해서는 의료
비 지출액이 (   )만 원을 초과하여 지출한 경우에만 공제가 가능하다.

〈테스트 결과〉

정답은 책자를 읽으면서 확인해 보세요.

맞힌 개수	레벨	비고
5개 미만	생활세금 기초가 필요	
5개 이상 ~ 10개 이하	생활세금에 대해 정확한 이해 필요	
11개 이상 ~ 15개 이하	좀 더 노력하세요.	
16개 이상 ~ 20개 이하	상식이 풍부합니다.	
21개 이상 23개 이하	훌륭합니다.	
24개 이상	생활세금 전문가	

이원승

영남대학교 무역학과 졸업

미국 LA-KPMG 유학(2005)

미국공인회계사

전) 국세청 15년 근무

　　도봉 강서 영등포세무서 및 서울지방국세청 법인 국조 원천 등 근무

　　서울지방국세청 외국인 전화상담 전문위원(2006~2009)

　　서울글로벌센터 외국인 세무상담전문위원(2009)

현) 한영회계법인 이사

『근로소득연말정산해설』(2011)

김수성

서울시립대학교 세무학 박사(세무회계 전공)

미국 재무위험관리사(FRM) 자격 취득

전) 경기대학교 세무회계 강의 및 겸임교수

현) 사립학교교직원연금공단 근무

「공적연금기금 운용이익의 과세여부에 관한 법제적 연구」

박교원

서울시립대학교 회계학과 졸업

전) 교통안전공단 재무처 근무

현) 한백세무회계사무소 세무사

    CFO아카데미 전임강사

    조세재무교육원 전임강사

    한국생산성본부 전임강사

『정말로 쉽게 즐겁게 연말정산 실무』(2012)

『우리나라 퇴직급여제도 해설』

외 다수

김용재

자산관리사(FP) 자격 취득

선물거래상담사 자격 취득

투자상담사 자격 취득

생활세금 연구 및 강의

초판인쇄   2013년 08월 09일
초판발행   2013년 08월 09일

지은이   이원승·김수성·박교원·김용재
펴낸이   채종준
펴낸곳   한국학술정보(주)
주 소   경기도 파주시 문발동 파주출판문화정보산업단지 513-5
전 화   031) 908-3181(대표)
팩 스   031) 908-3189
홈페이지   http://ebook.kstudy.com
E-mail   출판사업부 publish@kstudy.com
등 록   제일산-115호(2000. 6. 19)

ISBN   978-89-268-4412-0 03320 (Paper Book)
            978-89-268-4413-7 05320 (e-Book)

이담 Books 는 한국학술정보(주)의 지식실용서 브랜드입니다.

이 책은 한국학술정보(주)와 저작자의 지적 재산으로서 무단 전재와 복제를 금합니다.
책에 대한 더 나은 생각, 끊임없는 고민, 독자를 생각하는 마음으로 보다 좋은 책을 만들어갑니다.